JOÃO ANTONIO DE PAULA

O CAPITALISMO NO BRASIL

KOTTER
EDITORIAL

Copyright ©João Antonio de Paula, 2021

Direitos reservados e protegidos pela lei 9.610 de 19.02.1998.
É proibida a reprodução total ou parcial sem autorização, por escrito, da editora.

Coordenação editorial: Sálvio Nienkötter
Editor-executivo: Daniel Osiecki
Editor-adjunto: Raul K. Souza
Editora-assistente: Francieli Cunico
Produção: Cristiane Nienkötter
Capa e Design editorial: Carlos Garcia Fernandes
Preparação de originais e revisão: o Autor

Dados Internacionais de Catalogação na Publicação (CIP)
Angelica Ilacqua CRB-8/7057

Paula, João Antônio de
  O capitalismo no Brasil / João Antônio de Paula. -- Curitiba : Kotter Editorial, 2021.
  296 p.

ISBN 978-65-89624-17-2

1. Capitalismo - Brasil 2. Brasil - Política e governo 3. Brasil - Economia 4. Brasil - Aspectos sociais I. Título

21-1108
CDD 300

Kotter Editorial Ltda.
Rua das Cerejeiras, 194
CEP: 82700-510 - Curitiba - PR
Tel. + 55(41) 3585-5161
www.kotter.com.br | contato@kotter.com.br

Feito o depósito legal
1ª Edição
2021

JOÃO ANTONIO DE PAULA

O CAPITALISMO NO BRASIL

Agradecimentos

Esse livro é o resultado de décadas de trabalho como professor, muitas vezes ministrando disciplinas sobre história econômica do Brasil. Ao longo desse tempo apresentei, sob a forma de artigos, conferências, palestras, debates, temas que hoje estão reunidos no livro. Agradeço aos vários interlocutores, colegas, pareceristas, e, sobretudo, aos meus alunos que, na verdade, são coautores do que aqui está. Agradeço em particular aos alunos que têm acompanhado em 2020-21 as disciplinas que tenho ministrado à distância.

"O que há de novo? O velho povo brasileiro!"

(De uma conversa com José Maria Cançado).

"Se eles vencerem até os mortos correm perigo."

Walter Benjamin

PREFÁCIO
O CAPITALISMO NO BRASIL

João Antonio de Paula
Apresentação, por Mauricio C. Coutinho

O Capitalismo no Brasil, de João Antonio de Paula, é uma síntese e sistematização da evolução econômica, política e social do Brasil. Claramente motivada pela crise presente, compartilha com outros trabalhos do autor ao menos duas características. Uma delas é o apreço pela abordagem histórica, associada a um claro domínio do material histórico. Em particular no que se refere ao Brasil, o mínimo que se pode dizer é que o trabalho revela total familiaridade com os traços marcantes, assim como com os intérpretes fundamentais, de nossa história. A outra característica é a largueza na combinação de referências: João Antonio procura captar de cada autor, a começar pelos mestres – Karl Marx, Max Weber, Sérgio Buarque de Holanda, Celso

Furtado, Antonio Candido –, os argumentos e a fundamentação que permitam aproximar as diversas contribuições, ou que façam com que uma possa ser concebida como complementar a outras. Isso não significa ignorar as diferenças e tampouco leva a uma mesclagem espúria; ao contrário, revela o ganho que se pode obter com a combinação de perspectivas, gênios e épocas diversas.

Na medida em que a crise dos nossos dias é o pano de fundo da síntese e da interpretação presentes em *O Capitalismo no Brasil*, diga-se que João Antonio procura entendê-la em suas múltiplas dimensões: econômica, social, política, cultural. Afasta-se, nessa medida, das perspectivas usuais dos cientistas políticos e dos economistas, que em geral se circunscrevem a suas delimitadas áreas de conhecimento. Eu diria que se afasta ainda do domínio corrente das ciências sociais brasileiras por uma razão bem particular, que é valorização da dimensão cultural – e jamais no sentido da vulgata de que 'tudo é cultura'. João Antonio de fato conhece Aleijadinho e o barroco, a música, a arquitetura e a pintura brasileiras; enfim as diversas manifestações do gênio cultural que revelam as possibilidades do país – e que talvez, por contraste, apontem para a triste mediocridade da situação atual.

Cultura ou culturalismo, aliás, são questões presentes já na Introdução, porque, para situar o tema da obra e a perspectiva histórica de sua abordagem, o autor se apoia bastante em Sérgio Buarque de Holanda, assim como descarta através das palavras deste próprio autor as críticas reiteradas (e insubsistentes) a seu 'culturalismo'. Se Sérgio Buarque é uma inspiração permanente, basta notarmos as referências a um autor marcante e menos conhecido – Manoel Bonfim –, para obtermos uma boa indicação de que João Antonio vê a história brasileira como um palco de conflitos, de possibilidades não realizadas, de fracassos no processo de desenvolvimento. Do mesmo modo, tomando a história brasileira como um capítulo da expansão do mercantilismo e do capitalismo europeus - na tradição de Caio Prado Jr. e de Celso Furtado -, *O Capitalismo no Brasil* não abandona o enquadramento internacional, mesmo quando, a partir de meados do século XIX, nossa nacionalidade está conformada. 'Imperialismo', 'subdesenvolvimento', 'dependência', são temas permanentes da abordagem histórica, assim como das discussões da crise presente. Do mesmo modo, e já na Introdução, estão bem demarcados os dilemas do mundo atual, inclusive no seio de sociedades avançadas: concentração da renda, crise ambiental, conflitos internacionais, para não falarmos em disseminação de barbárie em regiões localizadas e retorno a padrões políticos que chegam a evocar o nazi-fascismo... O Brasil, naturalmente, não escapa do panorama mundial. Respeitadas as peculiaridades, o país está mergulhado no vórtice da crise econômica global que se manifesta há mais de uma década.

Antes de entrarmos na crise presente, vamos nos fixar na estrutura histórica e cronológica disposta nos capítulos 1 (*Raízes da Economia Brasileira*) e 2 (*A Formação do Mercado Interno: 1830-1889*). A abdicação de Pedro I, em 1831, é considerada o marco simbólico da constituição do estado nacional brasileiro. Isso significa que vivemos um largo período colonial, que a nação se formou em episódios bem específicos que marcam a crise do estado português a partir dos conflitos napoleônicos, e que, em especial, não havia uma territorialidade e uma população 'brasileiras' a serem tornadas independentes. No largo território reivindicado e obtido pelos portugueses, economias e populações diversas e pouco referidas às capitais coloniais (Salvador e Rio de Janeiro) foram submetidas à sucessão de arranjos político-administrativos propostos pelo mundo luso e mesmo a ameaças internacionais, das quais as Invasões Holandesas foram apenas as mais marcantes.

Se a transferência da corte para a colônia, em 1807-08, representou um episódio inusitado e decisivo na constituição da nacionalidade brasileira, não menos marcantes foram, nos três séculos anteriores, os modos de absorção e de extermínio da população nativa, assim como a assimilação da escravidão de origem africana. Como se sabe, a permanência do tráfico foi uma questão essencial na definição da nacionalidade e do regime político brasileiros. Do mesmo modo, o regime escravista, acompanhado por sua sucessão de marcos legais, conviveu com a formação do mercado interno, na Regência e no Segundo Império. Note-se que sendo, conforme o autor, o mercado interno o 'conjunto de pessoas dotado de poder de compra', a escravidão, assim como, posteriormente, a exclusão social generalizada, condicionam seus limites. Por mais que no Segundo Império a unificação do território nacional, a centralização política e a superação da dispersão regional extrema tenham conduzido à formação de um mercado interno, este tem limites bem definidos.

De todo modo, escravidão e população indígena são temas presentes na descrição das diversas economias regionais efetuada no capítulo 1, que contempla Amazônia, Extremo Sul, Nordeste, Minas Gerais, Oeste. Possivelmente por atuar em um centro especializado em desenvolvimento regional (CEDEPLAR), o autor é muito cioso das peculiaridades regionais do Brasil, tanto as do passado quanto as do presente. E, de fato, heterogeneidade extrema - econômica, social, cultural - foi uma marca decisiva de nossa evolução colonial. A esta heterogeneidade se somaria, tanto no Segundo Império quanto na República, nos diversos momentos de formação do mercado interno, a ausência de mecanismos característicos de 'distribuição primária da renda'. Não apenas a terra permaneceu concentrada, ao menos nas explorações mais características, como foi mínima a disseminação da educação e a possibilidade de acesso regular ao mercado de trabalho livre; para não mencionar a inexistência de mecanismos de integração da população escrava liberta por manumissão ou mesmo pela legislação que a conta-gotas definiu nosso processo de abolição.

Pode-se dizer que os impasses na formação do mercado interno são as características não apenas do capítulo 2, como dos subsequentes. O pano de fundo do capítulo 2 é o contraste entre as várias possibilidades de formação de um mercado interno, em particular o existente entre o modelo norte-americano e o brasileiro. Este contraste, já explorado por diversos autores, reforça a ideia de ausência no Brasil de mecanismos e instrumentos de distribuição primária da renda. Curiosamente, João Antonio lança neste contexto a ideia de que é isso o que leva ao 'capitalismo dependente', cujas características básicas seriam a concentração da renda e da riqueza. Impossível deixar de ver uma analogia com as diversas versões dos modelos de história e economia brasileiras da obra de Celso Furtado, com a observação de que, no capítulo 2, não está exatamente detalhado o que seria a 'dependência', algo a ser retomado no capítulo 5 (*O Capitalismo no Brasil*).

Vale notar que um dos pontos altos da discussão sobre a formação do mercado interno, no período 1830-1889, é a combinação de base econômica - agricultura de exportação, lenta transição para o mercado de trabalho livre, lenta formação de artesanato e manufaturas locais – a um aparato legal. O texto passa pela legislação de sesmarias, pela Lei de Terras de 1850 e por seus decorrentes ajustes institucionais, pelo Código Comercial e, afinal, pela Lei Eusébio de Queiroz. A mera concentração das datas destes três últimos e imponentes marcos legais sugere que algo se move. Ademais, o marco legal básico seria complementado por atos subsequentes, como os referentes ao mercado monetário e à locação de serviços, o que mostra que, antes ainda da abolição da escravidão e a despeito da inexistência de mecanismos redistributivos, a sociedade e a economia encontram-se em movimento, ou o capitalismo brasileiro está sendo gestado. Poderíamos dizer *eppur si muove*: move-se a despeito de inexistência de distribuição primária da renda e, portanto, arrastando suas contingências aos diversos planos - *Estado, Nação, Democracia* – explorados no capítulo 3.

Se o estado não é uma instituição universal – e João Antonio neste ponto recorre a Weber e Marx –, do mesmo modo são distintas as ideologias nacionais. O capítulo 3 dá grande destaque às ideologias de modo geral e à própria visão de nação como 'unidade nacional', parte do patrimônio ideológico conservador brasileiro. Acrescentando-se à 'unidade nacional' a propalada tendência à conciliação e o horror à rebeldia do povo brasileiro, teríamos duas vigas mestras da ideologia dominante, que se caracteriza na fase de consolidação do poder central (Segundo Império) e, por vias diversas, arrasta-se ao panorama republicano. Sem dúvida, esse é um dos panos de fundo daquilo que o texto situa como o longo período de constituição do estado burguês no Brasil, de 1850 e 1916. Entre estas duas datas temos uma Constituição Republicana, totalmente omissa no que se refere a reformas básicas que remetam a processos distributivos, e, afinal, em 1916, o Código Civil, moderníssimo (e tardio) e igualmente impermeável a medidas efetivamente redistributivas. O panorama econômico e legal leva o país a um processo de industrialização bastante peculiar porque, se razoavelmente intenso, mantém ou intensifica as disparidades regionais e se revela incapaz de proporcionar à população trabalhadora, mesmo quando incorporada aos processos industriais, ganhos expressivos de renda e de posição social. Na rápida revisão do processo de industrialização transcorrido até 1964, João Antonio enfatiza que o sistema não denota capacidade de auto-transformação, uma ideia também presente em Celso Furtado.

Cabe uma nota lateral. As análises de Furtado sobre a falta de capacidade auto-transformadora, assim como sobre a manutenção de um enorme contingente da população a níveis de rendimentos muito baixos ao longo da industrialização, estão relacionadas a uma concepção bem definida de modelo de crescimento com excedente de mão-de-obra. João Antonio não adota, ou ao menos não reforça, tal ideia. Fica a curiosidade: feita a 'transição demográfica', haveria mecanismos (e pressões políticas) capazes de nos levar a um panorama social menos excludente e concentrador?

Talvez a resposta seja desnecessária porque, ao longo do capítulo 4 (*A Questão do Subdesenvolvimento*), e mesmo do 5 (*O Capitalismo no Brasil*), a ênfase reside na sucessão de atos políticos internos e transformações do panorama mundial que deliberadamente reforçam a concentração de renda e de riqueza, por um lado, e a soldagem do país às vicissitudes da economia internacional, por outro. O golpe de 1964 é o mais óbvio destes atos políticos, já que de certo modo assumiu a concentração de renda e como meta desejável - um fruto inevitável do crescimento, a ser posteriormente contornado... - e era marcantemente pró-norte-americano, no contexto da Guerra Fria. No período pós-militar, uma sucessão de urgências econômicas absorve a atenção de todos: a inflação descontrolada, a crise da dívida externa, as diversas soluções para a crise inflacionária, os dilemas cambiais... Pautas redistributivas frequentam muito limitadamente o debate político. E, naturalmente, o mundo pós-1980 é outro. Nele, a ideologia liberal-privatista thatcheriana/reaganiana penetra inclusive os países subdesenvolvidos e enfraquece a própria ideia de desenvolvimento econômico – que, bem ou mal, em conjunto com a de industrialização, imantara o Brasil de 1930 a 1980 –, jogando a dramática concentração de renda e de riqueza do país a um plano lateral da cena política.

Sempre aberto à perspectiva internacional, o trabalho retorna no capítulo 5 à ideia de dependência, que de certo modo (e em suas várias versões) dominou o cenário da esquerda acadêmica brasileira entre o final dos anos 1960 o os anos 1970. Sem encampar uma das soluções propostas no combate exacerbado entre os adeptos das diversas visões (ou mesmo 'teorias') da dependência, e em consonância com seu espírito, o texto recupera as dimensões históricas da relação subordinada do Brasil às potências internacionais e rememora momentos decisivos, como o Tratado de Comércio e Amizade de 1810, a Lei de fim de tráfico de 1831 'para inglês ver', as tarifas protecionistas do período 1844-48, a acomodação ao imperialismo clássico britânico, e, afinal e já em meados do século XX, a translação à esfera de domínio norte-americano, em seus diversos momentos. Em meio a uma acesa refutação das teses defendidas por David Landes em '*Pobreza e Riqueza das Nações*', João Antonio conclui pela relevância da dependência econômica como um dos fatores a explicarem a pobreza brasileira, praticamente dois séculos após a independência formal da nação. A dependência econômica constituiria parte dos 'determinantes estruturais' que configuram o 'capitalismo periférico'.

Marcantes são as assinaladas características deste 'capitalismo periférico': concentração de renda e riqueza e subtração de 'direitos sociais básicos', como saúde, educação, habitação, informação. Para explicar a persistência do subdesenvolvimento brasileiro, João Antonio recorre novamente à história e a alguns de seus intérpretes básicos para concluir, com Emília Vioti da Costa, que o modo como se dará a incorporação das populações marginalizadas à vida social decente é um processo em aberto. Para nosso autor, a 'acomodação à dependência' se associa à assimetria social e aos ganhos desmedidos de uma oligarquia que se beneficiou desta assimetria nos diversos momentos de nossa história. A par disso, a história brasileira é um processo recorrente de anulação das possibilidades de organização dos segmentos desvalidos da população, o que dificultou que se lograsse questionar efetivamente e com persistência os (variáveis) projetos políticos das classes dominantes. Por meio de uma recapitulação de momentos expressivos de nosso processo político e social, em especial ao longo do século XX, o capítulo 5 assinala ao final que o processo de exclusão social é ao mesmo tempo um processo de vedação da democracia – algo que, patente em diversos momentos de nossa história, é hoje manifesto.

Foi dito ao início desta Apresentação que *O Capitalismo no Brasil* é uma síntese da história e da economia brasileiras claramente marcada pela crise presente; o que equivale a dizer, pessimista. Quais as raízes de nossa persistente exclusão social e mesmo de nossa rejeição à democracia? – são perguntas a que o autor procura responder por meio de uma reflexão cujos traços marcantes são o reconhecimento da história brasileira e de seus principais intérpretes, a atenção aos aspectos econômicos de nossa evolução e a abertura às características e aos pontos altos de nossa cultura. Uma nota distintiva do trabalho é a organização racional e argumentada das 'fases' (raízes, formação do mercado interno, formação e evolução da indústria), assim como o recurso a fatos econômicos e institucionais na reconstituição da história real. Se é típica da abordagem dos economistas a atenção aos fenômenos econômicos, eu diria que o destaque conferido a fatos institucionais marcantes – as várias ordenações, códigos, leis... – representa uma novidade e uma auspiciosa contribuição do texto.

A esse respeito, vale observar que o relevo à dimensão institucional possibilita não apenas a desejável combinação de economia e política, como sedimenta a ideia de que os capitalismos específicos requerem a tipificação de regras, de procedimentos e de mecanismos de validação das condutas, das transações, das iniciativas. Em suma, o trabalho abre as portas para uma análise institucional frutífera, que permite ir muito além da vulgata de que 'as instituições importam' e que introduz uma perspectiva interessante (e necessária) ao entendimento do Brasil, que é a da existência de leis 'que colam' e 'que não colam', ou leis cuja aplicação efetiva é contornada por manobras diversas – a Lei de Terras é um dos exemplos mais conspícuos da efetividade muito parcial de certos marcos legais. Eu acrescentaria assim às dimensões já ressaltadas de *O Capitalismo no Brasil* – esforço de síntese histórica, reconhecimento dos fenômenos econômicos, da estrutura social, dos fenômenos culturais, da ambiência internacional – a perspectiva de evolução e adaptação institucional sempre presente na reflexão de João Antonio de Paula.

Sumário

1. Raízes da economia brasileira   47
2. A formação do mercado interno: 1830-1889   83
3. Estado, nação e democracia   145
4. A questão do desenvolvimento   191
5. O capitalismo no Brasil   233
   Bibliografia   281

Introdução

Toda crise econômica de grande envergadura nunca é apenas crise econômica, ainda que seja essa a sua determinação principal, assim, toda crise, propriamente dita, é sempre crise econômica, social, política, cultural. As crises atualizam e amplificam as mazelas crônicas e põem novos problemas. As crises fazem emergir tensões e conflitos, que períodos de calmaria recalcaram e anestesiaram. As crises desfazem acomodações e consensos de conveniência, as crises fazem a luta de classes e suas violências, de novo, incontornáveis. Nesse sentido, as manifestações recentes,-fé, explicitam uma ingênua crença de que o mundo pode continuar funcionando, normalmente, lastreado em violências e iniquidades, em desigualdades e opressão.

No Brasil, certa mitologia, a da excepcionalidade brasileira, foi amplamente bem sucedida em construir a imagem do país como a terra da conciliação, que teria horror ao conflito, país compassivo e afetivo. Confortável, essa imagem de uma sociedade feita de uma vontade de conciliar sempre, tem um fundo perverso, que funcionaliza a dominação, que naturaliza as desigualdades, como se inerentes à Nação, que compensaria sua desbragada violência de classe pelo formidável da natureza generosa, pela vigência da festa com data marcada, pela alegria e simpatia de suas gentes. Houve quem tenha visto tristeza onde se queria alegria. O *Retrato do Brasil*, livro de Paulo Prado, de 1928, tem como subtítulo – "Ensaio sobre a tristeza do Brasileiro, produto de três raças tristes – o português, o índio, o negro" (PRADO, 1928). Em 1931, Eduardo Frieiro, respondeu – "*O Brasileiro não é triste*", disse ele – "o tema da tristeza brasileira não vale mais, seguramente, que o da imaginária tristeza argentina. Não exprime a realidade. Deve ser uma pura invenção literária, provavelmente da época romântica e que logrou fortuna entre escritores pós-românticos. "Flor amorosa de três raças tristes", disse Bilac da música brasileira. Bonito verso que foi tomado à letra e agora corre com força de lugar-comum." (FRIEIRO, 1957, p. 11).

Exercício algo especioso, e inverificável, esse de buscar fixar, como se coisa única e imutável fosse, a psicologia social do brasileiro, seu caráter. Dante Moreira Leite, em livro clássico sobre o assunto, falou de ideologias e estereótipos como os elementos constituintes do "caráter nacional brasileiro" (LEITE, 1954).

Um autor recentemente lembrado nesse contexto de perplexa descoberta do ódio, que grassaria hoje no Brasil, é Sérgio Buarque de Holanda e seu livro *Raízes do Brasil*. Nesse livro, dizem, há imagem do brasileiro, "homem cordial", que teria desaparecido na atual conjuntura, destruído pela crueza desses tempos brasileiros de exacerbação da luta política.

Desde que foi publicado, em 1936, *Raízes do Brasil*, é um dos livros canônicos de interpretação do Brasil. Sua estrutura analítica e expositiva, elegante e lúcida, encantou gerações. No entanto, o livro sempre ressentiu-se de um equívoco interpretativo, que Sérgio Buarque de Holanda tentou sempre esclarecer, sem sucesso. O equívoco diz respeito à interpretação da expressão "homem cordial". Para começar, a expressão "homem cordial", SBH tomou-a de Ribeiro Couto, não foi ele a inventá-la. Em segundo lugar, mais de uma vez, em várias intervenções e em particular num debate com Cassiano Ricardo, SBH esclareceu que a palavra cordial, que quase sempre é associada à ideia de bondade, de cortesia, de gentileza, tem outros significados porque derivação do radical latino "cor" "cordis", o que vem do coração, o que, sabemos todos, é um poço fundo e variado de sentimentos. Na segunda edição de *Raízes do Brasil*, SBH incluiu nota em que se lê: "A Inimizade bem pode ser tão cordial como a amizade, nisto que uma e outra nascem do coração, procedem, assim, da esfera do íntimo, do familiar, do privado." (HOLANDA, 1986, p. 107).

Assim, tome-se como inepta a frequente menção a SBH e seu "homem cordial", para lamentar-se a desaparição do homem cordial brasileiro, que sua tendência era desaparecer a golpes de modernização, como anteviu o próprio SBH – "Por fim quero frisar, ainda uma vez, que a própria *cordialidade* não me parece virtude definitiva e cabal que tenha de prevalecer independentemente das circunstâncias imutáveis de nossa existência." (...) "Associo-a antes a condições particulares de nossa vida rural e colonial, que vamos rapidamente superando. Com a progressiva urbanização que não consiste apenas no desenvolvimento das metrópoles, mas ainda e sobretudo na incorporação de áreas cada vez mais extensas à esfera da influência metropolitana, o homem cordial se acha fadado provavelmente a desaparecer, onde ainda não desapareceu de todo. E às vezes receio sinceramente que já tenho gasto muita cera com esse pobre defunto." (HOLANDA, 1986, p.p. 145-146).

Feito autor canônico, colocado no panteão dos grandes intérpretes do Brasil, SBH viu sua obra, sobretudo *Raízes do Brasil*, associada à de Gilberto Freyre, que, em que pese diferenças importantes, partilhariam, ambos, a mesma perspectiva "culturalista" de que resultaria a construção de um mito, a "unidade substancial" da cultura brasileira, "uma fantasia que obscurece todas as contradições sociais e todos os conflitos de interesse em nome do fim pragmático de se imaginar numa comunidade que está "no mesmo barco" e como meio de elaborar projetos coletivos de envergadura." (...) "O problema é quando um mito que esconde contradições e conflitos sociais torna-se o fundamento das ciências sociais e da interpretação dominante do Brasil sobre si mesmo. Afinal, cabe à "ciência verdadeira" criticar todos os mitos e todas as "mentiras" que a sociedade usa para sobreviver e para reproduzir os privilégios dominantes." (SOUZA, 2012, p.p. 15-16).

O problema aqui, para o crítico de SBH, seria o culturalismo que informaria *Raízes do Brasil*. Tem algo de irônico, e de justiça poética, que o tema do culturalismo tenha sido objeto central da crítica feita por SBH a livro de Oliveira Viana, *Instituições Políticas do Brasil*. Neste livro, Oliveira Viana, procurou combater o que lhe parecia uma injustificada utilização do conceito de cultura, em detrimento das determinações biológicas, "ocupando lugar desmesuradamente vasto na pesquisa científica e torna-se cada dia mais intolerante e ambiciosa." (HOLANDA, 1979, p. 32).

Bem armado das melhores referências das modernas ciências sociais, SBH, em seu artigo, denunciou o anacronismo daquelas pseudociências tão acreditadas no século XIX e que marcaram tão fortemente a obra de Oliveira Viana. A polêmica com Oliveira Viana deu-se em 1949, trinta anos depois ele reavaliou o episódio com uma serenidade. que o calor do embate não permitira. Diz ele – "Relendo agora o estudo que abre este livro, dedicado a uma obra de Oliveira Viana, chego por vezes a perguntar-me se a ênfase dada a enganos patentes, a flagrantes inconsequências e a critérios anacrônicos, que se encontram nessa obra, não parecerão trair uma espécie de triunfalismo de censor bisonho, que se compraz em dar quinaus num autor consagrado e provecto. Haverá grande vantagem, por exemplo, em denunciar seu recurso constante a argumentos biológicos já caídos em um descrédito mortal ao tempo em que ele, Oliveira Viana, ainda apelava para seus préstimos sempre que queria explicar os fundamentos de nossa sociedade e de nossa política?" (HOLANDA, 1979, p. 8).

SBH não se arrependeu da dura crítica a Oliveira Viana, e diz por quê. É que o que estava em jogo não era apenas a inépcia da "ciência" de Oliveira Viana, que a motivação da crítica era maior, e visava se contrapor às implicações políticas das suas ideias: "tais consequências – e não se trata, aliás, de miudezas desprezíveis –, estão longe de representar o alvo maior da minha crítica. O alvo maior está numa vasta construção jurídica e política expressa nas leis trabalhistas, da era de Vargas, a que ela pretende fornecer o necessário suporte científico." (HOLANDA, 1979, p. 9).

Mais de uma vez SBH deu mostras de ser um polemista temível. Quando provocado, sendo relevante o objeto, não se apiedava dos contendores, como no caso emblemático dos artigos, publicados nos dias 17 e 24 de junho de 1973, no Suplemento Literário de *O Estado de São Paulo*, "Sobre uma Doença Infantil da Historiografia", e que apareceram, posteriormente, na coletânea – *Escritos Coligidos*" (HOLANDA, 2011).

Tudo isso considerado, há qualquer coisa de irônico, de vingança poética, repita-se, que hoje seja, exatamente, SBH alvo de crítica que tem semelhanças formais com a que ele mesmo endereçou a Oliveira Viana. Para o sociólogo contemporâneo, Jessé Souza, SBH teria construído "mito que esconde contradições e conflitos sociais", que a "ciência verdadeira" deve "criticar todos os mitos e todas as "mentiras" que a sociedade usa para sobreviver e para reproduzir os privilégios dominantes." (SOUZA, 2012, p. 16). Trata-se, com efeito, de tarefa importante e necessária a que se propôs Jessé Souza. Com exceção de certa injustificada arrogância, que o uso das aspas não absolve, a "ciência verdadeira" parece lutar o bom combate.

Contudo, há duas questões decorrentes da crítica de Jessé Souza, que merecem discussão. A primeira diz respeito à vertente principal do equívoco de SBH, que seria a filiação "culturalista" de sua visão teórica, o conceito de "patrimonialismo" – "amálgama institucionalizado do "homem cordial" de Sérgio Buarque, percebido como "negatividade" e causa de atraso relativo brasileiro em todas as esferas da vida." (SOUZA, 2012, p. 15).

Para Souza, é inapelável a conclusão: o culturalismo é intrinsecamente conservador. Diz ele: "Um argumento fundamental para os defensores da tese do personalismo e do culturalismo essencialista nas suas versões tradicionais e contemporâneas é o de que o Brasil seria uma continuação cultural de Portugal. Afinal de lá viriam o patrimonialismo transplantado, como em Raimundo Faoro, ou o homem cordial e familisticamente emotivo de Sérgio Buarque." (SOUZA, 2012, p. 101).

Posta assim a questão, culturalismo ≡ conservadorismo, a discussão poderia se desdobrar de vários modos. Escolheu-se, aqui, dizer: 1) nem toda perspectiva culturalista é conservadora, como se vai mostrar no caso de Sérgio Buarque de Holanda; 2) há possibilidades efetivas de compartilhamentos e articulações entre certos conceitos culturalistas e perspectivas teórico-conceituais histórico-estruturais, materialistas e dialéticas. Não se veja nisso a invenção de amálgamas desajeitados ou simples ecletismos, que o exemplo maior é de um dos maiores nomes do "culturalismo": Max Weber. Alguns dos conceitos fundamentais da *História Geral da Economia*, têm perfeita consonância com a obra de Marx. Estão lá os elementos constitutivos do capitalismo tal como Marx os reconheceu no processo de acumulação primitiva de capital. Weber apropriou-se da visão de Marx sem que isso tenha significado o abandono de suas próprias ideias, que elas, diz Weber, são complementares: "Finalmente, cabe acentuar que a história econômica (e, de modo pleno, a história da "luta de classes") não se identifica, como pretende a *concepção materialista da história*, como história total da cultura. Esta não é eflúvio, nem uma simples função daquela; a história econômica representa, antes de tudo, uma subestrutura, sem cujo conhecimento não se pode imaginar, certamente, uma investigação fecunda de qualquer dos grandes setores da cultura." (WEBER, 1968, p. 25).

Mais importante nesse caso da suposta identidade estabelecida por Jessé Souza, culturalismo ≡ conservadorismo –, é dizer que a explícita inclusão de SBH entre os que, no Brasil, escondem contradições e conflitos sociais, é simples e faticamente uma afirmação equivocada e injuriosa. Cite-se Antonio Candido e sua análise de *Raízes do Brasil*: "Fascinados pela brilhante análise tipológica dos capítulos precedentes, os leitores nem sempre perceberam direito uma singularidade do livro: era o único "retrato do Brasil" que terminava de maneira premeditada por uma posição política radical em face do presente. De fato, o livro é ao mesmo tempo uma análise do passado (que pegou mais) e uma proposta revolucionária de transformação do presente (que pegou menos)". (...) "o ponto de vista de Sérgio remava contra a maré interpretativa do momento e representava uma posição democrático-popular, como resulta claro da análise de suas ideias sobre este aspecto." (...) "A outra ideia se refere à única solução que Sérgio considerou certa: o advento das camadas populares à liderança." (...) "Lendo os ensaístas, observa-se que a descendência dos escravos de Joaquim Nabuco, do "sertanejo forte" de Euclides da Cunha, da "plebe rural" de Oliveira Viana, dos mestiços valorizados por Gilberto Freyre, do proletariado-de-manifesto dos intelectuais de esquerda acabava sem função definida no processo histórico presente. Não lembro de outro, além de Sérgio, que nos anos 30 haja superado aquelas categorias fechadas e atribuído ao povo, concretamente assumido na sua realidade, o papel de substituir as lideranças da sociedade." (CANDIDO, 1982, pp. 8 e 9).

Quando escreveu isso, em 1982, Antonio Candido certamente não imaginava que estava fazendo defesa prévia e insofismável do pensador crítico e perfeitamente à esquerda, que é

Sérgio Buarque de Holanda. O segundo ponto da crítica de Jessé Souza a SBH talvez o irritasse mais, é a associação que ele buscou estabelecer entre Sérgio e Gilberto Freyre, ambos culturalistas, criadores de mitos, homens armados de "ciência" equívoca, que teria gerado graves consequências. Nesse particular, é possível que a veia polêmica de Sérgio se inflamasse, como se pode suspeitar pelo juízo que ele fazia de Gilberto, como está em entrevista de 1976, para a revista *Veja* – "O próprio Gilberto Freyre, quando surgiu, era tido como altamente revolucionário apenas porque usava palavrão, falava da vida sexual e era contra os jesuítas e a maçonaria. Grande parte do clero se voltou, decididamente, contra ele e contribuiu para forjar dele uma falsa imagem revolucionária." (Veja, 28 de janeiro, 1976, p. 6).

Antonio Candido, mais de uma vez, disse, que a consagração, como cânones, de *Casa Grande & Senzala*, de Gilberto Freyre; *Raízes do Brasil*, de Sérgio Buarque de Holanda, e de *Formação do Brasil Contemporâneo*, de Caio Prado Jr., é um mal-entendido decorrente de leitura desatenta do seu texto "*O Significado de Raízes do Brasil*", que apareceu como prefácio deste livro, em 1967. Antonio Candido diz que jamais procurou fixar cânones, nem em limitar àqueles livros a produção relevante sobre a sociedade brasileira originada das ciências sociais, entre nós. É exemplo disso a ausência do nome de Manoel Bomfim entre os grandes intérpretes do Brasil. Formado em Medicina, nascido em Alagoas (1868-1932), sociólogo, educador, Manoel publicou em 1905, *América Latina. Males de origem*, obra inicial de um itinerário sem paralelo na produção intelectual brasileira pela originalidade da fatura e radicalidade das propostas, em livros como *O Brasil na América*, 1929; *O Brasil na História*, 1930; e *O Brasil Nação*,

1931 (BOMFIM, 1929, 1930, 1931). Seu biógrafo Ronaldo Conde Aguiar, acertou um cheio no título de sua biografia, *O Rebelde Esquecido*, e ainda feliz ao dizer: "Em 1931, Manoel Bomfim afirmaria categoricamente que o *remédio, para o caso brasileiro estava na revolução*. Mas numa revolução renovadora, nacional e popular, que substituísse *gentes, programas e processos*, fazendo, assim, as mudanças econômicas, sociais e políticas exigidas pelo país – que, segundo ele, os revolucionários de 1930, recém-instalados no poder, não tinham feito, nem iriam fazer."

"Bomfim, foi claro quanto aos objetivos da revolução que considerava necessária ao Brasil, incluindo no seu ideário questões como a distribuição de terras ("a boa distribuição de terra, sempre à disposição dos que a ela estão incorporados e a trabalham"), o problema da moradia urbana ("não é possível admitir que a necessidade de ter um teto seja explorada desimpedidamente pela usura e a ganância argentária"), o direito de greve, a saúde pública e a educação popular, que ainda hoje, sessenta e cinco anos após a publicação de *O Brasil Nação*, estão na ordem do dia da vida política social brasileira." (AGUIAR, 2000, p. 141). Que tanto tempo depois da morte de Bomfim continue na ordem do dia tal programa é uma dupla prova: da atávica violência opressora das classes dominantes brasileiras, e do fracasso das forças da transformação social brasileira, derrotadas de um lado pela força das armas, e de outro lado, pela intercorrência de variadas formas de transformismos, de cooptação, de conciliação de classes.

De todo modo, não se invoque a ideia de limites à "consciência possível", decorrentes do atraso do meio, a imaturidade das forças sociais, para justificar o acanhamento de perspectivas e objetivos, que houve quem, como Manoel Bomfim, tenha sido capaz de por, com clareza, a centralidade da luta de classes e da revolução social democrática e popular, como pontos de partida para a plena emancipação social brasileira.

Retome-se o dito no início desse texto, sobre a crise e suas consequências políticas e ideológicas. Não é de outra coisa que é preciso falar no atual momento brasileiro. A crise atualiza mazelas e põe novas, intensifica tendências e manifestações cediças. Marx, em passagem do Livro III de *O Capital*, descreveu o fundamento material de certas tendências contemporâneas. Diz Marx – "com a queda da taxa de lucro aumenta o mínimo do capital que tem de estar nas mãos de cada capitalista para o emprego produtivo do trabalho" (..) "Ao mesmo tempo aumenta a concentração pois, além de certos limites, capital grande com pequena taxa de lucro acumula mais rapidamente que capital pequeno com taxas elevadas. A certo nível, essa concentração crescente de capital por sua vez acarreta nova queda da taxa de lucro. A massa de pequenos capitais dispersos é assim empurrada para as peripécias da especulação, das manobras fraudulentas com crédito e ações, das crises." (MARX, 1974, p. 288).

É perfeitamente inverificável, com exatidão, juízo fundado sobre os níveis de corrupção de variadas sociedades e épocas históricas. Não será equívoco se se associar a prática da corrupção à intensificação da desigualdade social, à imposição do poder e do dinheiro em valores absolutos. Seja como for, no capitalismo, diz Chico de Oliveira, a corrupção é o seu principal tempero. A questão fica verdadeiramente explosiva quando o tempero se transforma em prato principal. Fazer do sal e da pimenta, das especiarias e dos condimentos o prato principal é fazer do acessório o principal, da exceção a regra, é ameaçar em cheio o funcionamento sistêmico da lei de valorização, as regras básicas da valorização do capital, em processo que tem algo de deslegitimador da ordem social capitalista. Já se falou aqui em Max Weber, é dele um conceito que se aplica ao caso – capitalismo predatório. De todo modo, a crise dá asas à corrupção, faz com que ela deixe as sombras e o submundo, e se atreva a se mostrar certa da impunidade, da ubiquidade de sua presença, que tanto continua a percorrer os velhos circuitos da promiscuidade entre o público e o privado, quanto assume foros de prática globalizante e sistêmica, enraizada não mais, apenas, no mundo dos negócios, nem na rotina do funcionamento do poder público. Os antídotos contra isso existem e podem partir, por exemplo, de uma atualização de certas práticas da "Comuna de Paris", como a radical democratização da vida política pela interdição do poder do capital no processo político, pelo pleno controle social sobre a administração pública, sobre os aparatos policial, militar, judiciário e de representação política. Na ausência desses mecanismos de democratização radical do poder, a venalidade, a manipulabilidade, a corrupção continuarão soberanas.

A crise atual, por sua contundência, exacerbou a corrupção, questão que tem frequentado a grande imprensa e a opinião pública, condicionada por ela, como a grande questão nacional, mãe de todas as mazelas. Se é claro que a questão da corrupção é importante, e não deve ser negligenciada, nem amenizadas as penalidades decorrentes da delinquência, o que efetivamente pode enfrentar e derrotar a corrupção, é atacar as suas determinações, seus beneficiários e agentes, sua razão de ser, que é o capitalismo, dependente, excludente, predatório, da superexploração do trabalho, da insustentabilidade ambiental, capitalismo campeão da desigualdade social em escala planetária. É esse capitalismo que, em crise, abre-se para a locupletação geral: empresários, políticos, dirigentes partidários, administradores públicos surpreendidos atolados em variados esquemas de corrupção.

A democracia no Brasil está consolidada, dizem muitos, tem enfrentado, sem ameaças regressivas, instabilidades, crises políticas e econômicas. A Constituição de 1988 consagrou direitos importantes, como a Saúde Pública, estabeleceu marco constitucional atualizado para a questão ambiental, ampliou o poder fiscalizador e investigativo do Ministério Público, do TCU, da AGU. Tudo isso é, certamente, importante para a consolidação democrática. Por outro lado, é imperioso reconhecer que em grande medida o País continua padecendo de sérios déficits democráticos, que a democracia no Brasil continua adscrita a aspectos formais, que as desigualdades sociais no País são iníquas, que a renda e o capital continuam superlativamente concentrados; que a ausência de Reforma Agrária e da Reforma Urbana, bandeiras levantadas por Manoel Bomfim, em 1931, condena grande parte da população brasileira à uma cidadania danificada; que a presença de um aparato policial, que é o mesmo, estruturalmente, que o que vigorou nas ditaduras de 1930 e 1945 e de 1964 a 1985, faz com que a polícia seja eficaz, sobretudo, como instrumento para reprimir pobres, pretos, jovens e insurgentes.

A questão realmente de fundo, quando se faz o elogio da supremacia do judiciário sobre a sociedade brasileira, é que esses que saúdam "o novo pontificado laico", que é como chamou a judicialização da vida brasileira, Luiz Werneck Vianna, na verdade estão reiterando e atualizando uma crônica tendência das classes dominantes brasileiras a se submeterem à uma espécie de bonapartismo congênito, desde que preservado seu efetivo poder de impedir quaisquer transformações estruturais distributivas e efetivamente democratizantes. Uma democracia tutelada, eis o outro nome que poder-se-á dar ao analisado por Luiz Werneck Vianna, em artigo no *O Estado de São Paulo*, do dia 3 de janeiro de 2016 – para ele a judicialização derivaria "da perda de credibilidade e da capacidade de atração dos partidos políticos, de uma vida associativa frágil e destituída de meios para negociar conflitos, não restando outro recurso a uma cidadania desamparada e fragmentada senão recorrer à Justiça. O atual gigantismo do Judiciário e a monumentalidade arrogante de suas sedes são a contraface, como consensualmente registra a bibliografia, da falta de República e de suas instituições."

A crise brasileira é parte da crise estrutural, sistêmica, global, crise do capitalismo em sua fase de globalização neoliberal, crise iniciada em 2007, e que, como é típico, não tem igual incidência e efeitos simultâneos em todas as economias. Iniciada nos Estados Unidos, alastrou-se, rapidamente, para a Europa e depois para mercados estreitamente ligados à economia norte-americana. Uma terceira onda de choque foi a que atingiu os chamados países emergentes. Crise capitalista, com tudo o que a acompanha em seus desdobramentos e consequências. Crise de lucratividade, que leva os capitais ao paroxismo do aventureirismo e da violência, explicitando o que em épocas de bonança aparece como exceção ou contingências de sociedades imaturas, qual seja, o caráter intrinsecamente regressivo e destrutivo do capital.

Crise geral, crise estrutural do capitalismo, a crise atual manifesta-se como uma legião de problemas e desafios, postos para o conjunto da sociedade mundial, de maneira desigual e assimétrica. Para o capital, enfrentar a crise é buscar elevar a taxa de lucro, mediante medidas, que a crise chancela e promove, baseados na redução dos salários, no aumento do desemprego e da precarização do trabalho, na concentração e centralização do capital, no afrouxamento de todos os escrúpulos e prudência com relação à questão ambiental, na intensificação das práticas imperialistas. Grosso modo poder-se-á agrupar em seis grandes blocos os desafios postos pela crise atual para os trabalhadores e os que se colocam do ponto de vista do socialismo como plena emancipação humana, a saber: 1) as repercussões sobre a classe operária e sobre os que vivem do trabalho da dominação da "globalização globalitária", como a chamou, apropriadamente, Milton Santos; 2) as consequências sociais e políticas da continuidade do aumento das desigualdades da renda e riqueza; 3) o agravamento alarmante da crise ambiental; 4) a agudização da crise urbana; 5) a exacerbação do neocolonialismo e da barbárie imperialista; 6) a reemergência do ódio à democracia, como disse Jacques Rancière.

Não há novidade em dizer que o capitalismo produz desemprego como resultado rotineiro de seu funcionamento normal. O que é, de resto, novo, e assustador, é o que o capitalismo contemporâneo ameaça impor ao mundo do trabalho. Robert Reich, que foi Secretário do Trabalho do Governo norte-americano, perguntado sobre como ele via o futuro do mundo do trabalho no século XXI, disse, algo assim: 20% dos trabalhadores terão bons empregos, bons salários, proteção e segurança trabalhista e previdenciária. A esses trabalhadores ele chamou "analistas simbólicos" e estarão alocados em atividades de informação e comunicação, tecnologia de ponta, marketing e finanças etc. Outros 30% dos trabalhadores terão baixos salários, estarão sujeitos a variadas formas de precarização do trabalho – trabalho parcial, emprego temporário, não terão proteção e segurança previdenciária. Por fim, os 50% restantes, não serão necessários, não terão lugar neste novo e admirável mundo do capital. Não será exagero dizer que essa promessa do capitalismo contemporâneo, de tornar desnecessários 50% da população, tem um nome que sendo trágico e patético, não é menos verdadeiro por isto. É o caso de se falar de tendências genocidas do capitalismo contemporâneo, se ele não for detido antes. Em 1871, os combatentes da "Comuna de Paris", disseram, "Estamos aqui pela humanidade", é esta, de novo, a tarefa da esquerda socialista neste momento.

O quadro antevisto por Robert Reich, pode ser evitado. Não é tarefa para as calendas, que as consequências de caráter regressivo da dominação do capital estão em pleno curso. No Brasil as taxas de desemprego já alcançam os dois dígitos, ao mesmo tempo que se expande a precarização do trabalho. É chocante como os números referentes à acidentes de trabalho no Brasil não resultem em indignação geral. Em 2013 o número de acidentes do trabalho no Brasil foi de 5 milhões, com uma morte por acidente de trabalho a cada 3 dias.

Os economistas formados entre 1945 e 1980, foram convencidos pelas estatísticas de Simon Kuznets que a desigualdade de renda e riqueza, que tinha sido muito alta no capitalismo do século XIX, havia diminuído entre 1914 e 1945, processo que teria se prolongado até os anos 1970, em função da vigência do pacto keynesiano/bem-estar-social. A publicação, em 2013, do livro de Thomas Piketty, *O Capital no Século XXI*, reabriu a questão, mostrando que os não há tendência histórica de redução da desigualdade, senão que um momento de reversão temporária, entre 1914 e 1980, marcado pela interveniência de variadas causas: as duas guerras mundiais, as crises hiperinflacionárias, a crise de 1929, a regulação fordista e seu compromisso distributivista. A partir dos anos 1980, enfraquecidos a vaga keynesiana e o Estado-do-Bem-estar-social, hegemônica, novamente, a ordem liberal, agora chamada neoliberal, o capitalismo voltou a concentrar renda e riqueza (PIKETTY, 2013).

O livro de Piketty tem suscitado aceso debate, em que não faltaram ataques subalternos. É o que disse em artigo recente J. Bradford Delong – "Desde a publicação do seu livro, o argumento de Piketty sofreu ataques ferozes. A maioria das críticas são, no máximo, medíocres; elas me parecem mais reflexos do poder político e econômico de uma plutocracia em ascensão do que abordagens intelectuais sérias." (J. Bradford Delong, Jornal *Valor Econômico*, 03/01/2016).

Os dados sobre concentração de renda no mundo são eloquentes em estabelecer uma fortíssima relação entre expansão do capitalismo e concentração da renda e da riqueza em processo cumulativo, em que indivíduos e famílias ricas concentram, permanentemente, mais poder e riqueza, o que vem desconstituir o surrado mito da meritocracia, como justificativa moral para o capitalismo. Com efeito, certos indivíduos e certas famílias são crescentemente ricas não porque sejam laboriosas, inovativas, excepcionais, mas, simplesmente, pelo mero fato de serem ricos, filhos de ricos, netos de ricos, e auferirem rendas crescentes sobre a forma de heranças, lucros, juros e aluguéis, que crescem, sistematicamente, acima dos rendimentos do trabalho e acima do crescimento da renda e da produção nacionais. Piketty definiu assim os objetivos de seu livro:

"No âmbito deste livro, interessa-nos, não somente o nível da desigualdade, em si, mas, igualmente, sobretudo, a estrutura das desigualdades, o que dá origem às disparidades de renda e patrimônio entre grupos sociais, e dos diferentes sistemas de justificativas econômicas, sociais, morais e políticas suscetíveis de consagrar ou de condenar. A desigualdade não é, necessariamente, má em si: a questão central é saber se ela é justificável, e se for, por quais razões." (...) Concluindo, que no capitalismo – "é inevitável que os patrimônios herdados preponderam largamente sobre os patrimônios constituídos no curso de uma vida de trabalho, e que a concentração de capital atinge níveis extremamente elevados, e potencialmente incompatíveis com os valores meritocráticos e os princípios de justiça social que são os fundamentos das sociedades democráticas modernas." (PIKETTY, 2013, pp. 44 e 55).

Não será ocioso lembrar que Piketty, em seu livro, procurou se afastar tanto de Marx, quanto de Kuznets, e da suposta redução sistêmica e irrevogável da desigualdade, buscando caminho que poder-se-á chamar de reformismo socialdemocrata. O essencial da tese de Piketty é sua consistente demonstração de que o capitalismo funcionando segundo suas regras e meios, é uma máquina que produz, crescentemente, desigualdades de renda e riqueza.

A maciça capacidade estupidificante da indústria cultural, a tagarelice e a algaravia da mídia contemporânea não podem impedir que a contundente centralidade da questão ambiental se instale e mobilize esforços e políticas de combate ao depredatório e insustentável da acumulação capitalista. A consciência de que está em curso uma nova época geohistórica, o antropoceno, e que este fato coloca desafios inéditos para a humanidade, a possibilidade concreta de destruição das condições que permitem a vida humana no planeta, como resultado de ações antrópicas desmesuradas e autodestrutivas, não é mais um cenário à moda de ficção científica. Déborah Danowski e Eduardo Viveiros de Castro, publicaram, em 2014, um livro, *Há um mundo por vir?*, que diz, sem rebuços, que a manutenção dos atuais padrões de produção, distribuição e consumo de bens materiais ameaça, efetivamente, e em prazo não muito distante, a vida humana no planeta (DANOWSKI e CASTRO, 2014). Sintomas e manifestações concretas dessa catástrofe já estão postas em fenômenos como o aquecimento global, como no agravamento da crise hídrica, como no aumento dos processos de desertificação de terras, como na constante perda de biodiversidade pelo desmatamento contínuo e que só atende a interesses privatistas e individualistas.

No caso brasileiro, a questão ambiental reverte-se de ainda maior complexidade pela importância que a devastação da floresta amazônica tem sobre o clima, sobre o regime de chuvas de uma vasta região do planeta, e ainda sobre as condições de vida de milhares de comunidades, que dependem de manutenção da floresta, de tal modo que falar da manutenção da biodiversidade amazônica é falar da manutenção da sociodiversidade amazônica, de milhares de comunidades e culturas tradicionais.

Um dos campos centrais da luta de classes no mundo contemporâneo é o confronto que se dá hoje na cidade entre a centralidade única e excludente do capital e as múltiplas centralidades nascidas de sujeitos e desejos, que recusando a ordem capitalista, querem o urbano como autogestão de empresas, da produção e de unidades territoriais, querem o urbano como livre apropriação do espaço, do tempo e dos objetos (LEFEBVRE, 1999).

Trata-se de embate difícil porque seus conteúdos embaralham-se no prosaísmo do cotidiano e acabam quase por se naturalizar. É como se natural fosse a cidade segmentada, fragmentada, hierarquizada, em que os espaços públicos mínguam na mesma proporção em que se expande a privatização de espaços e da sociabilidade. Cidades do transporte privado, dos condomínios fechados, dos espaços segregados, em que o lazer e a cultura são usufruídos por minorias, incluído aí o futebol. Quando um trabalhador, essas legiões que trabalham todos os dias, sábados incluídos, ou não, que viajam diariamente, por tempo considerável, do trabalho para casa, da casa para o trabalho, que tiveram formação educacional deficiente, que estão de todo excluídos da cultura clássica e dos melhores frutos da cultura moderna e contemporânea, quando, esse trabalhador, cujo salário é insuficiente para cobrir as despesas básicas, quando, enfim, esse trabalhador, igual a milhões no País, poderá ter acesso ao, para ele, impenetrável mundo da cultura erudita, aos museus, aos teatros, às salas de concerto, às bibliotecas? De fato, o quadro é mais grave porque a concentração da renda e da riqueza no Brasil não interditam apenas o acesso dos trabalhadores à cultura erudita, porque mesmo o lazer e o acesso à formas de divertimento e recreação populares estão vedados a grande parte da população dos que vivem do trabalho.

O imperialismo é sempre um tigre de papel, mas como fere. O neocolonialismo nunca deixou a cena geopolítica e nas últimas décadas desbragou-se. Desde a primeira guerra do Iraque, em 1991, a agressividade imperial norte-americana veio num crescendo de manobras e intervenções políticas e militares, que aumentaram em muito as crises e conflitos e enfrentamentos militares, sobretudo no norte da África e no Oriente Médio. Os episódios mais visíveis das consequências das políticas imperialistas são vividas hoje na Síria, no Iraque, em várias regiões do norte da África e do Oriente Médio, e se desdobram na trágica experiência das migrações forçadas, nas exacerbações de xenofobias e de racismos, nos massacres e violência que atualizam o máximo da barbárie, que parece nunca ter fim.

Por fim ao imperialismo, por fim ao domínio do capital para permitir que problemas, desafios, conflitos e tensões contemporâneas sejam enfrentados pela sociedade a partir da radicalização da democracia. Foi isso que Ellen Meiksins Wood viu ao dizer: "O capitalismo é estruturalmente antitético à democracia não somente pela razão óbvia de que nunca houve uma sociedade capitalista em que a riqueza não tivesse acesso privilegiado ao poder, mas também, e principalmente, porque a condição insuperável da existência do capitalismo é o fato de a mais básica das condições de vida, as exigências mais básicas de reprodução social, ter de submeter aos ditames da acumulação de capital e às "leis" do mercado." (WOOD, 2003, p. 8).

A democracia contra o capitalismo, diz Ellen Wood. Não se pensa aqui na democracia bem comportada e complacente do liberalismo. Invoca-se, ao contrário, uma modalidade de democracia que se recusa a ser apenas um conjunto de regras para assegurar a lisura da representação política. Invoca-se uma democracia, no sentido que foi dado por Jacques Rancière – "democracia não é nem uma forma de governo, nem um estilo de vida social, democracia como modo de subjetivação pelo qual existem sujeitos políticos." (...) "significa dissociar o pensamento do político do pensamento do poder." (...) "Democracia não como direito de participação na eleição de representantes, mas como relação diferencial com relação à ordem, como relação de participação-partição, como emergência de um sujeito que se insurge." (RANCIÈRE, 2011, p. 9).

É ainda de Rancière esse decisivo esclarecimento: "A democracia não é nem a forma de governo que permite à oligarquia reinar em nome do povo nem a forma de sociedade regulada pelo poder da mercadoria. Ela é a ação que arranca continuamente dos governos oligárquicos o monopólio da vida pública e da riqueza a onipotência sobre a vida. Ela é a potência que, hoje mais do que nunca, deve lutar contra a confusão desses poderes em uma única e mesma lei de dominação." (RANCIÈRE, 2014, p. 121).

É a luz desse quadro geral que, pode fazer sentido a análise sobre as vicissitudes do processo de desenvolvimento brasileiro, que se vai fazer a partir daqui.

1. Raízes da economia brasileira

A realidade brasileira no referente às suas raízes culturais é um *luxo de hibridismos e contradições,* para falar à moda da interpretação de Gilberto Freyre feita por Ricardo Benzaquen de Araújo. (ARAÚJO, 1994).

Para iniciar, lembre-se que o Brasil, rigorosamente, tem mais e menos que os quinhentos e vinte anos que lhe são atribuídos, hoje. De fato, é o caso de considerar e valorizar a presença de populações humanas anteriores à chegada de Cabral, não só por sua contribuição ao patrimônio genético dos brasileiros, como está no livro organizado por Sérgio Danilo Pena – *Homo brasilis*, de 2002, (PENA, 2002).

Com efeito, muito antes das primeiras viagens dos europeus para o que veio a ser as Américas, populações humanas já habitavam o território, seja na versão norte-americana e o pioneirismo de *Clóvis,* seja nas hipóteses mais recentes que a partir da descoberta do crânio de *Luzia*, datam em 12.000 anos a presença de humanos no continente, qualquer que tenha sido a etnia desses primeiros ocupantes do território (NEVES e PILÓ, 2008).

No caso da Amazônia várias descobertas recentes obrigam à radical derrogação de provectos mitos, que foram tidos por conhecimento histórico, por várias gerações, como são as ideias da Amazônia como vazio demográfico, como "deserto verde", habitado por população dispersa, diminuta e perfeitamente selvagem, isto é, destituída de história, de técnicas, de instituições sociais. Estudos arqueológicos e antropológicos, conduzidos por pesquisadores nacionais e estrangeiros, têm revelado uma Amazônia que abrigou estruturas urbanas complexas, com até dez mil pessoas; que constituíram estradas, canais, fortificações; que domesticaram plantas e animais; que dominaram as técnicas cerâmicas e várias modalidades de artes decorativas – pinturas corporais, adornos e objetos cerimoniais – de artes utilitárias; de conjuntos de megálitos – construções humanas feitas com grandes blocos de granito (PRADO e MURRIETA, 2015; PIVETTA, 2018).

Descobertas recentes têm alterado, substancialmente, a história dos povos pré-colombianos e suas interações. Em particular, reconfiguraram a defendida hierarquia que se estabeleceu entre os "avançados povos do altiplano andino", e os "atrasados povos amazônicos" – "Há evidências de que, até a chegada dos colonizadores, os indígenas da Amazônia mantinham intensa troca de informações com populações do altiplano andino, relata Neves. Uma delas é surpreendente: ancestrais dos incas gravaram inscrições reproduzindo as imagens da mandioca e do jacaré-açu – e no altiplano não havia nem mandioca nem jacaré-açu. Surgem sinais de que as antigas teorias sobre a Amazônia, formuladas pela arqueóloga americana Betty Meggers, podem ter sido parcialmente equivocadas."

"Meggers pregou que a Amazônia, por causa de seu meio ambiente frágil, nunca teria acolhido grandes populações, o que agora se comprova falso; ela também rotulou as sociedades amazônicas como periféricas, originadas de povos desgarrados do altiplano andino, onde teriam habitado as sociedades mais evoluídas. Para Neves (Eduardo Góes Neves, arqueólogo da USP), há indícios de que a mobilização pode ter ocorrido exatamente ao contrário."

"Revela-se que as antigas populações amazônicas não eram tão toscas quanto as que sobreviveram à colonização. Neves exibe uma ponta de flecha de silex coletado no sítio Dona Stella, em Iranduba, perto de Manaus, datada de 7.000 a.C. A mandioca foi domesticada em 5.000 a.C., no Alto Rio Madeira, por ancestrais dos tupis – uma época em que o antigo Império Egípcio ainda não estava organizado. No Alto Guaporé (entre Mato Grosso e Rondônia), há sítios que atestam presença humana em 12.000 a.C. Cerâmicas encontradas em Santarém têm datações de 5.000 a.C. (a mais antiga peça pré-incaica, localizada na Colômbia, é de 4.000 a.C.)." (MARCHI, 2007, p. 93).

A pesquisa arqueológica e antropológica recente tem contribuído para desautorizar preconceitos e mitos sobre a Amazônia, sobre a floresta e suas populações. Hoje, Sabe-se que a floresta amazônica em sua extraordinária biodiversidade é realidade, em grande medida, antropizada, isto é, enriquecida pela ação de grupos humanos, que ampliaram suas espécies vegetais mediante manejo, domesticação, seleção em processo de longa duração.

Mais arraigados, no entanto, são os preconceitos decorrentes de variadas formas de eurocentrismo a partir da ideia de "povos sem história", de Hegel. Para Hegel, a plena realização humana dar-se-á com a construção do Estado, como realização da liberdade, como superação das contradições da vida prática, da política, como está na *Filosofia do Direito*. A apresentação da Filosofia do Direito de Hegel é feita, como de costume, por meio de tríades dialéticas: 1ª parte) *Direito abstrato* – a propriedade, o contrato, a injustiça; 2ª parte) *A moralidade* – o propósito e a responsabilidade, a intenção e o bem-estar, o bem e a consciência moral; 3ª parte) *A eticidade* – a família e sociedade civil e o Estado (HEGEL, 1988).

Sobre esse ponto abriu-se polêmica que tem repercussões que ainda se mantêm. Para a esquerda hegeliana, como é o caso de Engels, é preciso, contrariando o próprio Hegel, ver o Estado não como um ente específico, um aparato jurídico-político, como o Estado Prussiano, mas como plena emancipação humana, como liberdade, como igualdade, como possibilidade de superação da desigualdade da opressão, da violência, do arbítrio (ENGELS, 1975).

A História Universal, tal como Hegel a concebeu, seria o desenrolar da história europeia, em que o mundo oriental aparece como simples ponto de partida para a emergência do mundo grego, do mundo romano, que preparam o caminho para as culminâncias do mundo germânico (HEGEL, 1988, pp. 425-428).

Tem algo de irônico, que o mesmo Engels, que fez justa crítica à Hegel e sua absolutização do Estado Prussiano como realização do espírito universal, seja surpreendido em igual equívoco ao analisar o papel dos tchecos, dos eslavos meridionais, dos ucranianos, e outros "povos sem história" no âmbito da Revolução de 1848-49", no mundo germânico (ROSDOLSKY, 1980).

Deste equívoco, excluir do âmbito da *História* povos da periferia do centro capitalista, como os da América Latina, nem mesmo Marx escapou, durante certo tempo. José Aricó e Pedro Scaron mostraram que a posição de Marx sobre as sociedades periféricas se transformou, a partir da década de 1870. Em livro recente Kevin Anderson sintetizou a questão, com correção: "A crítica de Marx ao capital, como visto, era muito mais ampla do que geralmente se supõe. De fato, ele concentrou-se na relação capital-trabalho na Europa ocidental e na América do Norte, mas, ao mesmo tempo, investiu tempo e energia consideráveis na análise de sociedades não ocidentais, bem como de questões raciais, étnicas e de identidade nacional. Enquanto alguns desses escritos mostram uma perspectiva unilinear problemática e, ocasionalmente, vestígios de etnocentrismo, a trajetória geral dos escritos de Marx sobre essas questões move-se em uma direção diferente." (ANDERSON, 2019, p. 347).

A tese dos "povos sem história", porque sem *Estado*, provoca ainda uma outra e poderosa contestação a partir das ideias de Pierre Clastres. Aqui, o que está em pauta é uma desassombrada defesa das sociedades primitivas, que escolheram não ter *Estado*, isto é, um poder separado, discricionário sobre o conjunto da sociedade, não porque sejam tão atrasadas que não conseguiram postular a construção estatal, mas, ao contrário, porque, deliberadamente, construíram práticas sociais, que impediram o surgimento do Estado (CLASTRES, 1978; 1982). Trata-se aqui, como bem viu Jean Tible, de apostar nas extraordinárias possibilidades emancipatórias da articulação das ideias de Marx e de Pierre Clastres (TIBLE, 2018).

Por outro lado, o Brasil tem menos que os quinhentos e vinte anos, porque até 1822, ou 1831, como é possível defender, o que existiu aqui foi a América Portuguesa, sendo o Brasil, assim, parte do reino lusitano e, desse modo, tributário de suas vicissitudes e instituições.

De fato, é preciso ver o Brasil como o resultado ambivalente e conflituoso de continuidades e rupturas com a sua matriz lusitana. Trata-se de processo complexo, em que para afirmar-se como estado e nação, o Brasil teve que romper seus laços de dependência com Portugal, num processo em que não faltaram ambiguidades, contradições e conflitos.

Assim, se em 1822 houve início formal da constituição do estado nacional brasileiro, sua efetiva instauração, talvez, deva ser vista como resultante da abdicação de Pedro I, em 1831. Por outro lado, o processo de afirmação de um sentimento *nativista*, de construção de uma perspectiva de *pertencimento* a uma realidade político-cultural não portuguesa, brasileira por assim dizer, formou-se ao longo do século XVIII, seja com os significados e desdobramentos da chamada *"Guerra dos Mascates"*, em Pernambuco, em 1711, seja no fundo das motivações das *Conjurações*, que vão marcar a colônia, no final do século XVIII.

Território continental e diverso em seus recursos naturais e paisagens, o Brasil foi ocupado e apropriado de forma desigual e fragmentada, não sendo incorreto dizer que a efetiva integração do conjunto de seu território ainda esteja inconclusa pela existência de significativas áreas ainda ignotas do território.

Diversas, também, são as matrizes étnico-culturais, que formaram o Brasil – às três matrizes básicas, a lusa, a africana e a autóctone, devem ser acrescidas outras: europeias e asiáticas, devendo ser destacado o fato de que mesmo entre as três matrizes básicas há diversidade, sendo equívoca a ideia de uma homogeneidade africana ou indígena.

Não há consenso quanto ao número exato de africanos trazidos para o Brasil. As estimativas variam de 3,5 milhões a 5,5 milhões de gente escravizada, oriunda de várias regiões da África, que trouxeram para o Brasil falas, costumes, tradições, conhecimentos e cultura diferenciados.

Sabe-se que, dentre os vários e lucrativos negócios, que marcaram o sistema colonial, o mais rentável deles foi o tráfico de escravos, que não renderam lucros inferiores a 100%, negócio de que participaram tanto comerciantes do reino e das outras metrópoles, quanto traficantes residentes na América Portuguesa e em outras colônias portuguesas.

É uma conquista da historiografia contemporânea reconhecer a existência de uma complexa rede de interações, seja entre as metrópoles, seja entre as colônias, de que resultaram uma série de hibridismos, fusões, fecundações recíprocas, influências, compartilhamentos. Uma ideia chave, nesse sentido, é a referente à existência de um "sistema sul-atlântico", que englobaria o Brasil, a África Portuguesa Atlântica, a África Portuguesa no oceano Índico, e mesmo as colônias portuguesas na Índia e na China. Essa perspectiva historiográfica foi enunciada por um conjunto de autores – José Honório Rodrigues, Frédéric Mauro, Pierre Verger – tendo adquirido sua expressão mais sistemática no trabalho de Luiz Felipe de Alencastro – *O Trato dos Viventes*, de 2000 (ALENCASTRO, 2000).

É essa circulação incessante, sul-sul, sul-metrópoles europeias, que explica, por exemplo, a presença das desconcertantes "chinesices", que decoram a capelinha de Nossa Senhora do Ó, em Sabará, Minas Gerais, construída nas primeiras décadas do século XVIII.

Esta conexão da colônia com as tendências dominantes da cultura europeia não se deu, necessariamente, de forma sincrônica, tendo ocorrido, em mais de um momento e lugar, anacronismos decorrentes de defasagens entre os processos de produção, difusão e recepção dos repertórios simbólicos metropolitanos pelas colônias. Assim, se houve uma quase simultaneidade entre a eclosão, por exemplo, da música pré-clássica e clássica europeia, a música de Haydn-Mozart, e sua recepção na América Portuguesa, por músicos como Lobo de Mesquita; em outros campos, como no caso da obra de Antônio Francisco Lisboa, a complexa miscibilidade de estilos – o gótico, o renascentista, o barroco, o rococó – e sobretudo a liberdade como estas tradições estilísticas foram apropriadas e ressignificadas, é expressão de uma vida cultural, que superou, em grande medida, os constrangimentos coloniais.

Outras decisivas circunstâncias devem ser levadas em conta para a justa compreensão do processo de formação do Brasil, circunstâncias históricas e espaciais. Lembre-se, desde logo, que não foi simultâneo o processo de ocupação e apropriação do território. As regiões litorâneas de São Vicente, Pernambuco e Bahia foram as primeiras a, efetivamente, resultarem em processos de ocupação-apropriação. O território da América Portuguesa foi ocupado, inicialmente, a partir de motivações, sobretudo, geopolíticas, de busca e preservação de partes importantes da Colônia acossadas pela presença de outras potências metropolitanas. Assim, a marcha da ocupação foi determinada, no início do século XVII, pela forte presença francesa no Maranhão; em seguida pela busca, ainda no século XVII, da afirmação portuguesa no extremo-sul com a ocupação da Colônia de Sacramento, no estuário do rio da Prata. Do final do século XVII e primeira metade do século XVIII, são as *entradas e bandeiras*, que vão descobrir ouro e pedras preciosas nas regiões de Minas Gerais, Mato Grosso e Goiás. É, também, da segunda metade do século XVII a expansão que vai incorporar a porção ocidental da Amazônia à América Portuguesa.

Esse processo, a dinâmica de incorporação, de apropriação de territórios americanos ao domínio português, foi marcado por um complexo conjunto de arranjos político-administrativos. Destaquem-se alguns momentos decisivos desse processo: 1) 1534, início, efetivo, da colonização da América Portuguesa com a instituição das capitanias hereditárias; 2) 1549, substituição do regime das capitanias hereditárias pelo governo geral, com sede em Salvador, Bahia; 3) 1580-1640, período da chamada União Ibérica, em que desapareceu a separação entre terras portuguesas e espanholas; 4) 1621, criação do Estado do Maranhão, separado do Estado do Brasil, com capital em São Luiz, englobando as capitanias do Grão-Pará, Maranhão, Piauí, Rio Grande do Norte e Ceará; 5) 1630-1654 – ocupação de parte significativa do Nordeste da América Portuguesa, pela Companhia Holandesa das Índias Ocidentais; 6) 1750-1777, conturbado período de redefinição de fronteiras e disputas territoriais entre portugueses e espanhóis no referente ao extremo-sul; 7) 1763, transferência da capital do vice-reinado da América Portuguesa para o Rio de Janeiro; 8) 1808-1822-1831, período em que vai se dar a formação do estado nacional brasileiro tendo como marco inicial a transferência da Corte Portuguesa para o Brasil, em 1808. (JANCSÓ, 1994).

Mosaico geoecológico a América Portuguesa também é um mosaico econômico e cultural. Se a escravidão, o latifúndio e a monocultura dominaram a economia açucareira da zona da mata nordestina, no período colonial, o nordeste foi mais que a economia açucareira e abrigou tanto outras formas de trabalho, quanto outros produtos. Assim, é o caso de se reconhecer que tanto a história da economia e da sociedade da América Portuguesa, quanto a história da economia e da sociedade do Brasil independente, foram marcadas por diversidades regionais, sociais, políticas, culturais, que desautorizam generalizações simplificadoras.

Não está encerrado o debate sobre a casualidade ou intencionalidade do "achamento" das terras brasileiras por Cabral. Tema controverso, há bons argumentos para sustentar os dois pontos de vista. É também como controvérsia que têm sido retomadas certas expressões, que consagradas pela longa dominância de certa historiografia, são questionadas hoje pela ressurgência de perspectiva crítica. É o caso, assim, de questionando a tese do "descobrimento", tanto de caracterizar a ação portuguesa como *conquista*, quanto de reconhecer no processo um duplo "descobrimento" – os portugueses "descobriram" os povos autóctones e esses "descobriram" os portugueses: encontro de civilizações. No contexto da discussão sobre as relações entre a expansão ibérica e o Novo Mundo têm sido desenvolvidas teses, como a de Edmundo O'Gorman, que ressaltam a América como uma "invenção" ibérica. Na mesma direção, o historiador português Jorge Couto escreveu um livro com o título – *A Construção do Brasil*, onde se lê o seguinte – "Tendo o Brasil resultado de um processo de construção empreendido pelos portugueses em cooperação ou conflito com outros grupos étnicos, ou seja, Ameríndios e Africanos, destacam-se os aspectos, relacionados com os intercâmbios civilizacionais euro-afro-americanos – da Linguística à Zoologia e da Gastronomia às doenças – que deram origem a uma criação profundamente original e distinta de cada uma das suas componentes." (COUTO, 1995, p. 16).

Contudo, se é justa a compreensão de Jorge Couto sobre o caráter compósito da "construção do Brasil", o que significa valorizar as suas diversas matrizes formadoras, surpreende-se na tese do historiador português certo anacronismo. O historiador brasileiro, Fernando Novais tem insistido em mostrar que tanto a ideia da "invenção", quanto a de "construção" trazem implícitas uma continuidade, que não é o caso de acompanhar. O Brasil não foi *construído* pelos portugueses em concurso com outras civilizações, mas construiu-se como *ruptura*, como *contestação* à dominação portuguesa, no sentido de que se não houvesse a ruptura, 1822 ou 1831, não haveria o Brasil, ou ainda, se tivesse prevalecido a perspectiva de Dom Rodrigo de Souza Coutinho, o Brasil teria se tornado a sede do reino português. Ou seja, o Brasil que existe, para se afirmar, teve que buscar diferenciar-se de Portugal, teve que romper os laços de dependência que tolhiam o desenvolvimento de aspirações e interesses, que emergiram na América Portuguesa e já não podiam ser contemplados com a vigência do estatuto colonial.

Assim, veja-se a "construção do Brasil" como um processo dialético marcado por continuidades e rupturas. Mais do que isso, é o caso de se ver o Brasil como marcado por uma ambiguidade decisiva detectada por Paulo Emílio Salles Gomes. Disse ele – "Não somos europeus nem americanos do norte, mas destituídos de cultura original, nada nos é estrangeiro, pois tudo o é. A penosa construção de nós mesmos se desenvolve na dialética rarefeita entre o não ser e o ser outro." (GOMES, 1980, p. 88). Vale dizer, a "construção" do Brasil é, na verdade, um lento e complexo processo de recepção de um conjunto de influências e instituições, que se lhe têm imposto. Recepções essas que não são mais que as manifestações concretas de processos político-econômicos específicos, que têm plasmado o país. Assim, tanto as formas e relações de produção, quanto as formas e instituições político-culturais, que têm prevalecido no Brasil, são os resultados, historicamente determinados, de um processo em que o adventício e o autóctone, o tradicional e o novo, o geral e o particular, o global e o local interagem, produzindo, às vezes, sínteses surpreendentes. É o caso exemplar do barroco brasileiro, que Lourival Gomes Machado viu assim – "se o barroco europeu foi a expressão do despotismo dominador, o barroco brasileiro o foi da liberdade criadora." (MACHADO, 1973, p. 150).

1.1. A conquista e o primeiro século da colonização

Só em 1532 teve início, de fato, a colonização da América Portuguesa. Até então todas as atenções e interesses da metrópole estiveram voltados para as Índias orientais e suas promessas de riquezas e maravilhas. Foi tanto o declínio dessas expectativas, quanto a ameaça real da perda de controle do território americano, pela presença de várias outras metrópoles, em particular da França, em território brasileiro, que deu início à efetiva ocupação e colonização do Brasil, a partir das iniciativas de Martim Afonso de Souza, que recebeu de Dom João III, em doação, terras consideradas sob o título de capitanias hereditárias. Fundou-se, em janeiro de 1532, a primeira Vila da América Portuguesa, São Vicente, e teve início a instalação dos primeiros engenhos de cana-de-açúcar. Em 1535 são instalados engenhos de açúcar em Olinda e no Espírito Santo.

Esses primeiros empreendimentos utilizaram-se, basicamente, de mão de obra indígena submetida à escravização. A partir de 1539, houve insistentes pedidos, por parte dos capitães-donatários, de importação de escravos africanos para a América Portuguesa. A chegada do primeiro grupo de escravos africanos, no Brasil, deu-se em 1550, em Salvador, e o início do tráfico regular de escravos para o nordeste do Brasil, é de 1568. (JANCSÓ, 1994, p. 57).

Nesses primeiros tempos, a partir de 1534, a governação da América Portuguesa iniciou-se com as capitanias hereditárias, que vigoraram de 1534 a 1548, que dividiram o território, reconhecido como português, pelo Tratado de Tordesilhas, em

15 lotes de 50 léguas de largura, lotes estes, as capitanias, entregues a 12 capitães donatários.

Constatada a inoperância desse regime, a coroa portuguesa instituiu, em 1549, o Governo Geral do Brasil, com sede em Salvador. É também de 1549 a chegada dos primeiros jesuítas no Brasil, os quais terão papel fundamental na história brasileira, tanto do ponto de vista religioso, quanto do ponto de vista político-cultural.

Com Tomé de Souza, primeiro Governador-Geral, veio também a legislação referente aos municípios, que estabeleceu a organização das Câmaras, constituídas por 2 juízes, 3 vereadores eleitos, um procurador, também eleito, e por um "juiz de fora", representante da Coroa. Também de 1549, foi a instalação da Ouvidoria Geral, completando-se a consolidação da estrutura judiciária com a instalação, em 1588, do Tribunal de Relação, em Salvador.

Foi frei Vicente de Salvador, em seu livro de 1627, *História do Brasil*, quem fixou algumas das características básicas dos primeiros tempos da ocupação do território brasileiro. Sobre isso, disse Francisco Iglésias – "o frei percebe o essencial do processo: trata das lutas entre índios e o colonizador, com certa simpatia pelos dominados. Aponta os defeitos da colonização, no mau trato aos nativos, na subjugação dos brasileiros, nas práticas administrativas desonestas como o furto, o abuso do poder. O negro não era ainda presença marcante, mas já é considerado pelo autor, que tem o senso da realidade da Colônia, embora não o aprofunde, por preferir a narrativa fluente, coloquial. Denuncia a falta de iniciativa do português, que não se embrenha pelo interior, permanecendo ao longo do litoral "arranhando-o como caranguejo", de acordo com a sua passagem mais citada. A seu ver, cuidam só de espoliar o país, levando o que podem, sem pensar na criação de riquezas." (IGLÉSIAS, 2000, p. 30-31).

Há que ver na análise feita por Iglésias, do essencial das teses do frei Vicente de Salvador, uma síntese não só da América Portuguesa, em seus primeiros tempos, como a explicitação de certas características que teimam em resistir no país, como a reiteração de processos de desigualdade na distribuição da renda, da riqueza e de direitos sociais.

Em 1572 houve a divisão do governo geral em dois governos, um com sede na Bahia, Salvador, e outro com sede no Rio de Janeiro. Em 1577 esses governos foram unificados, com sede em Salvador. Novamente, em 1608, houve nova divisão do governo do Brasil, com a instituição de uma administração Norte, e uma administração Sul, agregando Espírito Santo, Rio de Janeiro e São Vicente. Em 1612, unificou-se, novamente, a administração em um governo único, sediado em Salvador.

Esses arranjos governamentais oscilantes decorreram de uma dificuldade real, que se intensificou nos séculos XVII e XVIII. Trata-se do enorme desafio colocado para Portugal para controlar o enorme território americano, no contexto de múltiplas contestações ao seu domínio, por parte de franceses, holandeses, ingleses, irlandeses e espanhóis. São esses desafios geopolíticos, que explicam os sucessivos arranjos governativos buscados. São do primeiro século da colonização as tentativas de Portugal de monopolizar o comércio com o Brasil, com o decreto, de 1571, estabelecendo que somente navios portugueses poderiam transportar mercadorias para o Brasil, e com o decreto de 1591, que proibiu navios estrangeiros de aportarem no Brasil. (JANCSÓ, 1994).

Se o pau-brasil foi o primeiro produto a ser explorado na colônia, a partir das concessões dadas a Fernando de Noronha para a sua exploração, a partir de 1501, nem só da exploração desta madeira viveu a economia da colônia, no século XVI. Foram remetidos para a Europa: escravos indígenas e animais, a partir de 1511; açúcar, produzido por Fernão de Magalhães, no Rio de Janeiro, a partir de 1519, e em Pernambuco, a partir de 1521. De 1534 é o início da implantação do gado vacum, em São Vicente, e de 1603 o início da pesca da baleia.

Em 1553, pelo Regimento imposto pelo primeiro Governador Geral do Brasil, Tomé de Souza, permitiu-se a escravização de índios mediante a invocação da cláusula da "Guerra Justa". Em 1596, a administração dos índios do Brasil foi entregue aos jesuítas e proibiu-se a sua escravização, dando início a um processo conflituoso, entre colonos e jesuítas, pelo controle da mão de obra indígena, sobretudo no Maranhão, que vai marcar todo o século XVII. Assim, em grande parte do século XVI, na América Portuguesa, predominou a escravização de africanos, sendo, naquele tempo, forte a presença do trabalho indígena escravizado.

Registre-se, também, como um fenômeno decisivo daqueles primeiros tempos da colonização, a União Ibérica, entre 1580 e 1640, que na prática superou o disposto no Tratado das Tordesilhas pela unificação de Espanha e Portugal, sob a governação filipina.

1.2. A ocupação da Amazônia

Mais de uma vez e em mais de um local, tentaram os franceses se fixar no Brasil. No início do século XVII buscaram se apossar do Maranhão, onde chegaram em 1612 e fundaram a cidade de São Luís, dando início ao projeto da França Equinocial. Em 1613, teve início a recuperação do Maranhão pelos portugueses, concluída, em 1615, com a derrota dos franceses e a tomada de São Luís.

Em 1616, os portugueses fundaram a cidade de Belém. Em 1618, foi criado o Estado do Maranhão, instalado em 1626. Em 1617 tiveram início os conflitos entre os portugueses na Amazônia e os Tupinambás. Ao lado dos conflitos com os Tupinambás, destaquem-se os combates entre os portugueses, auxiliados por índios, contra ingleses e holandeses, ao longo do Rio Amazonas, Gurupá e Ilha do Tocuju (JANCSÓ, 1994, p. 81).

É esse quadro de disputas, de contestações ao domínio português, que está na base da criação do Estado do Maranhão, separado do Estado do Brasil, em 1621. Por essa divisão, o Estado do Brasil passou a abranger os territórios ao sul do Rio Grande do Norte, enquanto o Estado do Maranhão e Grão-Pará, ia do Cabo de São Roque para o oeste englobando os atuais estados do Piauí, Maranhão, Pará e Amazonas.

Em 1652, o Estado do Maranhão foi reintegrado ao Estado do Brasil e foi separado o Maranhão do Grão-Pará. De 1652, é o início da grande presença dos jesuítas no Maranhão e na Amazônia pela ação decisiva do Padre Vieira. Em 1654, reunificaram-se o Maranhão e o Grão-Pará e restaurou-se a autonomia do Estado Maranhão, com relação ao Estado do Brasil. Em 1665, foi criada a Capitania da Ilha de Joanes (Marajó).

Em 1673, transferiu-se a capital do Estado do Maranhão, para Belém do Pará.

Em 1685, criou-se a capitania do Xingu. Em 1751 foi extinto o Estado do Maranhão e Grão-Pará e criado o Estado do Grão-Pará e Maranhão, com capital em Belém. Em 1755, foi criada a capitania de São José do Rio Negro (Amazonas). Em 1758, foi criada a capitania do Piauí. Em 1772, foram separadas as capitanias do Piauí e do Maranhão do Estado do Grão-Pará e Maranhão, e foi extinto o Estado do Grão-Pará e Maranhão e criado o Estado do Grão-Pará e Rio Negro, com capital em Belém.

À estas singularidades político-administrativas, que marcaram a história da Amazônia com relação ao restante do Brasil, somem-se outras características. Do ponto de vista da economia e das relações de trabalho, a Amazônia também teve curso singular. Sua economia foi marcada por três grandes sistemas. O mais extenso do ponto de vista territorial foi o resultante da coleta-extração das chamadas "drogas do sertão", produtos extrativos controlados por ordens religiosas sediadas na Amazônia (franciscanos, mercedários, carmelitas e jesuítas), mediante o trabalho indígena sob a forma de servidão. Assim, não prevaleceram na porção Grão-Pará – Rio Negro da Amazônia, seja a grande lavoura para a exportação, seja o trabalho escravizado africano.

Em 1720, existiam 63 aldeamentos na Amazônia, reunindo 54.216 índios distribuídos assim entre as ordens religiosas: 19 aldeias jesuíticas; 15 carmelitas; 9 franciscanas; 7 de frades da Conceição; 10 de frades da Piedade; 3 de mercedários.

As "drogas do sertão" exploradas por estas aldeias, os produtos da floresta, incluíam: resinas, óleos, madeiras, fibras, caça, pesca, couros e peles – cacau, salsaparrilha, canela etc.

Na segunda metade do século XIX, houve um significativo incremento da produção de borracha e castanha, a partir de uma complexa rede de negócios, que ligava os confins da floresta amazônica aos entrepostos de Manaus e Belém e daí aos grandes consumidores europeus e norte-americanos.

O outro sistema produtivo a ser considerado aqui é o especificamente maranhense, que foi marcado, fortemente, pela *plantation*, pela grande produção escravista voltada para exportação, em sua forma clássica, tendo como seu núcleo central a produção algodoeira, a partir de 1760. Também importante, no Maranhão, foi o plantio do arroz branco, ou "carolina", que introduzido na região, em 1765-1766, já era exportado para Lisboa, em 1771. (GAIOSO, 1818/1970, p. 183).

O terceiro sistema a ser considerado aqui é o que funcionou na área de transição entre a Amazônia e o Nordeste, representado, exatamente, pela fronteira Maranhão-Piauí e marcada pelas atividades pecuárias e pela exploração das palmeiras – carnaúba, babaçu e tucum.

Tensas e conflituosas foram as relações entre os colonos do Estado do Maranhão e as ordens religiosas, sobretudo a Companhia de Jesus, e a metrópole. A proibição da escravização dos índios, em 1598, e a virtual monopolização da mão de obra indígena pelas ordens religiosas, pelos jesuítas em particular, motivaram vários conflitos. Em 1661 os jesuítas foram expulsos do Maranhão e do Pará. (LISBOA, 1976, pp. 354-355). Em 1684 teve início a chamada *Revolta de Bequimão*, movimento liderado por Manoel Bequimão e que visou – "a expulsão definitiva dos padres, a abolição do estanco, a deposição do governo ausente no Pará, e a criação de um novo governo, composto da Câmara e de três adjuntos que se lhe nomearam, todos eles postos sob a suprema inspeção de dois procuradores do povo". (LISBOA, 1976, pp. 454-455). A derrota da *Revolta de Bequimão* significou tanto a volta dos jesuítas, em 1686, quanto a definitiva imposição do trabalho escravizado africano no Maranhão.

Durante o período pombalino (1750-1777), novamente, buscou-se estabelecer monopólio estatal do comércio na região, com a criação da Companhia Geral do Comércio do Grão-Pará e Maranhão, em 1755, e buscou-se anular a influência dos jesuítas com a expulsão desta Ordem do reino, em 1759.

1.3. Ocupação do Extremo Sul

Se houve ameaças ao domínio português ao norte, elas também existiram ao sul. Nesse caso, a questão estratégica era a busca do controle do estuário do Rio da Prata e das riquezas do Potosí, que por ali passavam. Em 1586, teve início o intercâmbio comercial entre o Brasil e o Rio da Prata. Apesar de várias tentativas de controle por parte das autoridades espanholas, os portugueses, a partir do Brasil, dominaram o comércio platino. Disse Alice Canabrava – "No decorrer do primeiro quartel do século XVII, graças ao extraordinário desenvolvimento do comércio de contrabando, os portugueses conseguiram estabelecer a preponderância comercial no Rio da Prata, que se transformou num verdadeiro rio português". (CANABRAVA, 1984, p 148).

Essa inclinação para o sul, da expansão portuguesa, significou, de fato, "queimar etapas" no processo de ocupação do território. Assim, os portugueses foram ao Uruguai e à Argentina, antes de ocuparem o atual Rio Grande do Sul.

Foi essa a marcha para o sul: em 1614, fundou-se Curitiba; em 1635, foi a vez da bandeira marítima paulista, comandada por Luis Dias Leme e Fernão de Camargo, de reconhecimento do atual Rio Grande do Sul; de 1636, é a primeira grande entrada paulista no território do atual Rio Grande do Sul; em 1648, foi a fundação de Paranaguá; de 1658, a fundação de São Francisco do Sul, em Santa Catarina; de 1676 é a fundação de Laguna; de 1679, a subordinação da capitania do Sul ao governo do Rio de Janeiro; de 1680, a fundação da Capitania Real da Nova Colônia do Santíssimo Sacramento, em território que pertence hoje ao Uruguai; de 1681, a destruição da Colônia de Sacramento por tropas espanholas, sediadas em Buenos Aires; de 1681, o Tratado de Lisboa, que reconheceu a soberania portuguesa sobre a Colônia de Sacramento; de 1682, a incorporação da Colônia de Sacramento ao Estado do Brasil, até 1704; de 1687, a consolidação das missões jesuíticas na atual tríplice fronteira Brasil-Argentina-Paraguai; de 1713, a constituição da capitania de São Pedro do Rio Grande; de 1719, são as primeiras incursões de luso-brasileiros, que vão de Laguna para a Capitania de São Pedro do Rio Grande, o atual Rio Grande do Sul; de 1725, são as transladações, em larga escala, de luso-brasileiros de Laguna para o Rio Grande do Sul; em 1726, foi concedido o foral de vila a Nossa Senhora do Desterro (Florianópolis); de 1728, a abertura do caminho entre Laguna e Curitiba; de 1727, a abertura do caminho terrestre entre São Paulo e o atual Rio Grande do Sul; de 1735, o início da ocupação de Viamão e de Vacaria no atual Rio Grande do Sul; de 1752, a fundação do Porto dos Casais, por um grupo de colonos açorianos, que, em 1773, passou a se chamar Porto Alegre; em 1760, a Colônia de São Pedro do Rio Grande passou à categoria de capitania real, subordinada ao Rio de Janeiro; em 1807, a capitania do Rio Grande de São Pedro ficou independente da capitania do Rio de Janeiro, e anexou a capitania de Santa Catarina.

Um capítulo particularmente dramático da formação do sul brasileiro é o referente aos desdobramentos das disputas de fronteiras entre Espanha e Portugal, pela chamada "Banda Oriental", que é hoje o Uruguai. Na disputa, Portugal aceitou a perda de soberania sobre a Colônia de Sacramento em troca dos territórios das missões jesuíticas, na fronteira com Paraguai e Argentina. O ato formal do acordo consagrado no Tratado de Madrid, em 1750, não gerou senão insatisfações e rebeldia, sobretudo, das populações indígenas sob a tutela dos jesuítas, resultando num longo e doloroso conflito.

De todas as regiões que compõem hoje o Brasil, a porção sul foi onde desenvolveu-se a única economia regional, que não se voltou, de algum modo, para o mercado externo. Desde o século XVIII, sua organização produtiva voltou-se para o abastecimento da região mineratória fornecendo carne e animais de carga e tração. Mais tarde, no século XIX, o Rio Grande do Sul vai se especializar, sobretudo, na produção de alimentos para o mercado interno – arroz, trigo, milho, carne. É também digno de registro o fato de que essa economia regional, com exceção da área do extremo sul, das grandes estâncias voltadas para a pecuária, foi marcada pela presença de trabalho familiar e relativamente desconcentrada foi sua estrutura fundiária. Foi restrita a presença da escravidão na economia sulina, como também não foi ali dominante a grande propriedade rural. Daí que sejam historicamente menores, hoje em dia, as desigualdades de renda e riqueza naquela região, o que, também, explica muito do relativamente superior nível médio de qualidade de vida da região quando comparado ao das demais regiões brasileiras, onde prevaleceram a concentração absoluta da renda e da riqueza, e grande presença de gente escravizada.

1.4. A economia nordestina

Para a justa compreensão do Nordeste brasileiro é preciso considerar, e valorizar, a rica literatura que a região tanto produziu quanto motivou. A literatura, mais que qualquer outra forma de expressão, foi capaz de fixar, adequadamente, as características básicas da formação histórica nordestina, que, num polo, foi marcada pela vida resumida – ressequida captada pelas obras de Graciliano Ramos – João Cabral de Melo Neto, contraposta à demasia-exuberância do mundo nordestino, tal como recriado nas obras de Gilberto Freyre – Jorge Amado. Se essas são representações típicas do Sertão e da Zona da Mata, não se esqueça o Agreste, as formas transicionais, registradas na obra de José Lins do Rego, que denotam, a um só tempo, tanto o mar e o sertão, tanto o canavial, quanto a caatinga.

Há quem, do Nordeste, só lhe veja uma face. Há quem só reconheça, do Nordeste, a sua grande face açucareira, seu período de auge. Mas, mesmo no momento da fortíssima hegemonia açucareira, na primeira metade do século XVII, o nordeste nunca foi só açúcar, mesmo no litoral, mesmo na Zona da Mata. Abrangendo apenas 5% do território nordestino, a Zona da Mata, além do açúcar, foi também região de produção de tabaco e de cacau, sobretudo na Bahia.

A outra região característica, do ponto de vista agroecológico do Nordeste, é o Agreste. Região de transição entre a Mata e o Sertão, o Agreste também ocupa 5% do território, tem estrutura produtiva compósita, acolhendo fragmentos de atividades típicas tanto do Sertão quando da Mata. (ANDRADE, 1963).

É possível encontrar-se no Agreste tanto extensões da economia açucareira, quanto manifestações de atividades típicas do Sertão, como a pecuária extensiva, a produção algodoeira e a produção de alimentos.

O Sertão nordestino ocupa 90% do território regional. Encontram-se lá as áreas do semiárido brasileiro. É no sertão nordestino – não só lá -, que se concentram grandes contingentes de população submetidas à miséria extrema.

Falou-se de diversidade regional, de estrutura tripartite do Nordeste, há que se falar ainda de outras diferenças. Mas, é essencial, se se quer entender a história nordestina, reconhecer um processo transversal que unificou, e ainda unifica, todo o Nordeste, que é a permanência de uma estrutura fundiária fortemente concentrada. Esse é um fenômeno geral, que tem implicações diferenciadas em relação às formas concretas dos processos produtivos. Na Zona da Mata, a concentração fundiária é um dos núcleos de um sistema que incluía, também, como características centrais, o trabalho escravizado, como forma dominante das relações de trabalho, e a articulação externa do processo produtivo, majoritariamente voltado para o mercado externo. No Agreste, tanto a produção algodoeira, quanto a pecuária tenderam a ter como base o trabalho livre sob variadas formas de arranjos produtivos camponeses.

A estrutura de propriedade no Nordeste como um todo, para todos os períodos e segmentos, não foi homogênea e estática. Vários autores, como Stuart Schwartz, trazem dados que permitem, por exemplo, mostrar diferenças entre os níveis de concentração da propriedade entre o Recôncavo Baiano e a Zona da Mata pernambucana, e o resto do Brasil. Da análise de Schwartz é essencial reter a ideia de que os padrões de posse dos escravos variaram ao longo do tempo e regionalmente. (SCHWARTZ, 1988).

De qualquer modo, o traço característico da estrutura de propriedade no Nordeste foi a permanência de sua concentração, que tem resistido, até hoje, no sentido de que têm sido bloqueadas todas as tentativas efetivas de distribuição da riqueza e da renda.

Stuart Schwartz mostrou que em que pese diferenças significativas entre engenhos, do ponto de vista do tamanho dos plantéis de escravos mobilizados na atividade açucareira, o número mínimo, por engenho na região do Recôncavo Baiano, foi de 60 escravos. Tal fato configura uma estrutura de propriedade, entre donos de engenho, bastante concentrada se se considerar o conjunto dos proprietários de escravos na região. (SCHWARTZ, 1988, p. 374).

Mesmo antes da Abolição, Joaquim Nabuco já advertia para a necessidade de se complementar o processo de Abolição, com uma Reforma Agrária efetiva, no sentido de que seria a Reforma Agrária o instrumento capaz de, ao garantir o direito à terra ao ex-escravizado, garantir-lhe cidadania plena. A sonegação desses direitos sociais, o direito à sobrevivência digna, produziu a transmigração do ex-escravizado da *senzala* para o *mucambo*, mantendo-se o quadro de exclusão social e reforçando-se o preconceito e o racismo.

Às diversidades regionais, produtivas, agroecológicas, do Nordeste, agreguem-se, também, o significativo de sua história política marcada pela ocupação holandesa e as importantes implicações do processo de expulsão dos holandeses do Brasil. A presença holandesa no Nordeste brasileiro, de 1630 a 1654, depois de curta tentativa de se instalarem na Bahia, entre 1623 e 1625, marcou, em vários sentidos, a fisionomia nordestina. Do mesmo modo a expulsão dos holandeses, em 1654, também, teve consequências para o Nordeste e para o Brasil, na medida em que significou o fim do virtual monopólio do açúcar luso--brasileiro, pela entrada no mercado da produção holandesa das Antilhas.

Vejam-se alguns dados sobre a marcha da economia açucareira nordestina. No referente ao número de engenhos: eles eram 55 em 1570, passando a 170 em 1612, "às vésperas da invasão holandesa em Pernambuco, 346 engenhos moíam cana no Brasil." (FERLINI, 1988, p. 61).

Tabela 1.1
Exportação Açucareira Brasileira (em @)
Séculos XVI - XVIII

Anos	Produção	Anos	Produção	Anos	Produção
1570	180.000	1630	1.500.000	1710	1.600.000
1580	350.000	1640	1.800.000	1760	2.500.000
1600	2.800.000	1650	2.100.000		
1610	4.000.000	1670	2.000.000		

Fonte: FERLINI, 1987, p. 76

Dos dados da produção é forçoso reconhecer que o auge da atividade ocorreu entre 1600-1630, a partir do que, com a invasão holandesa, a produção colonial jamais alcançou os níveis atingidos naquele período.

1.5. A Capitania das Minas dos Matos Gerais

Foi Pedro Nava, no primeiro volume de suas "Memórias", quem chamou atenção para o fato de que se as minas eram gerais, também os matos eram gerais na capitania, que surgiu no final do século XVII, como resultado de um continuado esforço deflagrado pela coroa portuguesa, depois de 1640, para descobrir, finalmente, o tão desejado *Eldorado*. Assim, foi com júbilo que a coroa recebeu a notícia dos achamentos de ouro em Minas Gerais. Em pouco tempo a região atraiu gentes de toda a colônia e do reino, escravizados e livres, que vão fazer tanto da capitania, quanto da província e mesmo do estado, nas primeiras décadas da República, a região mais populosa do Brasil. Veja-se a tabela:

Tabela 1.2
População de Minas Gerais
Séculos XVII - XIX

Anos	População
1700	30.000
1751	266.606
1776	319.769
1786	396.285
1806	406.915
1821	800.000

Fonte: PAULA, 2000

Nascida do impulso minerador, Minas Gerais, mesmo em seus primeiros tempos, jamais foi apenas mineração. As grandes crises de fome, que assolaram a região, entre 1699 e 1701, determinaram a necessidade de desenvolvimento de atividades agrícolas. De tal modo, que, desde início do século XVIII, desenvolveu-se em Minas Gerais uma economia diversificada em que, ao lado da produção de ouro e de diamantes, tiveram importância as atividades agropecuárias, manufatureira e de serviços.

Constatou-se também, como especificidade do desenvolvimento de Minas Gerais, o fato de que a centralidade da produção aurífera, e o lugar do ouro como meio de pagamento e como veículo de trocas, determinaram uma significativa amplificação das relações econômicas na região.

Essa mesma base econômica, diversificada e relativamente monetizada e mercantilizada, foi o suporte material da emergência e desenvolvimento de uma estrutura urbana, de uma estrutura político-administrativa, de um sistema cultural, de uma estrutura social com nível de densidade e complexidade sem paralelo na colônia.

A descoberta do ouro em Minas Gerais, no final do século XVII, motivou, como já foi dito, uma rapidíssima onda migratória para a região. Com os adventícios vieram tensões e interesses conflitantes. Turbulenta e em estado de permanente excitação, a região das Minas exigiu do estado metropolitano medidas, até então inéditas, de tentativas de controle e gestão. Esse processo, Francisco Iglésias identificou como de efetiva "imposição do estado" no Brasil, no sentido da superação da hegemonia patrimonialista, que predominara até então. "Imposição do estado" não no sentido de normatização e provimento de direitos e deveres individuais e coletivos, mas, sobretudo, como imposição do *fisco*, da *polícia* e da *justiça*. Na prática isso significou a ausência de qualquer esforço sistemático e consistente do estado em prover serviços sociais essenciais.

Esses serviços foram providos, em parte, por uma extensa rede de associações religiosas laicas – ordens terceiras, confrarias, arquiconfrarias, uniões pias etc. – que, em Minas Gerais, foram estruturas que buscaram atender tanto às demandas por assistência social, quanto foram os núcleos efetivos da constituição da *sociedade civil* na região. (BOSCHI, 1986).

É importante lembrar que essas associações religiosas laicas, foram, de fato, as gestoras da vida religiosa na região já que foram proibidas as congregações religiosas de atuarem em Minas Gerais, desde o início do século XVIII. Assim, o clero, de extração exclusivamente secular, acabou por se articular com as irmandades, confrarias e ordens terceiras num processo em que o peso da presença laica foi decisivo. A ausência dos jesuítas em Minas Gerais, durante o período colonial, por exemplo, significou a conformação de práticas religiosas, em muito, distantes das exigências severas da Contrarreforma.

Houve tempo em que predominou certa tendência a se hipertrofiar as riquezas produzidas na capitania das Minas Gerais. De fato, a riqueza efetivamente produzida na capitania não autoriza a visão da existência de um fausto intenso e prolongado. Já em 1948, Eduardo Frieiro dissera – "Uma das patranhas da nossa história, tal como usualmente se conta nas escolas, é a da pretendida riqueza e até mesmo opulência das Minas Gerais na época da abundância do ouro. Em boa e pura verdade, nunca houve a tão propalada riqueza, a não ser na fantasia amplificadora de escritores inclinados às hipérboles românticas". (FRIEIRO, 1957, p. 166).

Bem considerado o tema, veja-se o período de auge da produção aurífera como não ultrapassando 30 anos, entre 1730 e 1759, quando a produção atingiu uma média anual de 9.500 quilos de ouro, enquanto que entre 1700 e 1729 a produção anual média teria sido em média de 5.800 quilos, sendo que, para o período 1760 e 1799, a produção anual média teria sido de 5.000 quilos. (PINTO, 1979, p. 114).

Também menos exuberantes, foram os resultados da produção diamantífera em Minas Gerais. Oficialmente iniciada em 1729, a exploração diamantífera de Minas Gerais enfrentou sempre tendência à queda de preços. Tendência que desafiou diversos mecanismos regulatórios impostos pela coroa. Mesmo o monopólio régio, imposto em 1771, não foi capaz de reverter o quadro de queda dos preços: em 1740 o quilate do diamante de Minas Gerais era 11$980; em 1747 passou a 10$200; em 1752 o valor foi 9$302; em 1771 foi cotado em 8$674; em 1790 o quilate estava em 8$625. (PINTO, 1979, pp. 218, 220 e 222).

Tanto no caso da produção aurífera, quanto no referente aos diamantes a explicação das autoridades metropolitanas para a crise mineratória tendeu a apontar o contrabando, as diversas formas de extravio, como os fatores determinantes da crise da mineração, desconsiderando as determinações mais importantes do processo que, no caso do ouro, era, decisivamente, a precariedade da base tecnológica da atividade. No referente à economia diamantífera busque-se explicação para a crise do setor também no controle monopolista exercido pelos beneficiadores/comercializadores holandeses e ingleses.

De qualquer modo, há que ver justeza na tese de João Dornas Filho quando fala na existência de uma "civilização do ouro", no sentido de que a centralidade da economia aurífera produziu efeitos multiplicadores, amplificadores de processos que anunciam a *modernidade*, tal como ela pode ser apropriada e desenvolvida num contexto colonial de uma metrópole periférica. (PAULA, 2000).

Falou-se da capitania de Minas Gerais como tendo atraído a mão pesada do estado como fisco, polícia e justiça. No caso da estrutura tributária foram frequentes as rebeliões e revoltas dos habitantes das Minas, que sempre se sentiram escorchados. Contudo, veja-se no episódio importante como o da *Inconfidência Mineira*, tanto a reação da elite plutocrática da região contra o discricionário do poder metropolitano, como, acertadamente, apontou Kenneth Maxwell, mas, veja-se, também, a situação como índice de um já significativo processo de maturação de relações e interesses, que se não podem ser chamados ainda de *nacionais*, que seria anacronismo, apontam, fortemente, para a existência de um sentido de *pertencimento*, que prenuncia a nação, e que se vê na existência de um complexo de sistemas: um sistema urbano, um sistema político-cultural, um sistema econômico, que tem marcado a paisagem sociocultural de Minas Gerais.

1.6. O Oeste e as monções

Foi também a mineração, a busca do ouro, que consolidou a fronteira oeste do Brasil. Disse Sérgio Buarque de Holanda – "O descobrimento das jazidas do extremo oeste (Mato Grosso) e a fundação ali de núcleos urbanos e fortalezas, em resultado desses achados, dará como fruto a silhueta geográfica do Brasil atual." (HOLANDA, 1960, p. 310).

É o caso de ver a ocupação do extremo oeste como um capítulo do processo da busca de riquezas minerais pelos paulistas, bandeirantes. Depois dos conflitos que vão determinar a derrota dos paulistas na chamada *Guerra dos Emboabas*, em Minas Gerais, em 1709, houve uma nova onda expansiva bandeirante da qual resultou a descoberta de ouro na região de Cuiabá e Guaporé, em 1718, por Antônio Alves de Carvalho. Em 1723, chegaram a São Paulo os primeiros "quintos" arrecadados em Cuiabá. Em 1726, houve a abertura do caminho por terra entre São Paulo e Cuiabá. Em 1736, fundou-se a Vila Boa de Goiás, e o estabelecimento da comunicação direta e regular entre Cuiabá e Goiás por picada aberta por Antônio de Pinho Azevedo (JANCSÓ, 1994, pp. 147-149).

As descobertas de ouro em Cuiabá, e outras regiões mineratórias no Mato Grosso, vão incrementar a mobilização de pessoas em demanda de ouro estabelecendo fluxos de comércio entre São Paulo e as novas minas do oeste. Esses fluxos vão se dar, sobretudo, utilizando-se dos rios, a partir do Tietê, que em comboios de 50 a 300 canoas, *monções* como foram chamadas, buscaram interligar as áreas de mineração aos núcleos paulistas.

Essas *monções*, estudadas em livro fundamental de Sérgio Buarque de Holanda, de 1945, estão entre os episódios mais dramáticos do processo de ocupação e formação do Brasil, pelas dificuldades épicas que envolveram, seja pelos ataques de índios, seja pela aspereza das condições naturais.

Em 1748, foram criadas as capitanias de Mato Grosso e Goiás, separadas da Capitania de São Paulo, expressando tanto o desenvolvimento da produção aurífera na região, quanto a descoberta de diamantes em Goiás, em 1746. De qualquer modo, a produção do ouro em Mato Grosso e Goiás nunca alcançou os níveis da produção de Minas Gerais: entre 1730-1759, período auge da produção, para uma média anual, em Minas Gerais, de 9.500 quilos, a produção de Goiás foi de 3.083 quilos, e a de Mato Grosso de 1.066 quilos (PINTO, 1979, p. 114).

Se a motivação inicial da ocupação do Mato Grosso deveu-se à descoberta do ouro, foi também decisivo para a permanência do impulso para o oeste a busca da preservação do território mediante a construção de várias fortificações como o Forte Coimbra, em 1775, o Forte Príncipe da Beira, em 1776, e o Presídio de Miranda, em 1797 (BACELLAR, 1994, p. 525).

Significativamente menos dotada de recursos minerais que Minas Gerais, e mesmo Goiás, a Capitania de Mato Grosso teve processo de urbanização incipiente, marcado pela itinerância dos movimentos da população, permanentemente em busca de minas, que sempre se mostraram menos produtivas que o desejado e necessário, para fixar população e desenvolver a economia e a vida social.

Apesar de ter recebido expedições luso-brasileiras desde o final do século XVI, vindas da Bahia, só com a bandeira de Bartolomeu Bueno da Silva, que deixou São Paulo, em 1722 "e voltou três anos mais tarde com ouro de Pilões, Palmeiras e Rio Claro", que, efetivamente, começou a colonização de Goiás (KARASCH, 1994, p. 367).

Nascido do impulso minerador, com a crise da atividade na colônia, na segunda metade do século XVIII, a Capitania de Goiás buscou diversificar sua produção pela expansão da agropecuária e mesmo pelo desenvolvimento da manufatura têxtil de algodão, que abasteceu certo segmento da demanda paulista, no final do período colonial.

Tanto no caso da Capitania de Mato Grosso, quanto no caso da Capitania de Goiás, é essencial considerar as complexas e conflituosas implicações do processo de expansão da colonização sobre as diversas comunidades indígenas, que ocupavam o território.

A ocupação do "Extremo-Oeste", como a chamou Sérgio Buarque de Holanda, obedeceu a quatro motivações básicas: o apresamento de índios; a exploração mineral; a expansão da grande pecuária; a proteção da fronteira e a garantia da soberania sobre o território. Nesses processos expansivos, foram constantes e duríssimos os desafios: as crises de abastecimento, os ataques dos índios paiaguás, as febres e doenças tropicais, que explicam muito do caráter intermitente, fragmentado e mesmo de certos abandonos temporários, que marcaram a colonização da região.

Não menos importante terá sido a Guerra do Paraguai e seus vários desdobramentos sobre as relações entre paraguaios e brasileiros, naquela fronteira. Tudo isso terá pesado para que, Nelson Werneck Sodré, em 1941, dissesse – "Desconhecido e complexo, quer na sua geografia, quer na sua história, quer na sua organização social, o Oeste brasileiro permanece uma incógnita". (SODRÉ, 1941, p. 11). Incógnita que buscou ser revelada por uma série de livros sobre a região: em 1942, *Marcha para o Oeste*, de Cassiano Ricardo; em 1945, *Monções*, de Sérgio Buarque de Holanda; em 1950, *Um Trem Corre para o Oeste*, de Fernando Azevedo; e o livro póstumo, também, de Sérgio Buarque de Holanda, *O Extremo Oeste*, de 1986, entre outros.

2. A formação do mercado interno: 1830-1889[1]

O período considerado neste capítulo (1830-1889), do ponto de vista econômico, político, social e cultural, representa o momento consolidador, de vários e decisivos aspectos da nacionalidade, seja na afirmação de algumas de suas características tipificadoras, seja como abertura de possibilidades, seja pelos impasses que explicitou, que também eles têm marcado o País.

Entre o 7 de abril de 1831 e o 15 de novembro de 1889, da Abdicação de D. Pedro I à República, o Brasil experimentou transformações, modernizou-se, sem que tenham sido superadas certas mazelas e contradições que, permanentemente atualizadas, têm confirmado no País o apego à desigualdade, à

---

[1] Publicado em 2012, no vol. 2 de *História do Brasil Nação*, direção de Lília Schwarcz, coordenação de José Murilo de Carvalho, Fundación MAPFRE, Objetiva.

exclusão e à marginalização sociais, que estão na base de impasses históricos que o País tem reiterado.

Entre 1830 e 1889 o País modernizou suas instituições políticas, sua estrutura econômica, suas relações sociais; a escravidão foi abolida depois de longuíssima vigência; esboçou-se a formação e a articulação do mercado interno a partir de um mosaico de economias regionais; consolidou-se, com o *Código Comercial*, de 1850, a moldura institucional para o desenvolvimento das relações mercantis capitalistas; consolidaram-se, enfim, as condições de vigência do trabalho livre, das relações de trabalho especificamente capitalistas.

O período em tela foi momento de emergência e expansão da modernização da infraestrutura urbana, de nossa vida cultural, ainda que constrangida pela presença de altos níveis de analfabetismo. Houve crescimento do sistema de ensino e de instituições de pesquisa, consolidou-se, entre nós, um efetivo sistema cultural composto de produtores, veículos e consumidores de bens simbólicos, que por ser, de fato, um *sistema*, não ficou restrito aos grandes nomes, aos grandes autores, que um sistema cultural não se faz apenas de obras primas e grandes nomes.

Desde logo, diga-se, que a economia brasileira entre 1830-1889, apesar da efetiva centralidade da produção cafeeira, foi relativamente diversificada e dinâmica, como se vê nos dados a seguir, que registram as exportações brasileiras no período. Esse quadro, é certo, não pretende totalizar o conjunto da economia brasileira, pois escapam-lhe as atividades, quantitativa e qualitativa, importantes, voltadas para o mercado interno.

Tabela 2.1
Exportações de mercadorias - *Brasil*
(% do valor dos oito produtos principais sobre o valor e total da exportação)

Decênio	Total	Café	Açúcar	Cacau	Erva mate	Fumo	Algodão	Borracha	Couros e peles
1821-30	85,8	18,4	30,1	0,5	-	2,5	20,6	0,1	13,6
1831-40	89,8	43,8	24,0	0,6	0,5	1,9	10,8	0,3	7,9
1941-50	88,2	41,4	26,7	1,0	0,9	1,8	7,5	0,4	8,5
1851-60	90,9	48,8	21,2	1,0	1,6	2,6	6,2	2,3	7,2
1861-70	90,3	45,5	12,3	0,9	1,2	3,0	18,3	3,1	6,0
1871-80	95,1	56,6	11,8	1,2	1,5	3,4	9,5	5,5	5,6
1881-90	92,3	61,5	9,9	1,6	1,2	2,7	4,2	8,0	3,2
1891-1900	95,6	64,5	6,0	1,5	1,3	2,2	2,7	15,0	2,1

Fonte: Comércio Exterior do Brasil – n. 1 – C.E. e N. 12-A, do Serviço de Estatística Econômica e Financeira do Ministério da Fazenda, in SILVA, Hélio Schlittler. "Tendências e características do Comércio Exterior do Brasil no século XIX". *Revista de História da Economia Brasileira*, Ano 1, junho de 1953, N. 1 (Edição Fac-símile, PNPE/IPEA), p. 8.

Não é o caso de fazer aqui análise detalhada da tabela anterior, contudo, vale o registro de algumas de suas evidências, tais como: o crescimento da participação do café na pauta de exportações brasileiras, vis-a-vis o decrescimento das exportações de açúcar e de algodão. Ainda mais expressivo, relativamente, foi o crescimento de exportações de borracha, que passaram de 0,1% do decênio 1821-1830, para 15% no decênio 1891-1900; destaque-se ainda o crescimento da exportação de algodão entre 1861-70, invertendo queda que se manifestou em todo o período considerado, que reproduz situação já vivenciada no passado, quando a exportação brasileira de algodão cresceu como resposta à crise das exportações norte-americanas, seja como reflexo das guerras de independência, 1776-1812, seja no caso na década de 1861-70, como consequência da guerra civil naquele país.

Ao longo do século XIX certas características estruturais e vocações regionais vão fazer da economia brasileira um mosaico de relações de trabalho, de tecnologias, de produtos, de mercados, de formas de propriedade, o que contraria a imagem, que ainda tem ampla difusão, de uma economia exclusivamente escravista, de monocultura e voltada para a exportação. De fato, a economia brasileira, no século XIX, esteve longe de ser homogênea em qualquer de suas características básicas, desenvolveu-se a partir de peculiaridades regionais, que vão ser explicitadas em seguida.

2.1. Configuração regional da economia brasileira no século XIX

É uma importante conquista da historiografia econômica brasileira a superação de perspectiva em que a história econômica do Brasil era tomada como um somatório de ciclos de produtos (açúcar, ouro, café...), os quais teriam trajetórias similares (nascimento, auge, declínio). Tal maneira de ver as coisas resultou num reducionismo problemático, ao ignorar a existência de "complexos econômicos", para além da exportação de alguns produtos. A economia nordestina, mesmo no auge da exportação de açúcar, nunca foi apenas açucareira, como também não foi só mineratória (ouro e diamantes) a economia de Minas Gerais, no século XVIII, e assim por diante. Trata-se, então, de entender a economia brasileira no século XIX como regionalmente diversificada do ponto de vista da produção, dos mercados, das relações de trabalho, das estruturas fundiárias.

Podemos iniciar a análise com a economia da Amazônia, cuja característica mais marcante naquele momento, e que em parte se mantém, era a exploração, mediante o extrativismo, das chamadas "drogas do sertão", as quais além da caça e da pesca, incluíam madeiras, resinas, óleos, ervas, fibras, produtos da floresta em geral, com destaque para a borracha, os couros e peles e para a castanha-do-Pará. A organização da extração dessas "drogas do sertão", em particular da produção da borracha, baseou-se em relações de trabalho que sendo formalmente livres, na prática significaram trabalho compulsório, pela mobilização do chamado sistema de aviamento, que, mediante o monopólio da venda de produtos necessários à subsistência dos produtores de borracha, chamados seringueiros, e do monopsônio, isto é, o fato dos seringalistas se colocarem como únicos compradores da borracha produzida pelos seringueiros, resultou, na prática, numa modalidade de "servidão por dívida", em que o seringueiro, permanentemente endividado pela manipulação dos preços dos produtos, que comprava e vendia, ficava compulsoriamente ligado aos seringais.

Esse sistema de aviamento, como foi chamado, constituía-se, de fato, num encadeamento de relações mercantis, que tendo um dos polos nos seringais, espalhados pelo interior da Amazônia, ligavam-se às casas comerciais de Belém, Manaus, as quais estavam, por sua vez, articuladas às casas exportadoras e importadoras. Já essas últimas, abastecendo o mercado mundial de borracha vegetal, abasteciam a Amazônia de produtos industriais – tecidos, alimentos industrializados, ferramentas, armas, chumbo, pólvora, medicamentos etc.

O sistema de aviamento esteve longe de impedir vazamentos, como os decorrentes dos chamados "regatões", ou "marreteiros", que interpondo-se entre seringueiros e seringalistas, compravam borracha e abasteciam os seringueiros, quebrando a regra do nonopólio-monopsônio, que tipificava o sistema de aviamento.

Os dados da Tabela 2.1 mostram o expressivo crescimento das exportações brasileiras de borracha, que no final do século XIX representavam o segundo item mais importante da pauta de exportações, com 15% do valor das exportações totais, atrás apenas do café, que representava 64,5%. A escalada da exportação de borracha está ligada à chamada 2ª *Revolução Industrial* e a algumas de suas indústrias líderes, como a automobilística. A invenção da vulcanização, em meados do século XIX, permitiu a ampliação dos usos industriais da borracha, transformando o Brasil, a Amazônia brasileira, no principal produtor de borracha vegetal do mundo, situação que vai perdurar até o início da primeira guerra mundial. A partir do início da década de 1910, o Brasil perderá a liderança na produção mundial de borracha, deslocado que foi pela entrada em cena da borracha vegetal asiática, produzida nas colônias britânicas do sudeste asiático, a partir do plantio de seringueiras.

Basicamente, a perda da liderança brasileira no mercado mundial de borracha deveu-se à expressiva diferença de produtividade entre a borracha asiática, produzida em seringais plantados, a partir de sementes contrabandeadas do Brasil, e a borracha brasileira extraída de seringais nativos espalhados pela floresta de que resultavam jornadas de trabalhos extensíssimas, com baixíssimos rendimentos quando comparadas com a produção asiática.

De todo modo, no período aqui considerado, a economia da borracha foi das mais dinâmicas do Brasil impactando a região Amazônica, que experimentou, entre 1880 e 1910, expressivas manifestações de modernização e urbanização, de que as cidades de Belém e Manaus são bons exemplos.

Além do mais, é possível dizer que o crescimento da produção brasileira de borracha deveu-se, do lado da oferta, ao significativo processo da imigração para a Amazônia, sobretudo de nordestinos, em duas grandes ondas. Uma primeira grande onda migratória está relacionada às grandes secas de 1877/80, que determinaram a transferência de população nordestina, em particular cearenses, para a Amazônia. Estima-se em cerca de 500 mil pessoas que teriam sido obrigadas a abandonar as áreas devastadas pela seca. A segunda onda migratória de nordestinos para a Amazônia está ligada ao esforço desenvolvido na 2ª Guerra Mundial no sentido de aumentar a produção de borracha vegetal para suprir o mercado mundial, e em particular os países aliados, depois que os japoneses ocuparam as principais fontes de produção de borracha vegetal no sudeste asiático.

    A economia nordestina, por sua vez, jamais se resumiu à produção de açúcar, nem mesmo na Zona da Mata. Abrangendo apenas 5% do território nordestino, a Zona da Mata, além do açúcar, foi também região de produção de tabaco, de cacau, de alimentos e de atividades pecuaristas.

    A outra região característica do Nordeste, do ponto de vista agroecológico, é o Agreste. Região de transição entre a Mata e o Sertão, o Agreste também ocupa 5% do território e tem estrutura produtiva compósita, acolhendo fragmentos de atividades típicas tanto do Sertão quando da Mata.

    É possível encontrar-se no Agreste tanto ramificações da economia açucareira, quanto manifestações de atividades típicas do Sertão como a pecuária extensiva, a produção algodoeira e a produção de alimentos.

    No Sertão nordestino, que ocupa 90% do território regional, encontra-se lá a maior área do semiárido brasileiro.

    Durante algum tempo a economia nordestina foi definida pela tríade — latifúndio, trabalho escravo e monocultura. Essa imagem está, porém, longe de representar até mesmo a economia açucareira. Um quadro mais nuançado, e por isso mesmo mais exato da realidade da economia açucareira, deverá levar em conta tanto a complexidade típica do engenho açucareiro, quanto a diversidade das atividades auxiliares, complementares e de apoio, conformadoras de complexa divisão de trabalho.

Gilberto Freyre cunhou expressão, "civilização do açúcar", que abre uma perspectiva, que vale a pena reter. Com a expressão civilização do açúcar no Nordeste, Gilberto Freyre buscou abarcar o conjunto dos desdobramentos da atividade açucareira sobre a vida econômica e social, sobre a paisagem e sobre os recursos naturais, sobre a sociabilidade e as formas simbólicas, que ele esboçou em seu livro de 1937, *Nordeste*. O historiador Stuart Schwartz, em seu livro *Segredos Internos* apreendeu a economia açucareira assim: "Muito embora a mão-de-obra escrava caracterizasse a economia açucareira no Brasil desde os seus primórdios até o final do século XIX e os cativos sempre fossem preponderantes como força de trabalho, o caráter da produção açucareira e suas exigências específicas criaram a necessidade de um grupo de assalariados no cerne do processo. Os trabalhadores do campo eram quase sempre escravos, em geral negros, e preponderantemente africanos; os senhores de engenho eram invariavelmente livres e brancos. Porém, nas funções intermediárias – administrativas, técnicas e artesanais – havia indivíduos livres, libertos e cativos, brancos, pardos ou negros." (SCHWARTZ, 1988, p. 261).

Se a economia açucareira foi a mais importante entre as economias nordestinas, o quadro geral da atividade foi marcado pela crise secular, que se instalou a partir de meados do século XVII, como consequência da entrada no mercado da produção antilhana, comandada por capitais holandeses; e na segunda metade do século XIX pela concorrência do açúcar de beterraba.

Tabela 2.2
Preços do Açúcar em Libras por tonelada

Período	Preço
Início do século XVII	120
Início do século XVIII	72
Início do século XIX	30
Metade do século XIX	16
Início do século XX	9

Fonte: *Anuário Estatístico do Brasil* 1939-1940 in REGO e MARQUES, 2003, p. 231.

Se o açúcar predominou na Zona da Mata nordestina, esta região também abrigou outras atividades voltadas para a exportação como o tabaco, plantado na região do recôncavo baiano, em pequenas propriedades e com pequena participação de escravos; e o cacau, que, trazido da Amazônia, foi cultivado na Bahia, em torno da cidade de Ilhéus, que utilizou predominantemente mão de obra escrava.

O complexo econômico nordestino, como foi chamado por Celso Furtado, incluiu ainda a economia da pecuária, as lavouras de subsistência e a economia algodoeira. O mesmo Celso Furtado viu a economia da pecuária como uma projeção da economia açucareira que assumiu no espaço um movimento em bifurcação. Para o Sul, subindo o Rio São Francisco, que ficou conhecido como rio dos Currais; e em direção ao Piauí, que concentrando atividades pecuárias, levou Capistrano de Abreu a falar de uma "civilização do couro", na província do Piauí.

Essa projeção da economia açucareira representada pela pecuária diferiu de sua matriz em vários e significativos aspectos, em particular por seu caráter itinerante e extensivo. A dinâmica no espaço da pecuária bovina obedeceu, sobretudo, à busca de pastagens naturais, que são escassas nas regiões semiáridas, como é o caso típico do sertão nordestino. Contudo, a diferença mais decisiva entre a economia açucareira e a pecuária nordestina foi a relativa às formas de trabalho, que no caso da pecuária, por sua itinerância e extensividade, excluiu a possibilidade de utilização de mão de obra escrava, confirmando-se aí um regime de parceria em que o vaqueiro, trabalhador livre, recebia por seu trabalho o equivalente a um quarto das crias do rebanho.

Se a pecuária nordestina foi responsável por diversos papéis no conjunto da economia regional, sendo fonte de abastecimento de carnes e couros, de animais de tração e transporte; também complementar e essencial para a reprodução do sistema econômico regional foi a agricultura de subsistência, que espalhou-se pela Mata, Agreste e Sertão, garantindo o abastecimento alimentar da região.

Essa agricultura de alimentos esteve presente tanto nos engenhos de açúcar voltados para a exportação, quanto nas outras atividades econômicas nordestinas voltadas para o mercado interno. A agricultura de alimentos nordestina utilizou-se tanto de mão de obra livre, quanto escrava, configurando, neste caso, o que alguns autores chamaram de "renda da escravidão", que se expressaria no fato de que a concessão de um dia livre de trabalho e a permissão do plantio de alimentos, constituírem-se, de fato, em "renda", em sobrelucro dos proprietários, mediante a transferência para os escravos da responsabilidade por sua sobrevivência.

Finalmente, destaque-se a economia algodoeira nordestina, que ocupou lugar importante na economia regional, como atividade fortemente presente no Sertão e no Agreste, com significativa presença no Maranhão.

As oscilações da demanda internacional de algodão determinaram respostas correspondentes da produção brasileira, não só a nordestina, que tendeu a crescer e a ocupar áreas antes voltadas para outras atividades sempre que a demanda e os preços internacionais do algodão subiam. Esse movimento em sanfona da dinâmica algodoeira correspondeu, do lado das formas de trabalho, à mobilização tanto de trabalho livre, sob diversas formas de trabalho familiar, parcerias etc., quanto do trabalho escravo, como se deu fortemente no caso do Maranhão.

De todo modo, a produção de algodão no nordeste brasileiro, com exceção do Maranhão, não se caracterizou nem pelo uso intensivo da mão de obra escrava, nem pela grande propriedade, tendo predominado nessa atividade o trabalho familiar e variadas formas de parceria.

Trata-se, então, de reconhecer a existência de "complexo econômico nordestino" como também é o caso de mobilizar a mesma ideia de "complexo" para designar a realidade da economia mineira no século XIX.

Nascida do impulso minerador, Minas Gerais, mesmo em seus primeiros tempos, jamais foi apenas mineração. As grandes crises de fome que assolaram a região, entre 1699 e 1701, determinaram a necessidade de desenvolvimento de atividades agrícolas. De tal modo, que, desde início do século XVIII, deu-se em Minas Gerais uma economia diversificada em que, ao lado da produção do ouro e dos diamantes, tiveram importância as atividades agropecuárias, manufatureiras e de serviços.

Constata-se também, como especificidade do desenvolvimento de Minas Gerais, o fato de que a centralidade da produção aurífera e o lugar do ouro como meio de pagamento e como veículo de trocas, determinaram uma significativa amplificação das relações econômicas na região.

É essa mesma base econômica diversificada, monetizada e mercantilizada, que será o suporte material da emergência e desenvolvimento de uma estrutura urbana, de uma estrutura político-administrativa, de um sistema cultural, de uma estrutura social relativamente densas e complexas.

A crise da mineração de ouro em Minas Gerais na segunda metade do século XVIII, não significou, porém, prostração ou regressão econômica, uma vez que a economia mineira no século XIX manteve considerável dinamismo ao lado de experimentar significativas transformações. Uma evidência a favor da permanência do dinamismo econômico é o fato da província mineira ter se mantido a mais populosa do Império, abrigando tanto o maior contingente de população livre, quanto a maior população escrava do Brasil.

Continuaram importantes em Minas Gerais, no século XIX, as atividades mineratórias, que, no entanto, vão experimentar expressivas modificações. No caso da mineração de ouro, a partir da década de 1820, o setor passou a ser comandado por grandes companhias estrangeiras, que trouxeram para a atividade significativas inovações tecnológicas na medida em que a exploração passou a se fazer em minas subterrâneas. Sob vários aspectos houve efetiva atualização tecnológica do setor, que, no entanto, continuou, basicamente, a se utilizar de mão de obra escrava.

Também no referente à produção diamantífera, no período considerado, houve avanços tecnológicos, sobretudo nas técnicas de lapidação, que permitiram que o antigo arraial do Tijuco, tendo sido elevado à condição de cidade em 1831, mantivesse posição de destaque polarizando grande parte da economia do norte de Minas Gerais, seja como entreposto comercial, seja como centro de concentração de serviços e de atividades manufatureiras.

Apesar de recorrentes constrangimentos legais, como a legislação restritiva sobre engenhos de cana-de-açúcar, como o Alvará de 1785, que proibiu teares e atividades de tecelagem, desenvolveu-se em Minas Gerais amplas e diversificadas atividades agroindustriais e manufatureiras, com destaque: para os engenhos de cana, produtores de açúcar, rapaduras e aguardentes; para uma extensa indústria têxtil doméstica; e para uma também ampla presença de forjas, tendas de ferreiro e manufaturas de ferro em geral.

A economia mineira no século XIX foi marcada pela diversificação, em que a centralidade da agropecuária não deve subestimar a presença da agroindústria, das manufaturas, da mineração e dos serviços urbanos.

O reconhecimento da existência de atividades econômicas consideráveis, não voltadas para a exportação, em Minas Gerais, do século XIX, motivou trabalhos como os de Roberto Borges Martins que mostraram o quão complexa, diversificada e relativamente dinâmica foi a economia mineira naquele período (MARTINS, 1982, 2019).

Assim, se não se deve subestimar o peso e a importância da economia cafeeira, também não se pode tomá-la como totalizando toda a economia mesmo nas províncias de Minas Gerais, Rio de Janeiro e São Paulo. Por outro lado, a economia cafeeira foi a matriz decisiva de importantes transformações modernizantes da economia e da sociedade brasileira: seja pela pressão que a sua demanda crescente por mão de obra provocou no sistema escravista brasileiro; seja pela efetiva introdução do trabalho livre no Brasil, que ela promoveu por meio das políticas imigrantistas.

Plantado desde o final do século XVIII, no Rio de Janeiro, o café vai se expandir pelas províncias de Minas Gerais e São Paulo ocupando a Zona da Mata mineira e o Vale do Paraíba do Rio de Janeiro e de São Paulo. Sua marcha para o oeste paulista será marcada por um notável aumento da produtividade física das lavouras em função da ocupação de terras mais e mais férteis. De tal modo, que se o escritor Monteiro Lobato constatou melancólico a existência das "cidades mortas" do Vale do Paraíba fluminense e paulista, o quadro das cidades do "oeste novo" de São Paulo, a partir de 1880, é de vivo dinamismo.

Foi também a mineração, a busca do ouro, que consolidou a fronteira oeste do Brasil.

Com a crise da atividade mineratória na segunda metade do século XVIII, a Capitania de Goiás buscou diversificar sua produção pela expansão da agropecuária e mesmo pelo desenvolvimento da manufatura têxtil de algodão, que abasteceu certo segmento da demanda paulista no final do período colonial.

Tanto no caso da Capitania de Mato Grosso, quanto na Capitania de Goiás, é essencial considerar as complexas e conflituosas implicações do processo de expansão da colonização nas diversas comunidades indígenas, que ocupavam o território.

A ocupação do "Extremo-Oeste", como a chamou Sérgio Buarque de Holanda, obedeceu a quatro motivações básicas: o apresamento de índios; a exploração mineral; a expansão da grande pecuária; a proteção da fronteira e a garantia da soberania sobre o território. Nesses processos expansivos foram constantes e duríssimos os desafios: as crises de abastecimento, os ataques dos índios paiaguás, as febres e doenças tropicais que explicam muito do caráter intermitente, fragmentado e mesmo de certos abandonos temporários, que marcaram a colonização da região.

O Extremo Sul do Brasil desenvolveu uma economia regional, que não se voltou para o mercado externo. Desde o século XVIII sua organização produtiva baseou-se no abastecimento da região mineratória, fornecendo carne e animais de carga e tração. Mais tarde, no século XIX, o Rio Grande do Sul vai se especializar, sobretudo, na produção de alimentos para o mercado interno – arroz, trigo, milho, carne. É também digno de registro o fato de que essa economia regional, com exceção da área das grandes estâncias voltadas para a pecuária, foi marcada pela presença de trabalho familiar e relativamente desconcentrada estrutura fundiária.

A marcha da ocupação econômica do extremo sul do país não se deu de forma linear no tempo e no espaço, marcada que foi por saltos e descontinuidades. De todo modo, desde o século XVIII, a economia da região já estava em grande medida voltada para o abastecimento do mercado interno, característica que vai ser confirmada no século XIX. Ao lado deste traço básico, estar voltada para o mercado interno, a economia sulina também distinguiu-se: por suas relações de trabalho e pela estrutura de distribuição da propriedade da terra; pelas sucessivas ondas de imigração europeia que recebeu inicialmente de açorianos, a partir do século XVIII, seguindo-se a chegada de imigrantes alemães, em 1825, e de italianos, a partir de 1875.

A presença da escravidão foi restrita na economia sulina, como também não foi ali dominante a grande propriedade. Também por isso, foram ali historicamente menores as desigualdades de renda e riqueza, o que explica o fato da região manter nível médio de qualidade de vida superior a de outras regiões brasileiras, quando comparada às demais, onde ainda prevaleceram a concentração absoluta da renda e da riqueza.

2.2. Terra, trabalho e dinheiro: a formação do mercado interno

A Independência, em 1822, fez emergir ideias e propostas sobre o que deveria ser a nação recém-criada. Essas propostas, expressando interesses e perspectivas diversos, sem que fossem inteiramente convergentes, foram hegemonizadas por arranjo político que propiciando avanços parciais no sentido da modernização, não foram capazes, efetivamente, de superar as crônicas precariedades de nossa economia, herdadas de seu passado colonial.

No centro da reiteração das precariedades de nossa economia, sustenta-se aqui, está o sistemático bloqueio à constituição de um mercado interno forte e consistente, dinâmico e inclusivo, que é condição indispensável à construção do que se chama de desenvolvimento econômico.

Importa destacar aqui, que, independentemente da forma como concretamente ocorreram, todos os países hoje considerados desenvolvidos, chegaram a esta condição pela criação de instituições e processos cujo sentido geral foi a "distribuição primária da renda": seja mediante revoluções democráticas como no caso da França, a partir de 1789; seja mediante reformas democrático-liberais como no caso dos Estados Unidos e a sua Lei de Terras de 1862 e a Abolição da Escravidão de 1863; seja mediante processos autoritários de modernização como se vê emblematicamente nos casos da Alemanha e do Japão. Em todos os exemplos exitosos de desenvolvimento econômico capitalista à distribuição da renda e da riqueza agregaram-se outras reformas importantes no campo da educação, da saúde, havendo significativos e continuados investimentos em ciência e tecnologia, sendo esses os efetivos instrumentos promotores do desenvolvimento econômico. Para sumarizar, a qualidade e consistência do processo de desenvolvimento econômico é função direta da qualidade e universalidade do processo de "distribuição primária da renda".

Para exemplificar, considere-se o desenvolvimento do capitalismo no Brasil e nos Estados Unidos. Países com territórios continentais equivalentes, Estados Unidos e Brasil iniciaram o século XIX com populações de tamanhos assemelhados, ocorrendo, a partir de 1850, considerável alteração nos ritmos de crescimento demográfico, como resultado das enormes ondas de imigrações para os Estados Unidos, motivados tanto por crises e problemas experimentados então por vários países europeus, quanto pelas oportunidades abertas pela expansão da fronteira oeste norte-americana.

Tabela 2.3
População do Brasil e EUA (1800-1900) em milhões de pessoas

Anos	Brasil	EUA
1800	3,33	3,93
1850	7,23	23,19
1870	9,80	39,82
1890	14,20	62,95
1900	17,98	75,99

Fonte: MERRICK e GRAHAM, 1980, p. 47.

Tal afluxo populacional para os Estados Unidos está na base de seu prodigioso crescimento econômico, já nas primeiras décadas do século XIX e é tanto causa, quanto consequência, o qual é reflexo de transformações econômicas, políticas, sociais e institucionais, que vão consolidar as condições para uma vigorosa expansão capitalista.

Tabela 2.4
Imigração para o Brasil e para os EUA (1860-1899) – número de pessoas

Anos	Brasil	EUA
1860-1869	110.093	2.000.000
1870-1879	193.931	3.000.000
1880-1889	527.869	5.000.000
1890-1899	1.205.803	4.000.000

Fonte: IANNI, 1963, p. 99; COLE, G.D.H. 1966, p. 98

O formidável contingente populacional que se transferiu para os Estados Unidos foi um dos pilares decisivos do seu vigoroso processo de acumulação de capital. Um indicador importante das diferenças entre os processos de acumulação dos dois países é o que compara as suas malhas ferroviárias.

Tabela 2.5
Malha Ferroviária do Brasil e dos Estados Unidos (1860-1900) – em quilômetros

Anos	Brasil	EUA
1860	216	49.008
1870	808	85.440
1880	3.488	135.028,8
1890	16.225,6	258.235,2
1900	–	310.819,2

Fonte: COLE, 1966, Anexo.

Sem desdenhar determinações político-culturais na compreensão dos processos históricos, vale a pena considerar aqui as determinações materiais do processo histórico, buscando estabelecer, ao menos em parte, as razões do descompasso do desenvolvimento econômico do Brasil com relação ao norte-americano. É preciso sublinhar, nesse sentido, a *centralidade* da questão da distribuição da renda, isto é, da constituição do mercado interno. É no processo radicalmente diverso de distribuição primária da renda – a que se deu no Brasil e a que ocorreu nos Estados Unidos – que se explica o central daquela gritante disparidade.

Lembre-se, também, que a exata compreensão da centralidade do mercado interno na constituição da economia capitalista deve começar por rejeitar a tese que o vê como simples conjunto de pessoas presentes num certo território. De fato, o mercado é o conjunto de pessoas num certo território, dotadas de poder de compra, a qual pode ser definido pelo acesso de cada um desses indivíduos à renda e à riqueza. Assim, o mercado interno de uma região, de um país, não é dado pelo número de seus habitantes, mas pelo número dos que, entre esses, têm, efetivamente, acesso à renda e à riqueza.

Nesse sentido, o contraste entre os processos de desenvolvimento das economias brasileira e norte-americana pode ser exemplarmente apreendido na comparação entre as suas leis de terras.

Enquanto os Estados Unidos, em 1862, baixavam uma lei que, ampliava, de algum modo, o acesso à terra – lei esta que teve papel essencial na atração de milhões de imigrantes para aquele país – no Brasil, em 1850, com a sua Lei de Terras, bloqueou-se o acesso dos pobres à terra, ao mesmo tempo que se sancionou a estrutura latifundiária, criada pelo Sistema Sesmarial.

Apesar das diferenças lembradas aqui, o Brasil não ficou à margem do processo de expansão capitalista, que se deu no século XIX, marcado por significativo espraiamento mundial de instituições, valores, ideias, mercadorias, pela modernização dos meios de transportes e comunicações – telégrafo, o telefone, a ferrovia, as embarcações modernas... O país também experimentou tais mudanças só que fragmentária e seletivamente. O que pesou contra o país não foi apenas, e nem decisivamente, a defasagem temporal na absorção dessas inovações. Não é o atraso na recepção das novas realidades do capitalismo, que explica a debilidade do desenvolvimento capitalista no Brasil. Na verdade, as classes dominantes no Brasil têm se esmerado na imposição de uma modalidade de capitalismo no Brasil, que baseada num mercado interno restrito e precário, tem resultado num *capitalismo dependente*, cujas características essenciais são a concentração da renda e da riqueza.

2.2.1. O mercado de terras

Dentre as instituições centrais da ordem capitalista estão o mercado de terras e o de trabalho. No caso do Brasil esse é um longo processo, que se prolongou do século XVI ao XX, com importantes diferenças regionais, sobretudo no que diz respeito aos ritmos da proletarização e da mercantilização-monopolização da terra.

A origem do regime de terras no Brasil remonta à tradição feudal. A *lei das sesmarias*, baixada em 1375, por D. Fernando, rei de Portugal, foi a forma de distribuição e ocupação das terras no Brasil até, rigorosamente, 1850. Em seus objetivos básicos a concessão de *sesmarias* visava cultivar terras ociosas com vistas a aumentar a riqueza do reino. A lei das sesmarias, de 26 de junho de 1375, foi sucessivamente incorporada às Ordenações Afonsinas, Manoelinas e Filipinas, definindo, neste sentido, a política de terras do reino português incluindo-se aí o Brasil. (PORTO, 1965).

Derivada da palavra latina *seximum*, que significa a sexta parte, a palavra *sesmaria* acabou assumindo característica genérica de terras doadas, com vistas ao cultivo. No Brasil o regime sesmarial implantou-se ao mesmo tempo que as capitanias hereditárias, definindo um padrão que marcou a estrutura fundiária brasileira sob a forma do *latifúndio*. Distribuídas segundo um módulo mínimo, que era a légua quadrada, 6.600 m², a estrutura sesmarial não foi homogênea contemplando desde verdadeiros "impérios territoriais" – como a sesmaria da Casa Garcia d'Ávila, que margeava o Rio São Francisco – até sesmarias menores de uma légua quadrada.

A motivação básica da *Lei de sesmarias* era a busca do cultivo da terra. Uma sesmaria improdutiva deveria ser repartida de tal forma que toda ela produzisse riquezas. Contudo, este princípio parece nunca foi exatamente observado resultando daí a consolidação do latifúndio. É explícito neste sentido o *Regimento do Governador Geral*, Tomé de Souza, de 1548, que mandava distribuir as terras em sesmarias mas condicionava esta distribuição aos que possuíssem cabedal suficiente para construir *casas-fortes*, o que está na base da constituição da estrutura fundiária concentrada, ponto de partida para a conformação do poder oligárquico, fenômeno fundamental de nossa vida política e cultural, que é o *coronelismo*.

Não se deve ver o regime sesmarial, tal como desenvolveu-se no Brasil, como uniforme em todas as regiões. A posse de grandes áreas teve peso menor quando se considera, por exemplo, a economia mineratória de Minas Gerais, onde o que efetivamente contava era a quantidade de ouro ou diamantes de uma determinada data mineral. Mesmo no caso dessa economia mineratória o quadro é mais complexo pela forte presença daquilo que foi chamado por Miguel Costa Filho de *Fazenda Mista*, que reunia, numa mesma propriedade, atividades agropecuárias, manufatureiras e mineratórias.

O que se quer evitar aqui é uma generalização que atribua homogeneidade e uniformidade a um quadro, histórico e espacialmente, marcado pela diversidade. Se o latifúndio e a escravidão são fundamentais na economia pecuária, do couro, do charque e do gado em pé, na região de Pelotas, no período colonial; a agricultura de alimentos do mesmo Rio Grande de São Pedro, terá padrão de distribuição da terra e forma de organização do trabalho marcado pela desconcentração fundiária e pela hegemônica presença do trabalho familiar.

Se é verdade que apesar de diferenças regionais a política de terras no Brasil consagrou o latifúndio, é também verdade que este processo não foi isento de ambiguidades e diferenciações regionais.

A questão fundiária no Brasil de nenhum modo foi pacífica. Já em 1795 foi feita tentativa de modificar a política de terras abolindo o regime das sesmarias. O Alvará de 5 de outubro de 1795 explicitou o quadro de desmandos e distorções que se buscava alterar – "Que sendo-me presentes em consulta do Conselho Ultramarino os abusos e irregularidades, e desordens, que têm grassado, estão e vão grassando em todo o Estado do

Brasil, sobre o melindroso objeto de suas sesmarias..." (SMITH, 1990, p. 285). Bem intencionado que tenha sido o Alvará ele não foi aplicado, pelas dificuldades em se harmonizar interesses em disputa, que vão marcar a história brasileira no referente à distribuição de terras do final do século XVIII até hoje. Tanto o Alvará frustrado, quanto o Decreto que o anulou fazem parte de um contexto marcado pela explicitação de disputas sobre os rumos e características da construção do Estado e da sociedade nacionais. Quem talvez tenha sintetizado melhor estas questões foi José Bonifácio, em 1821. Em diversos momentos e a propósito de questões essenciais para a vida econômica e social do Brasil José Bonifácio teve papel de destaque sendo responsável por pioneira proposta de construção de uma nova ordem socioeconômica para o Brasil, que enfatizava a denúncia das sesmarias como incompatíveis com o desenvolvimento da agricultura no Brasil.

Se houve, então, desde 1822, clara intenção de pôr fim à velha instituição da sesmaria, é só em 1850, com a *Lei de terras*, Lei nº 601 do Império do Brasil, de 18 de setembro, que se estabeleceu o marco legal da política de terras no Brasil. A *Lei de Terras*, de 1850, é coetânea de dois outros instrumentos legais, o *Código Comercial* e a *Lei Eusébio de Queiroz*, que aboliu o tráfico internacional de escravos, que significaram, em conjunto, o marco inicial, no Brasil, do processo de constituição das relações mercantis especificamente capitalistas, isto é, a transformação da terra e da força de trabalho em mercadorias.

O historiador José Murilo de Carvalho, em seu livro *Teatro de Sombras*, nos deu informada e lúcida análise sobre a questão da Lei de Terras, em que mostrou as complexas circunstâncias de sua discussão, aprovação e implementação, a partir de 1842. No essencial ele mostrou que a Lei de Terras foi um emblemático instrumento de modernização conservadora, que se frustrou pela intercorrência de variados obstáculos, contradições e dificuldades, centrados na divergência de interesses entre os proprietários, ao privilegiar, sobretudo, a grande lavoura cafeeira do Rio de Janeiro, a grande beneficiada com a legislação, que ao estabelecer um imposto territorial, que incidiria sobre todos os proprietários, beneficiaria, sobretudo, aqueles que demandavam crescentemente mão de obra imigrante no contexto do aumento de pressão inglesa pela supressão do tráfico internacional de escravos.

Aprovado na Câmara o dispositivo que previa a cobrança do imposto territorial foi derrubado no Senado, e jamais foi instituído durante o período imperial, apesar das sistemáticas demandas de funcionários e ministros da Agricultura, que viam o imposto territorial como complemento necessário à Lei de Terras. Com efeito, a Lei de Terras no central de suas motivações não atendia ao conjunto dos proprietários brasileiros, sendo esta a razão principal de sua inefetividade.

O fracasso do reformismo conservador na reestruturação fundiária durante o período imperial, de que resultou a permanência do latifúndio, expressou, fundamentalmente, a ausência de efetiva hegemonia dos segmentos modernizantes das elites brasileiras incapazes, de fato, de generalizarem para o conjunto do país as instituições típicas da economia de mercado sintetizadas na transformação da terra e da força de trabalho em mercadorias. A efetiva imposição dos mercados de terras e de trabalho em moldes especificamente capitalistas não teve dimensão nacional durante o período imperial, estando fundamentalmente ligada à expansão cafeeira em São Paulo, sobretudo a partir da década de 1880.

A historiadora Emília Viotti da Costa resumiu o essencial da *Lei de Terras* em quatro pontos básicos: 1) o acesso às terras públicas, a partir daí, dar-se-ia apenas pela compra; 2) o tamanho das *posses*, terras apropriadas mediante ocupação, foi limitado ao tamanho da maior doação feita no distrito em que se localizavam; 3) o produto da venda das terras seria usado para financiar a vinda de imigrantes para o Brasil e 4) a criação da Repartição Geral das Terras Públicas para administrar o processo e promover a migração (COSTA, 1987).

A esses pontos agreguem-se dois outros, enfatizados na análise de José Murilo de Carvalho: 1) a exigência da demarcação das sesmarias caídas em comisso, vale dizer, que tinham perdido a validade; 2) igual exigência de demarcação das posses latifundiárias. Essas medidas causaram vivas nações dos proprietários estando na base do processo que levou ao efetivo bloqueio da aplicação da lei.

O que se pode chamar de núcleo motivacional da lei de terras fica evidenciado no dispositivo que proibia que os imigrantes pudessem comprar terras antes de três anos de trabalho no país.

Baixada a lei de terras em 1850, sua eficácia e efetivas consequências devem ser relativizadas sobretudo pelo que o historiador José Murilo de Carvalho chamou de "veto dos barões" e que resultou, na prática, no bloqueio à discriminação das terras públicas e privadas, já que isto pressupunha um cadastro das terras ocupadas o que a Repartição Geral de Terras Públicas foi impedida de fazer, tanto por pressão dos proprietários, quanto pela precariedade funcional do órgão encarregado de demarcar e fiscalizar a discriminação e demarcação das terras.

Assim, se foram limitadas as consequências práticas da lei de terras quanto à discriminação de terras públicas e privadas, no referente à delimitação das terras privadas a lei contribuiu para reduzir a superposição de direitos cuja consequência maior foi a desconstituição de direitos costumeiros de arrendatários, posseiros e agregados, o que se deu em meio a fortes conflitos que, afinal, consagraram os interesses dos grandes proprietários.

Promulgada em 1850, regulamentada em 1851, regulamento que só foi publicado em 1854, a lei de terras foi boicotada desde o início e de fato foi, em seus dispositivos centrais, e em várias províncias, "letra morta". Disse José Murilo de Carvalho – "Em 1877 reconhecia-se que a lei era "letra morta" em vários pontos. O mesmo seria repetido, em 1886, quase ao final do Império, 36 anos após a aprovação da lei. Segundo o ministro deste ano, grande número de sesmarias e posses permanecia sem revalidar e sem legitimar, e as terras públicas continuavam a ser invadidas." (CARVALHO, 1988, p. 95).

Tanto no Brasil quanto nos Estados Unidos a questão da terra foi objeto de tensões e disputas. Lá os interesses dos grandes proprietários de terra do Sul expressaram-se na defesa de uma política de terras baseada no latifúndio e no trabalho escravo. A lei de terras americana de 1862, e a abolição da escravidão, em 1863, no contexto da *Guerra Civil*, são os sinais inequívocos da vitória dos interesses especificamente capitalistas.

O ponto central aqui é que a Lei de Terras e a Lei Eusébio de Queiroz, ambas de 1850, tanto foram mecanismos solidários e complementares na constituição dos mercados de trabalho e de terras no Brasil, que afinal não se confirmaram pela reação de senhoriato, apegado a um projeto de dominação, em que a produção de riquezas, as relações econômicas, políticas e sociais dominantes estavam sintonizadas ao patrimonialismo, às velhas aspirações de status e poder de uma elite tributária de uma modernidade apegada ao Antigo Regime.

2.2.2. O mercado de trabalho

É também como um processo marcado por ambiguidades e tensões que se dá, no Brasil, a constituição do mercado de trabalho – a longa e complexa transição do trabalho escravo ao trabalho livre e deste ao trabalho assalariado – processo que marcou todo século XIX e parte do século XX.

A exata compreensão da realidade brasileira pressupõe extrair todas as consequências da longa permanência no Brasil da escravidão, marcando decisivamente o conjunto da vida brasileira em variados aspectos. Não é possível superestimar a centralidade deste fato na conformação da realidade brasileira do passado e que se projeta no contemporâneo pela constatação da existência de efetivos processos de desigualdade social decorrentes de fatores étnicos.

No Brasil a escravidão africana não foi dominante nem em todas as regiões, nem em todos os momentos, nem em todas as atividades. Foi pequena a presença de escravos africanos nas capitanias/províncias do Sul. Também restrita foi a escravidão de africanos na economia das "drogas do sertão" na região amazônica. Mesmo em regiões em que predominou a escravidão de africanos, como a nordestina e mineira, o trabalho escravo africano não foi a única forma de trabalho a ser utilizada.

É importante, também, não perder de vista as repercussões político-ideológicas da longa dominação escravista no Brasil, seu papel na consolidação de uma cultura, de um *ethos* em que os privilégios são os substitutos dos direitos, em que os deveres são o que deve ser burlado, por quem possa fazê-lo, em que o público é o de ninguém, e o privado é feito do que se privou o outro.

Sempre houve, entre a elite brasileira, quem se colocasse contra a escravidão, como José Bonifácio, por exemplo, nos primeiros anos de Império, ou como Joaquim Nabuco, no final do período imperial. Foram permanentes as revoltas e movimentos de resistência dos próprios escravos, destacando-se aí a formação de quilombos; as grandes revoltas de escravos, como a dos Malês, em Salvador, em 1835; a intensificação das fugas de escravos e conflitos, que vão marcar a províncias escravistas, sobretudo São Paulo, na década de 1880.

A estes processos internos devem ser acrescidas as pressões exercidas pela Inglaterra, a partir do início do século XIX, que vão marcar a legislação e as políticas gerais do Brasil com relação ao tráfico de escravos e à própria manutenção da escravidão.

Grosso modo, a reação do governo brasileiro a esse conjunto de circunstâncias, internas e externas, baseou-se em uma estratégia que combinou acomodação, procrastinação, resistência e tergiversação, cujo resultado final foi o lento e gradual processo de Abolição, ao mesmo tempo em que buscavam-se alternativas à mão de obra escrava africana, seja pela intensificação do tráfico interprovincial, seja pela transferência intraprovincial de escravos, seja, finalmente, pela entrada de imigrantes estrangeiros.

Ao longo do século XIX a política imigrantista no Brasil assumiu três modalidades básicas: a) a política de *núcleos coloniais*, financiadas pelo governo imperial e baseada na distribuição de lotes que seriam explorados pelo trabalho familiar; b) a política das *Colônias de Parceria* financiadas por particulares e com ônus para os imigrantes; c) a política de *subvenção* sob a responsabilidade dos governos provinciais e imperial, que subsidiava parcialmente os custos da vinda dos imigrantes e que acabou sendo a que prevaleceu.

Entre 1860 e 1869 o Brasil recebeu 108.187 imigrantes; entre 1870 e 1879, 193.431; e entre 1881 e 1930, 3.964.300, sendo 36% dos imigrantes de origem italiana, 29% de portugueses, 14% de espanhóis e 3% de japoneses.

A legislação sobre o trabalho no Brasil teve um primeiro instrumento numa lei de 1830, que regulou o trabalho dos nacionais. Em 1837, a lei n. 108, de 11 de outubro, vai dispor sobre o trabalho dos estrangeiros. É esse instrumento legal que terá aberto a possibilidade da entrada dos trabalhadores estrangeiros, que vai ter, nos anos 1840, um primeiro e frustrado capítulo como resultado das iniciativas do Senador Vergueiro, pioneiro na transferência de trabalhadores estrangeiros para o Brasil.

Com efeito, o processo de constituição do mercado de trabalho no Brasil foi lento e complexo, como lento e complexo foi o processo de abolição da escravidão. Se a Abolição foi gradual – 1850, fim do tráfico internacional; 1871, Lei do Ventre Livre; 1885, Lei dos Sexagenários; 1888, Lei Áurea – a regulamentação das relações de trabalho também o foi com a promulgação de leis em 1830, 1837 e 1879 que buscaram estabelecer o marco legal das relações de trabalho livre no Brasil.

A lei de 1879 buscou atingir três objetivos básicos: a) a locação de serviços propriamente ditos; b) a parceria agrícola e c) a parceria pecuária.

A lei de locação de serviços de 1879 abriu caminho para a consolidação do regime de parceria no Brasil, o que permitiu, a partir da década de 1880, a significativa entrada de imigrantes estrangeiros, sobretudo para atender à demanda de mão de obra da lavoura cafeeira. Com a efetiva entrada do governo da Província de São Paulo no processo, mediante o financiamento do transporte e instalação dos imigrantes, é que a imigração alcançou o caráter massivo, que teve entre 1885 e 1930.

Todas as mudanças que estão sendo apontadas aqui – a modernização das relações de trabalho, a mercantilização da terra – têm mais de uma determinação. Não será reducionismo afirmar que o núcleo principal destas mudanças foi a economia cafeeira. A atividade cafeeira, em sua expansão, enfrentou certos obstáculos que removidos determinaram transformações estruturais na vida econômica e social no Brasil. O primeiro obstáculo, que se colocou para a expansão cafeeira, foi o relativo à mão de obra. Pressionado pela Inglaterra, desafiado pela aceleração da luta e resistência dos escravos, o governo imperial proibiu, finalmente, em 1850, o tráfico internacional, ao mesmo tempo que buscou "fechar a fronteira", isto é, o livre acesso à terra, com a Lei de Terras. Estas duas medidas legais são marcos importantes na constituição dos mercados de trabalho e de terras. Ao lado da abolição gradual o mercado de trabalho no Brasil foi decisivamente incrementado pela política de imigração. O outro obstáculo que se colocou para a expansão cafeeira foi quanto à disponibilidade e fertilidade da terra. Há aqui duas questões imbricadas. A primeira refere-se ao esgotamento da fertilidade das terras nas áreas do pioneiro plantio de café: da Corte ao Vale do Paraíba Fluminense e Paulista e daí à Zona da Mata de Minas Gerais. O esgotamento destas terras fez com que fossem ocupadas áreas do chamado "Oeste Velho" de São Paulo, em torno do eixo Campinas-Rio Claro, e mais tarde as terras do "Oeste Novo", cuja centralidade seria dada por Ribeirão Preto. Nesta caminhada para Oeste a produtividade física dos cafezais mais que dobrou. O outro ponto a se destacar é que a lucratividade da atividade cafeeira e sua rápida expansão territorial determinaram, efetivamente, a complementação do "fechamento da fronteira", pela elevação dos preços da terra e sua monopolização pelos grandes proprietários.

O terceiro obstáculo enfrentado pela expansão cafeeira está ligado ao sistema de transportes. A resposta a este obstáculo, o desenvolvimento das ferrovias, barateou custos de transportes e ampliou a capacidade de carga, permitiu a efetiva integração entre as áreas produtoras e os portos, e, finalmente, criou condições para a unificação do mercado interno. De resto a expansão ferroviária também teve papel importante tanto no desenvolvimento da mecanização, quanto na formação dos primeiros coletivos de trabalhadores industriais no Brasil.

2.2.3. O Mercado de Dinheiro

A implantação de um mercado regular de dinheiro, crédito e capital no século XIX no Brasil esteve sujeito às mesmas vicissitudes que acompanharam a constituição de outras relações e instituições mercantis especificamente capitalistas entre nós.

Também nesse caso o ano de 1850 foi crucial com a promulgação do *Código Comercial*, Lei nº 556, de 25 de junho de 1850, que inaugurou um amplo processo de regulamentação, que vai marcar toda a segunda metade do século XIX, com leis sobre: o funcionamento do sistema bancário e das casas de penhores e empréstimos; a criação e organização de bancos e Sociedades Anônimas; a regulamentação da marinha mercante, de indústria de construção naval e do comércio de cabotagem; a concessão de patentes; os processos de execução civil, comercial e hipotecária; o crédito à lavoura e indústrias auxiliares; a corretagem de Fundos Públicos e Bolsas de Valores; a regulamentação de títulos ao portador e emissão de debêntures; as companhias de seguro, entre outras.

A abrangência do que se buscou regulamentar é um significativo indicador das transformações que a economia brasileira experimentou na segunda metade do século XIX. Contudo, esses efetivos esforços de modernização econômica não tiveram implantação imediata, nem atingiram todo o País, concentrando-se, sobretudo, no Rio de Janeiro e alguns outros poucos núcleos urbanos.

Um setor particularmente sensível às transformações e vicissitudes da vida econômica é o bancário. Nesse caso é emblemático o caso do Banco do Brasil, que foi criado em 1808, que passou a funcionar em 1809, e cuja história sintetiza aspectos centrais dos impasses e contradições da consolidação do capitalismo no Brasil.

O primeiro Banco do Brasil, criado em 1808 e liquidado em 1829, teve filiais na Bahia e em São Paulo. Em 1836 foi criado o Banco do Ceará, em 1868 o Banco Comercial do Rio de Janeiro, em 1845 o Banco Comercial da Bahia, de 1846 o Banco do Maranhão e de 1851 o Banco de Pernambuco. A partir da década de 1850 houve expressiva expansão bancária, com a criação de dezenas de bancos, que serão afetados pela forte crise que se abateu sobre o setor, entre 1857 e 1864.

Uma questão importante que se colocou para o setor bancário brasileiro então foi quanto às prerrogativas de emissão da moeda por parte dos bancos privados. A questão teve vigência entre 1853 e 1866, alternando-se políticas ditas "papelistas", que defendiam a emissão de moeda por parte dos bancos, e políticas "metalistas", que propunham o monopólio da emissão pelo Banco do Brasil, recriado em 1854, depois da fusão do Banco Comercial do Rio de Janeiro e do Banco do Brasil, fundado por Irineu Evangelista de Souza, em 1851. Em 1866, a questão foi encerrada quando o governo imperial concedeu ao Tesouro a exclusividade da emissão monetária.

Até a década de 1850, na ausência de instrumentos legais capazes de garantir a segurança de títulos de crédito e de contratos, foram os comissários de café os efetivos financiadores da produção, transporte e armazenagem de café, situação que vai se alterar com a entrada em cena dos bancos hipotecários, que vão emprestar diretamente aos fazendeiros, a partir da década de 1860.

A expansão cafeeira na segunda metade do século XIX está na base da formação do capital de parte significativa do sistema bancário brasileiro de então. A mesma expansão cafeeira atraiu bancos estrangeiros, que se instalaram no Brasil e prosperaram mesmo no contexto da crise bancária da década de 1860. No caso dos bancos brasileiros grande parte dos seus capitais vieram dos fazendeiros e comissários de café, que, sobretudo, foram os intermediários efetivos entre os produtores e os exportadores, em geral grandes casas de exportação sob controle de capital britânico e norte-americano.

Registre-se que o comércio urbano no período imperial dividiu-se em dois blocos: o primeiro englobando o pequeno comércio, as casas de *secos e molhados*, controlado por portugueses e brasileiros naturalizados, em sua grande maioria portugueses; o segundo bloco abrange o grande comércio, o *grosso trato*, controlado, sobretudo, por capitais ingleses.

Visto em conjunto o comércio exterior brasileiro durante o Século XIX apresenta duas características básicas: a primeira metade do século marcada por déficits na Balança Comercial, situação que será revertida na segunda metade do século com majoritária ocorrência de superávits comerciais.

Esses superávits estão fortemente associados à expansão da economia cafeeira e seu comportamento cíclico. Por outro lado, se se considerar o Balanço de Serviços do Brasil durante o Século XIX o quadro será de déficits persistentes, que superaram os superávits da Balança Comercial, obrigando o país a endividamento externo permanente durante o século XIX, endividamento que foi ainda mais incrementado com os empréstimos contraídos para financiar: a *Guerra do Paraguai*, que somaram 10.396.200 libras; e os gastos com a seca do Ceará de 1877/80, que foram de 4.599.000 libras (LIMA, 1970, pp. 256-257).

As principais fontes formadoras dos déficits na Balança de Serviços durante o Século XIX foram as remessas de lucros e juros, além dos pagamentos de fretes e seguros, que teriam somado, entre 1850 e 1890, 60.345.000 libras (LIMA, 1970, p. 257).

2.3 A expansão cafeeira e a modernização econômica: urbanização, transportes e energia

A economia cafeeira foi a principal matriz da modernização da economia brasileira, a partir da segunda metade do século XIX. Plantado, inicialmente, no Pará, na primeira metade do século XVIII, o café foi trazido inicialmente para o Rio de Janeiro, no início do século XIX, expandindo-se depois para a Zona da Mata fluminense e mineira, e para o Vale do Paraíba paulista, ocupando em seguida o oeste paulista e o sul de Minas.

Sérgio Millet deu-nos um "roteiro do café" em sua marcha pelo território paulista, roteiro que teria que ser complementado com os itinerários do café em Minas Gerais e no Espírito Santo, para se ter o quadro completo da dinâmica cafeeira no Brasil no século XIX.

A expansão cafeeira foi resultado de crescente demanda internacional que acabou por impactar tanto os preços, quanto a busca por terras e mão de obra, quanto os sistemas de transportes e os processos beneficiamento do café, bem como os mecanismos de financiamento da produção e de comercialização. A marcha das exportações de café durante o século XIX mostra um crescimento vigoroso, como se vê na tabela a seguir.

Tabela 2.6
Exportações Brasileiras de Café em milhares de sacas de 60 kg

Decênios	Milhares
1821-30	3,178
1831-40	4.430
1841-50	18.367
1851-60	27.339
1861-70	29.103
1871-80	32.509
1881-90	51.631

Fonte: PRADO JÚNIOR, Caio. *História Econômica do Brasil*, apud REGO e MARQUES, 2003, p. 80.

Houve alterações importantes na participação relativa das províncias/estados na exportação de café. Se entre 1876 e 1850, o Rio de Janeiro foi responsável por 52,2% do total das exportações brasileiras de café, entre 1891 e 1900 essa participação caiu para 11,5%, enquanto a participação de São Paulo passou de 24,3%, entre 1876 e 1880, para 60,5% entre 1891 e 1900. Nos mesmos períodos a participação de Minas Gerais cresceu de 20,2% para 22,7%, enquanto a participação do Espírito Santo subiu de 3,3% para 5,3%.

O crescimento das exportações de café no período não foi acompanhado de movimento equivalente nos preços, que tiveram comportamento cíclico, como mostrado pelo economista Antônio Delfim Netto, em seu livro – *O Problema do Café no*

Brasil, que identificou três ciclos dos preços do café entre 1857 e 1905, a saber: 1º) 1857-1868; 2) 1869-1885 e 3º) 1886-1905.

Além do mais, durante o período considerado funcionou um mecanismo básico de defesa dos interesses dos cafeicultores, que foi a desvalorização cambial, que permitiu a manutenção e mesmo elevação da renda dos exportadores, determinando a contínua expansão da oferta. Tal medida, em tempos de retração da demanda internacional obrigou a ainda maiores desvalorizações, reiterando o que o economista Celso Furtado chamou de "socialização das perdas", que ocorrem na medida em que o conjunto da economia arcava com o ônus da defesa dos interesses dos cafeicultores.

Tabela 2.7
Exportação de Café e Desvalorização Cambial - 1881-1885

Anos	Exportação de café Milhões de sacos de 60 kg	Receitas das Exportações Milhões de libras esterlinas
1881-1882	4,08	9,55
1882-1883	6,69	10,82
1883-1884	5,32	11,68
1884-1885	6,24	13,14
Variação	Δ 65%	Δ 77%

Fonte: NETTO, 1959/1981, pp. 20-21.

Pela tabela 2.7 vê-se o resultado das valorizações cambiais que propiciaram um aumento de receita das exportações de café, no período considerado, de 1881 a 1888, de 77%, enquanto o aumento das exportações de café somou 65%.

A demanda internacional do café, na segunda metade do século XIX, impactou a economia brasileira em vários sentidos. Em primeiro lugar, ela incidiu sobre a demanda por mão de obra, determinando, de um lado, a intensificação do tráfico interprovincial de escravos e a consequente elevação dos preços dos escravos; e de outro lado, a busca de fontes alternativas de mão de obra sob a forma de políticas imigrantistas.

As tabelas 2.8 e 2.9 trazem dados sobre a evolução dos preços dos escravos na região mais dinâmica da economia brasileira de então, o Oeste Paulista, e a relação entre produção de café e entrada de imigrantes no Brasil.

Tabela 2.8
Preço Médio de Escravos – Oeste Paulista - 1843-1887

Período	Mil-Réis
1843-1847	550$000
1848-1852	649$500
1853-1857	1:177$500
1858-1862	1:840$000
1863-1867	1:817$000
1868-1872	1:752$500
1873-1877	2:076$862
1878-1882	1:882$912
1883-1887	926$795

Fonte: DEAN, Warren. Rio Claro. *A Brazilian Plantation systems, 1820-1920*, p. 55, in MARTINS, 1979, p. 27.

Não será equivocada a interpretação que afirma que a queda nos preços dos escravos no período 1883-1887, na região mais dinâmica da economia cafeeira, está associada de um lado à crescente consciência quanto a iminência do fim da escravidão, sobretudo depois da Lei do Ventre Livre de 1871; de outro lado à própria intensificação da luta abolicionista, e, finalmente, ao movimento de imigração.

Tabela 2.9
Produção de café e imigração (1880-1897)

Ano	Produção de café * - Milhares de sacos	N° de imigrantes
1880	5.783	22.520
1881	5.691	23.766
1882	6.852	24.306
1883	5.166	25.449
1884	6.492	29.935
1885	5.770	35.688
1886	6.320	56.606
1887	3.165	64.818
1888	6.925	79.224
1889	4.405	115.879
1890	5.525	121.927
1891	7.695	122.238
1892	6.535	121.245
1893	5.040	133.274
1894	7.235	121.548
1895	6.005	133.580
1896	9.315	122.241
1897	11.210	120.970
Total	115.129	1.475.214

Fonte: Departamento Nacional do Café. Anuário Estatístico, 1938 e Secretaria de Agricultura de São Paulo, Relatório, vários anos.
* Milhares de sacas de 60 kg colocadas no porto de Santos; apud REGO e MARQUES, 2003, p. 125.

A expansão cafeeira estimulou e induziu outras transformações decisivas na economia brasileira, sobretudo em São Paulo. É o que se vê quando se considera os efeitos decorrentes da expansão das ferrovias, seja sobre os custos de transportes, barateando-os; seja sobre mecanização da estrutura produtiva brasileira; seja ainda por seu impacto sobre a unificação do mercado interno.

São clássicas as análises que apontam a centralidade da expansão das ferrovias na constituição do modo de produção especificamente capitalista. Também no Brasil as ferrovias tiveram papel importante na modernização de nossa vida econômica. Previstas desde o período regencial, decreto nº 101, de 31 de outubro de 1835, as ferrovias vão ser implantadas no Brasil a partir da década de 1850. A primeira ferrovia efetivamente construída no Brasil é de 1854, por iniciativa de Irineu Evangelista de Souza, que construiu 14 km de estrada de ferro com um propósito que ele mesmo definiu como de propaganda da inovação.

A lei nº 541, de 26 de junho de 1852, estabeleceu parâmetros, basicamente a garantia de juros sobre o capital investido, que tiveram considerável influência na montagem da malha ferroviária brasileira. As cinco primeiras estradas de ferro criadas no Brasil foram: a Estrada de Ferro D. Pedro II (depois Central do Brasil); a Estrada de Ferro de Mauá; a Estrada de Ferro de Recife ao São Francisco; a Estrada de Ferro Bahia ao São Francisco e a Estrada de Ferro de Santos a Jundiaí. Dessas, duas apenas, as nordestinas, não estiveram relacionadas à expansão cafeeira.

A Estrada de Ferro D. Pedro II criada em 1855 por iniciativa do governo imperial, teve o seu primeiro trecho inaugurado em

1858. Em 1869 a linha chegou a Minas Gerais, no município de Mar de Espanha. Em 1888 alcançou Ouro Preto, num total de 828 km, incluindo os pequenos ramais.

Outras ferrovias foram criadas no Rio de Janeiro, nas décadas de 1860 e 1870, sobretudo, para o escoamento da produção cafeeira das Zonas da Mata mineira e fluminense. Em São Paulo, a marcha dos empreendimentos ferroviários teve início com a criação da São Paulo Railway, para fazer a ligação Santos Jundiaí, terminada em 1867. Seguiram-se as companhias: *Paulista*, inaugurada em 1872; *Mojiana*, inaugurada em 1875 e *Sorocabana*, também inaugurada em 1875. A estas somaram-se as companhias: *Bragantina, Noroeste, Alta Paulista, Araraquarense, Ituana* e a *Companhia Rio Claro*. Entre 1892 e 1895 houve fusões entre essas companhias resultando concentração ainda do poderio das companhias *Paulista, Mojiana* e *Sorocabana*.

A segunda estrada de ferro a funcionar no Brasil foi a *Recife and São Francisco Railway Company Limited*, de capital inglês, que inaugurou seu primeiro trecho em 1858. Na década de 1880, foi criada a *Great Western Railway Company Limited*, também com capitais ingleses, voltada para atender os interesses das áreas açucareiras de Pernambuco e Alagoas. Na Bahia, depois de várias tentativas frustradas, implantou-se uma malha ferroviária que em 1889 somava 1.057 km, 11% do total do País.

Também no sul do País houve significativa expansão ferroviária, destacando-se aí, pelo apuro técnico, a ferrovia Curitiba-Paranaguá, projetada pelo engenheiro brasileiro Antônio Pereira Rebouças, construída entre 1880 e 1885.

Destaque-se a malha ferroviária de Minas Gerais que foi a mais extensa do Brasil e que ainda assim não conseguiu interligar o mercado regional pela interveniência de caprichos e interesses particularistas, de que é o maior exemplo as várias bitolas das suas ferrovias: 0,60 cm; 0,76 cm; 1,0 m e 1,6 m.

A cronologia da constituição da malha ferroviária em Minas Gerais no século XIX é a seguinte: 1869, Estrada de Ferro D. Pedro II; 1874, Estrada de Ferro Leopoldina; 1880, Estrada de Ferro Oeste de Minas; 1882, Estrada de Ferro Bahia e Minas; 1889, Estrada de Ferro Minas e Rio; 1886, Estrada de Ferro Mogiana; 1891, Viação Ferro Sapucaí; 1892, Estrada de Ferro Muzambinho; 1895, Estrada de Ferro Trespontana.

Grosso modo, poder-se-ia dizer que as ferrovias impactam a vida econômica, política, social e cultural sob diversos aspectos: 1) unificam o mercado interno, facilitando a circulação de pessoas e mercadorias; 2) barateiam o custo do transporte, beneficiando as exportações; 3) permitem a expansão da fronteira agropecuária e mineratória; 4) induzem a expansão do setor de produção de aço, máquinas e ferramentas, equipamentos ferroviários, construção civil e ferroviária; 5) consolidam a formação técnico-profissional dos trabalhadores do setor industrial.

De todo modo, ainda que pequeno comparativamente aos Estados Unidos, o setor ferroviário brasileiro mobilizou consideráveis capitais pelo vulto dos investimentos necessários.

Ao lado destes aspectos diretamente econômicos, as ferrovias também repercutem sobre o conjunto da vida sociocultural redefinindo hábitos e práticas, permitindo a interação e o intercâmbio material e simbólico.

Foram as ferrovias, em suas oficinas, que formaram o núcleo inicial do operariado industrial brasileiro. Foram as ferrovias, que, pioneiramente, no Brasil reuniram, no mesmo espaço de trabalho, coletivos de trabalhadores submetendo-os tanto à formação técnico-profissional, quanto à socialização típica do mundo do trabalho capitalista. Neste sentido, não é surpresa que os ferroviários tenham se constituído em uma categoria profissional politizada, mobilizada e combativa participando de muitos e expressivos momentos de luta dos trabalhadores brasileiros protagonizada então pelos gráficos, tecelões e portuários.

A segunda metade do século XIX no Brasil marcou o início da modernização da infraestrutura econômica e da estrutura urbana brasileiras: 1861 é o ano da construção da Estrada de Rodagem, macadamizada, *União Indústria*, entre Juiz de Fora e Petrópolis; em 1872 dá-se a inauguração da primeira linha de telégrafo do Brasil; em 1872/74 ocorreu o lançamento do cabo submarino, que ligou o Brasil à Europa; em 1880 iniciou-se a telefonia no Brasil; data de 1888 a primeira usina hidroelétrica do Brasil; entre 1872 e 1895 instalaram-se redes de tráfego urbano nas cidades do Rio de Janeiro, São Paulo, Salvador, Campinas, São Luís e Recife.

Expandiram-se os núcleos urbanos, cidades como Santos, Campinas e São Paulo vão crescer e diversificar suas estruturas no campo bancário e financeiro, ao mesmo tempo que instalaram serviços de utilidade pública como iluminação a gás, transporte urbano a tração animal, serviços de água e esgoto.

Também no campo da energia elétrica ocorreram avanços, como se vê na tabela a seguir:

Tabela 2.10
A Eletricidade no Brasil - 1883-1900

Empresa	1883	1889	1900
Número	1	3	11
Usinas Termoelétricas	1	2	6
Usinas hidroelétricas	-	1	5
Potência de origem térmica H.P.	70	4.270	8.846
Potência de origem hidráulica H.P.	-	6.150	8.665
Potência total H.P.	70	10.420	17.5411
Localidades servidas	1	3	16

Fonte: FERNANDES, 1935, p. 343.

Entre as iniciativas do período as vicissitudes da instituição do sistema métrico decimal, em 1862, explicitam as dificuldades da implantação da modernização no Brasil, como se vê na Revolta dos Quebra Quilos, em 1874, que tendo se iniciado no Rio Grande do Norte, espalhou-se pelo Nordeste, tentado impedir a utilização do sistema de pesos e medidas moderno. No mesmo sentido deu-se a resistência generalizada às medidas tomadas pelo governo imperial para a realização do primeiro recenseamento brasileiro em 1872, com relação à secularização do registro civil, dos casamentos e dos sepultamentos, que também geraram descontentamentos, que estão entre os temas, por exemplo, da pregação de Antônio Conselheiro em sua epopeia de Canudos.

2.4. A gênese da indústria no Brasil

A gênese da industrialização no Brasil foi caracterizada pelo economista Wilson Suzigan como tendo duas etapas básicas: de 1869 a 1914, de 1914 a 1939. A primeira fase teria sido marcada pela substituição das importações dos seguintes setores: têxteis (algodão, juta e lã); chapéus; calçados; moinhos de trigo; fabricação e refino do açúcar; cervejarias; metal mecânica I (moendas e peças para engenhos de açúcar, moinhos para cereais, máquinas para beneficiar café e arroz, máquinas leves para agricultura, ferramentas e utensílios, etc.); fósforos; outras indústrias (vestuário, sabões e vela, artigos de vidro, mobiliário, produtos alimentícios, cigarros, editorial e gráfico). A segunda fase, de 1914 a 1939, teria se dado com a substituição das importações dos seguintes ramos: cimento, ferro e aço; metal-mecânica II (máquinas agrícolas pesadas, máquinas industriais, aparelhos elétricos, equipamentos de construção e de transporte etc.); papel e celulose; produtos de borracha; química e farmacêutica; óleo de caroço de algodão; têxteis (seda e raiom); carnes congeladas e industrializadas.

Nos primeiros tempos da industrialização brasileira dominou a indústria têxtil. Em 1889 ela era responsável por 60% do setor industrial, seguida da indústria de alimentos com 15%, da indústria química com 10%, da indústria de madeiras com 4%, da indústria do vestuário com 3,5% e da indústria metalúrgica com 3%.

Para o ano 1907 é possível regionalizar a estrutura industrial brasileira destacando-se a produção do Rio de Janeiro, que sediava 30% da indústria brasileira, seguida de São Paulo com 16%, Rio Grande do Sul com 7% e Minas Gerais com 4%.

Com relação ao mercado de trabalho em São Paulo, em 1893, 55% dos trabalhadores eram estrangeiros, ocupando 84% dos postos de trabalho do setor industrial e 72% dos empregos no setor comercial. Em 1900 a participação dos trabalhadores estrangeiros no setor industrial de São Paulo cresceu para 92%.

O movimento associativo e organizativo dos trabalhadores urbanos no Brasil, no período considerado, teve início em 1833 com a criação de uma Associação de Ajuda Mútua. Entre 1836/41 foi criada a Imperial Sociedade de Artistas Mecânicos e Liberais de Pernambuco; de 1853 é a Imperial Associação de Tipografias Fluminenses e a Sociedade Beneficente dos Caixeiros; de 1873 é a Associação de Auxílio Mútuo dos Empregados da Tipografia Nacional; de 1873, também, é a Associação de Socorros Mútuos – Liga Operária; de 1882 é o Corpo Coletivo da União Operária – Arsenal de Marinha; de 1892 é o Centro Operário Radical – Rio de Janeiro. Em 1858 houve a greve dos gráficos do Rio de Janeiro, que consta ser a primeira greve de trabalhadores urbanos livres no Brasil. Em 1890 foi criado o Partido Socialista.

As lutas dos trabalhadores, durante o período considerado, buscavam a redução da jornada do trabalho; a redução do trabalho noturno; o fim da exploração do trabalho infantil e feminino; o direito à sindicalização; o seguro por acidentes de trabalho e o aumento de salários.

Depois de um início marcado pelo mutualismo o movimento operário/sindical no Brasil, sobretudo em São Paulo, por influência dos imigrantes italianos e espanhóis, expressou perspectivas anarquistas e socialistas, que terão considerável influência durante as duas primeiras décadas do século XX.

Caberia ainda considerar o papel importante de certos indivíduos e instituições na modernização da estrutura produtiva brasileira, como é o caso exemplar de Irineu Evangelista de Souza (1813-1889), nascido no Rio Grande do Sul, barão e depois visconde de Mauá, que foi a mais expressiva figura de *self made man*, que o País já teve, que protagonizou, no Brasil, entre 1845 e 1875, as mais importantes iniciativas empresariais, em variados campos: comércio, indústria, ferrovias, companhias de navegação, bancos, construção de navios; e cuja falência fala muito sobre as contradições e limites do processo de modernização da economia brasileira, no sentido de superação de sua condição periférica.

Se é o caso de sublinhar o papel e os empreendimentos do Barão de Mauá entre as pioneiras tentativas de modernização da economia brasileira no século XIX, outros nomes também devem ser lembrados, como os dos mineiros Mariano Procópio Ferreira Lage (1820-1872) e Bernardo Mascarenhas (1846-1899); o do cearense Delmiro Gouveia (1863-1917); e o do paranaense Ildefonso Pereira Correia, o Barão do Serro Azul, entre outros.

Finalmente, mencione-se o quadro associativo do empresariado brasileiro, destacando-se a Sociedade Auxiliadora da Indústria Nacional fundada em 1827; e a Associação Industrial, fundada no Rio de Janeiro, em 1881, presidida pelo industrial e senador mineiro, Antônio Felício dos Santos, influenciado pelas teses do economista alemão Friedrich List (1789-1846), sobre a necessidade da proteção à indústria nascente. De 1894 é a Associação Comercial do Rio de Janeiro.

A historiografia sobre a industrialização brasileira no século XIX costuma chamar de surto industrial às fábricas que surgiram no país naquele período. De fato, rigorosamente, a palavra industrialização não se aplica a uma realidade marcada pela incipiência e pela fragmentação, pelo desarticulado e lacunar de seus elementos. Com efeito, a industrialização, propriamente dita, é mais que a simples presença de fábricas, na medida em que pressupõe transformações qualitativas tanto das relações sociais de produção, quanto das forças produtivas.

Cada país, cada região desenvolverá o seu modo específico de apropriação e generalização de novas tecnologias, de novas formas de organização e gestão da força de trabalho. Vale dizer, os processos de industrialização são processos históricos, que refletem as peculiaridades sociais, econômicas, políticas e culturais das regiões em que ocorrem. Nesse sentido, não há propósito em transformar o caso britânico, a pioneira experiência de industrialização capitalista, como modelo ou receita a ser seguida, que cada país, que cada região, a partir de elementos básicos comuns, dados pelo desenvolvimento científico e tecnológico, elaborará seus próprios caminhos para a industrialização, que expressarão, fundamentalmente, suas circunstâncias históricas.

Assim, durante o século XIX o Brasil experimentou, entre 1840/70, surto industrial, que não configurando efetivo processo de industrialização, foi expressão dos constrangimentos decorrentes da precariedade e rarefação da constituição do mercado interno brasileiro marcado pela concentração da renda e da riqueza, por hegemonia político-econômica arcaizante.

Os dados do censo de 1872 mostram que 72% da população economicamente ativa no Brasil estavam empregados no setor agrícola, 13% no setor de serviços e 7% no setor industrial.

O censo de 1920 fornece dados que permitem a montagem da tabela a seguir.

Tabela 2. 11
Estabelecimentos Industriais Brasileiros segundo a época da fundação - 1849-1889

Época da fundação	N. de Estabe-lecimento	Capital	Força Motriz HP	N. de operários	Valor da produção
Até 1849	35	26.166;922$	2.076	2.929	31.991:461$
De 1850 a 1854	16	2.757:425$	154	1.177	10.141:305$
De 1855 a 1859	8	4.130:895$	1.173	1.094	8.784:405$
De 1860 a 1864	20	7.179:202$	689	775	9.058:689$
De1865 a 1869	34	10.847:443$	1.784	1.864	15.909:360$
De 1870 a 1874	62	41.311:267$	7.129	6.019	59.380:145$
De 1875 a 1879	63	23.194:086$	4.435	4.320	34.839:523$
De 1880ª 1885	150	58.368:346$	12.865	11.715	89.866:076$
De 1885 a 1889	248	203.401:521$	36.174	24.369	247.121:620$
Total	636	377.347.559$	66.479	54.112	507.042.584$

FONTE: LIMA, 1970, pp. 268-269.

A comparação que se vai fazer, entre a realidade industrial brasileira e norte-americana, não ignora as decisivas diferenças que se estabeleceram entre os processos de desenvolvimento capitalista dos dois países, que, sobretudo, se deram entre 1830 e 1890. Ao contrário, o que se sustenta aqui é que a expressiva superioridade do desenvolvimento industrial dos Estados Unidos, explica-se pela radical diferença entre os processos da constituição dos respectivos mercados internos, forte e includente nos Estados Unidos, porque resultado de efetivo de distribuição primária da renda, fraco e excludente no Brasil, como resultado, exatamente, da insubsistência do processo brasileiro de distribuição primária da renda. Com efeito, a criação de um mercado interno amplo e dinâmico, é pré-condição para apropriação dos ganhos decorrentes do aumento da escala e da produtividade. É essa, fundamentalmente, a explicação para o fato de que os Estados Unidos que em 1848 tinham 123.025 manufaturas, passassem a ter 353.863 manufaturas em 1868, enquanto o Brasil, por volta de 1870, tinha cerca de 200; que o número de trabalhadores industriais nos Estados Unidos que em 1849 era de 957.059, chegasse aos 2.053.996, em 1869, número que o Brasil só alcançou cem anos depois, na década de 1960 (COSTA, SD).

Sabe-se que a expansão industrial brasileira entre 1830 e 1889 teve rebatimentos regionais. Assim no Sul do país concentraram-se indústrias voltadas para o abastecimento do mercado interno no setor de alimentos (trigo, carnes resfriadas e congeladas) e bebidas (vinho), couros e peles. Na região Nordeste manteve-se a centralidade da agroindústria açucareira, as manufaturas de couro e peles, a manufatura têxtil. Na região Norte foi o período do auge da exploração da borracha.

Mais diversificada foi a expansão industrial das províncias de Minas Gerais, Rio de Janeiro e São Paulo, concentrando-se em Minas Gerais atividades mínero-metalúrgicas.

Registre-se ainda que esses empreendimentos industriais utilizaram-se simultaneamente de mão de obra livre e mão de obra escrava não havendo diferenciação funcional com relação à condição, se livre ou escravos, dos trabalhadores, o que contraria certas teses que quiseram ver incapacidade técnica dos escravos com relação ao uso de tecnologias mais aprimoradas.

Não há consenso entre os especialistas sobre como explicar a origem e desenvolvimento da industrialização no Brasil – seja quanto a seus determinantes principais, seja quanto aos seus protagonistas, ou mesmo quanto à periodização do processo, suas etapas e características.

Destaquem-se quatro questões centrais presentes no debate sobre a industrialização brasileira. A primeira questão diz respeito à relação entre a expansão cafeeira e o surgimento da indústria no Brasil. Durante certo tempo predominou a visão, tipificada pelo empresário e historiador Roberto Simonsen, que via a predominância cafeeira como o grande obstáculo à industrialização brasileira. Nos anos 1970 essa tese será confrontada por duas posições. Uma expressa pelo historiador norte-americano Warren Dean, que vai defender hipótese oposta a de Roberto Simonsen, isto é, argumentando que a expansão cafeeira, em vez de obstáculo foi matriz direta e imediata da industrialização como resultado mesmo da expansão da lucratividade e da capacidade de acumular das atividades cafeeiras.

Há na tese de Warren Dean uma ligação direta e unívoca entre o comércio, sobretudo, o de importação, e a gênese da industrialização, em São Paulo, no Brasil, destacando-se aí o papel de uma certa "burguesia imigrante", que, inicialmente ligada às atividades comerciais, teria sido pioneira na industrialização brasileira.

Nomes como Francisco Matarazzo, o irmãos Jaffet, Rodolfo Crespi, José Pereira Ignácio, Ernesto Diederichsen, Egydio Gamba, os irmãos Puglini Carbone, os Klabins, os Weiszflogs, estão entre os pioneiros da indústria brasileira e confirmam a presença significativa de um grupo de imigrantes, que veio, sobretudo, da Europa com recursos e experiência empresarial suficientes para capacitá-los a ser pioneiros da industrialização brasileira.

Também criticando Roberto Simonsen, mas nuançando as relações entre café e indústria, vendo contradições onde Warren Dean só vê relação unívoca e linear, o economista Sérgio Silva inaugurou uma outra corrente de interpretação, que se caracteriza por enquadrar a relação entre as atividades cafeeiras e a gênese da indústria no Brasil como marcada por uma contradição básica que era o fato do "sucesso" cafeeiro manter o país como exportador de um produto primário sujeito à divisão internacional do trabalho e as relações de troca, que confirmavam sua condição dependente e periférica.

Uma segunda questão presente no debate sobre a industrialização brasileira diz respeito ao papel do artesanato local. Tanto para o sociólogo José de Souza Martins, como para o historiador Jacob Gorender, as matrizes da industrialização brasileira não foram as atividades cafeeiras, mas o artesanato local responsável pela construção e reparo de ferramentas e equipamentos.

A terceira questão central do debate refere-se ao papel do capital estrangeiro. Em que pese diferenças de ênfase, as interpretações anteriores partilham um relativo consenso quanto a pelo menos três aspectos: 1) que a presença do capital estrangeiro no Brasil, sobretudo até a primeira guerra mundial, centrou-se em atividades de infraestrutura, serviços urbanos, eletricidade, mineração, bancos, companhias de navegação e de seguros, com pequena participação na indústria de transformação; 2) que a expansão dos investimentos estrangeiros no Brasil atendeu à dinâmica expansiva do grande capital em sua fase imperialista; 3) que a expansão e diversificação da economia brasileira, de outro lado, foram fatores decisivos na crescente participação do capital estrangeiro no desenvolvimento capitalista no Brasil.

A quarta questão referente à gênese da indústria no Brasil é a que busca avaliar o papel do Estado neste processo. Há consenso sobre o papel decisivo do Estado, depois de 1930, sobre a industrialização, modernização e a urbanização brasileiras, tanto quanto é usual considerar irrelevantes os esforços industrializantes durante o período imperial. Contudo, o quadro quanto a isso deve ser nuançado para admitir a existência, de fato, de alternância de políticas tarifárias, que ora estimularam a industrialização, ora desestimularam-na. De todo modo, sabe-se que tarifas protecionistas, por si só, não são capazes de gerar indústrias, o que não impediu que o país tivesse uma movimentada agenda tarifária: de 1844 é a tarifa protecionista baixada durante a gestão do ministro Alves Branco; de 1857 é a revisão livre cambista da tarifa Alves Branco; de 1867-69, a elevação tarifária em função das necessidades de recursos gerados pela Guerra do Paraguai; de 1874 nova tarifa livre cambista; de 1879, nova elevação de tarifas por razões fiscais; 1881, nova redução de tarifas; e seguiram-se revisões tarifárias em 1890, 1896, 1897, 1900 e 1905.

Durante o período considerado neste capítulo, a ação do Estado no tocante à vida econômica do país resumiu-se, de um lado, à proteção dos interesses cafeeiros mediante a desvalorização cambial e aos estímulos à expansão das ferrovias, por meio da garantia de juros para os investimento no setor e da subvenção quilométrica; e de outro lado, à constituição do marco legal-institucional necessário à expansão das relações mercantis especificamente capitalistas.

2.5. A ciência e a tecnologia

O Brasil no século XIX, depois do considerável florescimento cultural do período joanino, assistiu a dois grandes movimentos de enriquecimento de sua vida cultural: o primeiro representado pela implantação e expansão do ensino superior, e o segundo pela instalação de uma série de instituições de pesquisa científica.

No campo do ensino superior quatro áreas tiveram considerável crescimento, a saber: o direito, a engenharia e as ciências agrárias, destacando-se o ensino jurídico. Por razões decorrentes tanto das exigências do momento, a organização do Estado depois da Independência, quanto da tradição bacharelesca herdada de Portugal, foi no campo do direito, foi na busca da normatização, da vida político-institucional do país que se deram as maiores iniciativas intelectuais. A elaboração da *Constituição*, em 1824, do *Código Criminal*, em 1831, do *Código de Processo Criminal*, em 1832, do *Ato Adicional à Constituição*, em 1834, da *Lei de Interpretação do Ato Adicional*, em 1840, do *Código Comercial*, em 1850, dão conta de um importante esforço legisferante. Esse aparato legal fez parte do mesmo movimento que levou à institucionalização do ensino jurídico no Brasil, que teve início em 1827 com a criação das Faculdades de Olinda e São Paulo. Mais do que isto, é possível dizer-se que é a partir da cultura jurídica, a que toda a vida político-cultural brasileira é filtrada, são os juristas que darão o tom seja em nossas letras, seja em nossa filosofia, seja em nossas instituições políticas e sociais.

O ensino das engenharias inicia-se de fato no Brasil, fora o que era ministrado nas Academias Militares, em 1874, com a transformação da *Escola Central* em *Escola Politécnica* do Rio de Janeiro. Depois, em 1876, foi instalada a *Escola de Minas de Ouro Preto*, e em 1894 a *Escola Politécnica de São Paulo*.

No referente às Escolas de Ciências Agrárias, depois dos cursos de Agricultura, criados na Bahia, em 1808, e no Rio de Janeiro, em 1814, houve criação de instituições de Ciências Agrárias: em Lençóis, na Bahia, em 1877, em Pelotas, Rio Grande do Sul, em 1883, a partir de 1889, em Piracicaba, São Paulo, em 1908, Lavras, e em 1920, Viçosa, Minas Gerais.

No referente às instituições de pesquisa, veja-se a cronologia: *1838*, criação do *Instituto Histórico e Geográfico Brasileiro*, que foi, até a fundação da Faculdade de Filosofia da USP, em 1934, a única instituição de pesquisa histórica do Brasil. Em *1887*, foi criado o *Instituto Agronômico de Campinas*, principal centro de pesquisas sobre a lavoura cafeeira do Brasil, durante décadas. De 1892 é a criação do *Instituto Biológico de São Paulo*, em suas quatro divisões – Laboratório Bacteriológico, Laboratório Vacinogênico, Laboratório de Análises Clínicas e Laboratório Farmacêutico. Em *1893* foi fundado o *Museu Paulista*, centro de pesquisa em história natural, arqueologia e etnologia. Em 1894 criou-se o *Museu Paraense*, hoje chamado de Emílio Goeldi, com as mesmas características do *Museu Paulista*.

Se se examina as áreas privilegiadas e a qualidade do que foi feito é possível dizer-se que as instituições de ensino e pesquisa no Brasil nasceram com considerável grau de consistência e aderência às grandes questões de então.

No campo das engenharias é clara e coerente a opção pelo desenvolvimento das engenharias ferroviária, de construção de portos, de minas e metalurgia, de prospecção e exploração dos recursos minerais. Do mesmo modo foram avisados os investimentos no desenvolvimento das ciências agrárias e pedológicas, que incidiam sobre as maiores fontes de riqueza então, a produção agropecuária.

Também ajustadas às exigências do momento foram as várias iniciativas, bem sucedidas, no campo das campanhas sanitárias e da pesquisa biológica, no enfrentamento de doenças endêmicas e epidêmicas debilitadoras da população.

Finalmente, os esforços no campo da instalação de *museus* se têm algo de certa cópia da velha tradição dos *"gabinetes de curiosidades"*, reflete o esforço genuíno de nossos cientistas de entenderem a terra e gente brasileiras.

Contudo, todo esse esforço, que não pode ser subestimado, que revela tirocínio e atualização de nossa inteligência, não significou efetiva mudança de qualidade de nossa vida cultural, isto é, não significou a constituição de *Sistema Nacional de Inovação*, na medida mesmo em que estas instituições e iniciativas não foram capazes de ampliar nem a qualidade nem a quantidade de nossa produção de ciência e tecnologia, nem efetivamente articulá-las ao setor produtivo.

2.6. Balanço da economia brasileira: 1830-1889

O período considerado neste capítulo, 1830-1889, foi o da consolidação da economia brasileira como realidade autônoma, que se deu de tal forma, que se estruturou de tal modo, que consagrou tais práticas, que balizam aspectos centrais da economia brasileira contemporânea, seja pela permanência de certos arcaísmos, seja pelo caráter seletivo do processo de modernização, que ignorou instituições e conquistas decisivas da modernidade, no sentido da universalização de direitos sociais básicos.

Com efeito, o Brasil tem experimentado, desde o século XIX, importantes avanços nos campos da modernização, da urbanização e da industrialização. Procrastinada a Abolição, enfim, deu-se em 1888. Antes de 1888, já estavam em curso diversas iniciativas, que criaram as bases do marco legal-institucional necessário à consolidação das relações econômicas mercantis capitalistas, como são o *Código Comercial*, de 1850; a Lei de Locação de Serviços, de 1879; a política de incentivos à imigração; as políticas de apoio à expansão das ferrovias.

Também expressivos no período foram as iniciativas no campo da implantação do ensino superior e das instituições de pesquisa, com a criação do Instituto Histórico e Geográfico, em 1838, a Escola de Minas de Ouro Preto, em 1876, entre outras instituições significativas.

Esboçou-se, também, uma divisão inter-regional do trabalho no Brasil, que acabou confirmando certas características herdadas do período colonial, sobretudo, no referente à estrutura fundiária, a um mercado interno restrito e a forte dependência da exportação de produtos primários.

Ao fim e ao cabo, a economia brasileira, gestada entre 1830 e 1889, conheceu processo de modernização e crescimento, sem que os frutos dessa modernização e desse crescimento tenham significado efetivo desenvolvimento econômico, o qual só pode ocorrer, de fato, quando o conjunto da sociedade usufruir de seus benefícios, processo que tem como pressuposto básico a distribuição primária da renda, distribuição não só da renda e da riqueza, mas, também e decisivamente, distribuição de habilitações técnico-científicas e direitos de cidadania.

3. Estado, nação e democracia

Desde que surgiu, ou pelo menos desde que foi fixado conceitualmente, no início do século XVI, por Maquiavel, o conceito de Estado moderno tem sido objeto de controversas interpretações. Se com Thomas Hobbes, no século XVII, ele foi afirmado como um monstro necessário, por ser capaz de conter a violência inata da condição humana, com Jacob Burckhardt, (no século XIX), ele foi visto como "obra de arte", como construção humana equivalente e contemporânea às grandes obras do Renascimento. Tanto essas visões divergentes, quanto suas variadas variantes, explicitam algo essencial que é o fato do Estado estar longe de ser instituição neutra ou universal. Com efeito, com exceção de Hegel, que fez do Estado, não de qualquer Estado em particular, a realização da liberdade, todas as teses que buscaram apreendê-lo não escaparam de reconhecer nele aspectos coercitivos ou particularistas. Como se vê, por exemplo, na visão de Max Weber que o define como "monopólio legítimo da violência", ou na perspectiva de Marx e Engels, que caracterizando o Estado burguês, viram-no como "comitê executivo dos negócios comuns da burguesia".

Os acontecimentos decorrentes da crise econômica instalada em 2008, ou da pandemia de 2020, instaram decisiva e pronta ação de governos em variadas modalidades de intervenção, que tendo sempre como principal motivação o salvamento, sobretudo, do grande capital, não podem ignorar, sob pena de radical deslegitimação, os interesses de amplos setores populares, assalariados e informais, mediante medidas emergenciais de transferência de renda e garantia de emprego ao arrepio do fundamentalismo de mercado hoje hegemônico. Não é a primeira vez que as contingências da realidade social, que as contradições da dinâmica econômica capitalista explicitaram a perfeita impotência de uma ideologia perversa, que se quer ciência, que, em épocas de crise só tem a oferecer a sua completa indiferença e desaparelhamento para fazer a economia servir ao seu efetivo destinatário, o bem estar social. Entregues à seu único e exclusivo critério, desregulamentados e imunes a todo o controle, os mercados levaram o capitalismo para crise de grandes proporções, que seriam ainda mais destrutivos, se não houvesse, *malgré lui*, ação contra arrestante do Estado..

De fato, todos os que compreendem, ainda que parcialmente, o funcionamento da economia capitalista sabem do papel central, insubstituível, do Estado na constituição, desenvolvimento e sustentação do capitalismo, em variados planos e escalas.

Nos séculos XVII/XVIII, momentos particularmente ricos na compreensão do Estado Burguês, defrontaram-se duas perspectivas no referente ao papel e significado do Estado: a liberal e a democrática. No campo liberal, Locke disse que o papel do Estado, sua decisiva legitimidade, decorreria de sua capacidade de garantir os três direitos inalienáveis dos indivíduos: o direito à vida, o direito à liberdade e o direito à propriedade. Apenas na medida em que garantisse esses direitos o Estado se justificaria, sendo legítimo o direito à rebelião, todas as vezes que o Estado atentasse contra esses direitos, como foi o caso na Revolução Inglesa do século XVII.

Com Thomas Jefferson, na *Declaração de Independência dos Estados Unidos*, a tríade de direitos de Locke, foi modificada, superando o liberalismo estrito, ao dizer que os direitos inalienáveis dos indivíduos são o direito à vida, o direito à liberdade e o direito à busca da felicidade, em chave inspirada em Rousseau, que foi o primeiro teórico do Estado a vê-lo como sendo legítimo na medida em que fosse a realização da *vontade geral*, a qual deveria se sobrepor às vontades individuais, particulares. O limite dessa posição encontra-se em Hegel, quando disse que a liberdade, a verdadeira e legítima liberdade, pressupõe a *liberdade de todos*, que não há efetiva liberdade, que não seja *compartilhada por todos*, que não há liberdade autêntica se houver constrangimentos e coerções, violência e alienação.

É a partir desse ponto que se afirma a posição de Marx ao dizer que a efetiva realização da liberdade, passa pela superação das determinações histórico-materiais, alicerces do capitalismo, sobre os quais se erguem sua organização social, suas formas de consciência e representação, suas estruturas de poder.

Todas as questões mencionadas aqui têm um inequívoco conteúdo histórico, são objetos de disputas permanentes como está exemplarmente colocado na tese de T. H. Marshall sobre a cidadania. Em texto de 1965, Marshall reconheceu a existência de três dimensões da cidadania: a) a *cidadania civil*, que inclui os direitos e as liberdades individuais, de palavra, culto, propriedade, o direito de buscar a justiça, sempre que seus interesses tenham sido lesados; b) a *cidadania política*, referida aos direitos políticos e eleitorais; c) a *cidadania social*, que contempla ao direito ao bem-estar social, o acesso aos bens culturais, à educação, à saúde, à habitação. A esses direitos é preciso agregar, hoje, outros direitos, como direito ao meio ambiente saudável, a busca da sustentabilidade.

Trata-se, ao se considerar essas dimensões da cidadania, de reconhecer as mutações da própria configuração do Estado, que, de estritamente liberal, foi demandado se tornar democrático, e, finalmente, de bem-estar social. Diga-se, desde logo, que estas mutações do Estado burguês não foram naturais senão que resultado de pressões, de lutas, de mobilizações político-sociais. Uma comprovação disso está exemplarmente posta na frase do político britânico Arthur Balfour: "A legislação Social, como a concebo, não deve ser apenas diferenciada da legislação socialista, mas é seu opositor mais direto e seu antídoto mais eficaz."

De fato, foram as lutas sociais que fizeram ser ampliados os direitos sociais: foi a luta socialista, a partir do século XIX, que obrigou os governos, a partir da Alemanha, na década de 1880, a instituírem políticas sociais, trabalhistas, previdenciárias, que foram chamadas de bem-estar social. Foi a Revolução Mexicana, de 1910, que não só deu início a um massivo processo de Reforma Agrária, depois revertido, quanto, em 1917, está na base da Constituição Mexicana, a primeira do mundo a garantir direitos sociais.

Tem sido lenta, procrastinada, seletiva, contraditória a marcha da implantação e alargamento dos direitos sociais, dos direitos da cidadania no Brasil. A escravidão no Brasil prolongou-se até 1888, e não teve como seu desdobramento necessário a Reforma Agrária, que teria feito do ex-escravizado cidadão de direitos efetivos. As liberdades previstas na Constituição de 1891 foram só as civis e políticas, e, mesmo assim, restringidas porque vedou-se o voto aos analfabetos e às mulheres. O *Código Civil*, de 1916, foi, sobretudo, o instrumento de garantia dos direitos da propriedade. A legislação trabalhista dos anos 1930/40, abarcou apenas os trabalhadores urbanos, e se, efetivamente, significou o atendimento à lutas e demandas dos trabalhadores, de outro lado a legislação trabalhista foi instrumento de controle e manipulação dos sindicatos.

De fato, Estado de Bem-estar-social, no sentido próprio, nunca existiu no Brasil, que este significa: seguro e proteção aos trabalhadores, à infância, aos idosos e aos desempregados; assistência à saúde de qualidade, como também educação pública de qualidade, crítica e pluralista; assistência social e política habitacional digna e massiva.

Desde 1850 o Brasil vem experimentando significativas modificações políticas, econômicas, sociais-culturais, que resultaram no país moderno, majoritariamente urbano e significativamente industrializado de hoje, sem que isso tenha modificado a condição dependente, periférica do desenvolvimento capitalista no Brasil. A superação do subdesenvolvimento, use-se a tese de Amartya Sen, incorporada por Celso Furado, pressupõe a distribuição primária da renda e esta significa tanto a distribuição da renda e da riqueza, quanto a universalização de habilitações que permitam a autônoma e criativa apropriação das novas tecnologias. Nesse sentido, trata-se de atualizar a agenda para o pleno desenvolvimento econômico, político, social e cultural brasileiro, a partir da compreensão da centralidade de reformas, como a Agrária e a Urbana, que incorporem o direito à moradia, ao transporte público e ao saneamento, mas que seja, também, a efetiva apropriação da cidade, o predomínio dos espaços públicos, das áreas verdes, dos espaços de lazer e convivência. Finalmente, constate-se que estes objetivos dependem da luta e da mobilização social, que são elas, e apenas elas, que garantem a plena emancipação social, como liberdade e solidariedade, que a democracia, como disse Claude Lefort, deve ser, sobretudo, "invenção permanente de direitos".

3.1. O trabalho da ideologia

A construção da ideia de Nação, a defesa apologética e intransigente da Unidade Nacional foram dos traços mais característicos do processo de afirmação da hegemonia burguesa no Brasil no Século XIX. Desta vasta e ubíqua operação tomaram parte artistas e políticos, empresários e jornalistas, militares e clero, gente do campo e da cidade, liberais e conservadores. A defesa da Nação e a defesa da Unidade Nacional foram as mais poderosas e insinuantes das estratégias de abafamento das tentativas de constituição de um poder popular autônomo no Brasil, de toda a tentativa da constituição da auto-organização social, da consolidação de uma sólida e enraizada sociedade civil no Brasil.

Deste esforço de exclusão participaram o progressista Euclides da Cunha e o ultraconservador Oliveira Vianna. Esta estranha consonância, em que à voz ilustrada de Euclides da Cunha se soma ao soturno da dicção de Oliveira Vianna, não é o mais paradoxal da história política brasileira. Há um outro movimento, muito mais característico, talvez, que foi o permanente deslizamento dos liberais para a política conservadora, e mesmo o contrário, como é exemplar a ação dos Andradas: conservadores no governo, liberais exaltados na oposição. Este balé trânsfugo aparece sempre justificado como necessário na defesa do interesse maior – a Nação, sua unidade, sua integridade.

Daí a conciliação, o horror à rebeldia, a condenação da revolução, a apologia da transação, a mitificação de uma história incruenta.

Transfigurada e permanentemente reproduzida, esta ideologia tem sido o espantalho frequentemente agitado para estigmatizar a divergência como antinacional, como antipatriótica, criando, ao mesmo tempo, uma hierarquia na cidadania, que deste modo fica dividida: de um lado, os supercidadãos defensores perpétuos, superiores e condutores da Nação; de outro, a grande massa dos cidadãos inferiores e conduzidos, porque não titulares da defesa da Nação;e, finalmente, os párias, os que ousam divergir e que, assim, passam a sofrer toda sorte de discriminações e controle, permanentemente sob suspeita, tornados inimigos internos da Nação, que é como as esquerdas têm sido vistas no País.

A multiplicação dos meios, a imposição permanente destas ideias dão à ideologia conservadora no Brasil, desde o Século XIX, uma força e uma eficácia muito superiores às das forças de esquerda, frequentemente imobilizadas ou seduzidas pelo mito da Nação una, indivisível e sagrada.

3.2. Nação como ideologia

A palavra Nação, com o sentido que se lhe dá, hoje em dia, surgiu no discurso político no contexto da Revolução Francesa. Sua aparição, enquanto categoria literária e filosófica, deu-se com o romantismo alemão, principalmente com Herder e Fichte (ROSSOLILLO, 1986, p. 796).

Contudo, enquanto realidades políticas, a Nação, o nacionalismo, são figuras da segunda metade do Século XIX. Foi a vitória e a expansão da Revolução Industrial e a pressão da concorrência industrial inglesa, que forjarão as emulações para a consolidação das fronteiras nacionais, para a constituição de políticas protecionistas, defendida no livro *Sistema Nacional de Economia Política*, de Friedrich List, de 1841, a defesa da proteção industrial como forma de garantir aos Estados alemães unificarem-se, constituírem a Nação e responderem, assim, ao desafio industrial britânico.

O Século XIX foi o século do nacionalismo e do industrialismo: a vitória a Revolução Industrial e a exacerbação das disputas nacionais, que vão gerar variados conflitos – a Guerra da Criméia, em 1856; a Guerra entre Prússia e Dinamarca, entre 1864 e 1866; a Guerra entre Prússia e Áustria, em 1866; a Guerra Franco-Prussiana em 1870 – ao mesmo tempo que foi o momento da consolidação nacional da Itália (1861) e da Alemanha (1871) (LUCKWALDT, 1960).

A ideia de Nação foi elaborada no Século XIX como teoria e como ação, como ação prático-política, seja como pregação liberal-popular, como em Mazzini, seja como expressão de perspectiva autoritária, como em Bismarck. Em Mazzini, a ideia de Nação assumiu um caráter quase místico, de revelação; há religiosidade em sua teorização sobre a Nação, o que faz dele talvez o mais típico representante dos teóricos da Nação: "O genovês Giuseppe Mazzini construiu e elaborou, teoricamente, a ideia de nação como parte de sua própria concepção de mundo, quase como uma religião; (...)" (VOSSLER, 1949, p. 105).

Gramsci, o mais importante dos teóricos marxistas a valorizar e requalificar o conceito de Nação, apontou, em várias passagens de sua obra, o caráter *místico*, de "profeta iluminado" da ação de Mazzini: "o êxito relativo da expressão mazziniana *Itália do povo*", que tendia a indicar uma renovação completa em sentido democrático de iniciativa popular, da nova história italiana, em oposição ao *primado* giobertiano, que tendia a apresentar o passado como continuidade ideal possível com o futuro, isto é, como um determinado programa político apresentado em termos de longo alcance. Mas Mazzini não conseguiu enraizar a sua fórmula mística, e os seus sucessores diluíram-na, amesquinharam-na na "retórica livresca" (GRAMSCI, 1968, p. 165). Em Gramsci a ideia de Nação se reveste de um sentido popular fundamental. O grau de inserção, de enraizamento do Nacional-popular, conceito fundamental da perspectiva gramsciana, explicaria, em grande medida, o maior ou menor atraso político da Nação: "Na Itália, o termo *nacional* tem um significado muito restrito ideologicamente e, de qualquer modo, não coincide com *popular*, já que os intelectuais estão apartados do povo, isto é, da Nação, estando ligados, ao contrário, a uma tradição de casta, que jamais foi quebrada por um forte movimento político popular ou nacional vindo de baixo..." (GRAMSCI, 1968, pp. 105-106).

No Brasil a ideia de Nação, a Unidade Nacional, foi a pedra de toque da exclusão, do aplastramento de todos os movimentos de ruptura, da interdição da insurgência, da contradição, do conflito, das perspectivas revolucionárias.

Fundamentalmente, a ideia de Nação funcionou como ideologia, como ideologia de um certo tipo de Estado, o Estado burocrático centralizado: "Desta situação decorre que a Nação é a ideologia de um determinado tipo de Estado, visto ser justamente o Estado a entidade a que se dirige concretamente o sentimento de fidelidade que a ideia de Nação suscita e mantém.

Esta conclusão provisória leva em consideração o conteúdo representativo do termo. A função da ideia de Nação, como vimos, é a de criar e manter um comportamento de fidelidade dos cidadãos em relação ao Estado." (ROSSOLILLO, 1986, p. 7).

No Brasil, a ideia de Nação foi uma eficiente ferramenta na consolidação do estado imperial, da centralização conservadora de seu poder, do caráter excludente de sua ação política e econômica.

Confundindo fidelidade à Nação com fidelidade ao Monarca, a ideologia da Nação acabou por ser uma das matrizes principais da hegemonia burguesa no Brasil, hegemonia que extrai sua eficácia da observância estrita de uma política de impedimento da estruturação da sociedade civil, atacada pela reiteração de regimes autoritários, pela hipertrofia do Estado, como instrumento de dominação burguesa.

3.3. A ideia de nação no Brasil

Aqui como alhures, tanto a espada quanto a letra são fontes de dominação. Se a ação de Caxias foi fundamental para a consolidação da Unidade Nacional, não menos decisiva foi a ação do pensamento social brasileiro na construção da armadura ideológica da Nação. A partir de colorações político-ideológicas distintas, teceu-se uma trama cujos pontos de amarração são as palavras: Nação, Unidade Nacional, a denúncia do localismo, do provincialismo, a denúncia do exemplo hispano-americano, de sua fragmentação e seu caudilhismo.

Euclides da Cunha, que se revelou quase sempre sensível na compreensão da realidade social brasileira, no caso da realidade sertaneja, da realidade amazônica, no campo específico da realidade política, não se distinguiu das tendências conservadoras majoritárias. Sua visão, neste particular, trai, de um lado, a sua filiação positivista, com todas as suas implicações, na defesa de um Estado forte, de uma "ditadura esclarecida" e, de outro, suas vinculações com o Estado brasileiro, sua condição de membro daquele cenáculo reunido em torno do Barão do Rio Branco (SEVCENKO, 1985).

Euclides da Cunha falou, então, em *exageros democráticos* contidos na Constituinte de 1823; ao mesmo tempo que elogiou a sua dissolução como *oportuna e benéfica* (CUNHA, 1926, p. 245), e defendeu a Constituição outorgada, de 1824, aplaudindo a predominância, em boa hora, do elemento conservador e o golpe da maioridade (CUNHA, 1926, p. 269), tudo isto porque as revoltas, a rebeldia do período regencial contrariariam o interesse maior da Pátria, a Unidade Nacional (CUNHA, 1926, p. 299).

Citando Saint-Hilaire, Euclides da Cunha apontou o outro grande tema da construção da ideologia da Nação no Brasil, a suposta e supinamente decantada superioridade da centralização brasileira vis-à-vis a fragmentação das repúblicas hispano-americanas: "Um estrangeiro ilustre, Augusto de Saint-Hilaire, depois de caracterizar o estado revoltoso das repúblicas platinas, volvia naquela época o olhar para o Brasil, e apontava-lhe idêntico destino, se acaso fossem satisfeitos, pelo regime federal, os desejos de mando das patriarquias aristocráticas, que o retalhavam: que os brasileiros se acautelem contra a anarquia de uma multidão de tiranetes mais insuportáveis do que um déspota único." (CUNHA, 196, p. 256).

A unidade é a grande conquista do regime imperial no Brasil, na perspectiva de Oliveira Vianna: "Na verdade, a grande obra da monarquia em nosso povo foi uma obra de unificação e legalidade – e na realização dessa unificação e legalidade ela teve que lutar justamente contra as forças sempre rebeldes do localismo e do provincialismo." (VIANNA, 1933, p. 46).

É este também o sentido da posição, do quase sempre liberal exaltado, Teófilo Otoni: "Teófilo Otoni foi um dos que sacrificaram seu ideal democrático a dois temores: o temor da anarquia demagógica e o temor do despotismo militar, entre um e outro baixio sossobrando a América espanhola." (LIMA, 1926, p. 17)

O temor da fragmentação, o pânico ante a possibilidade da repetição no Brasil da América bolivariana, é, na verdade, o temor e o pânico diante da revolução. É a revolução que se teme, é a emergência popular que se quer afastar. Daí as inúmeras transações, golpes e arreglos, que têm marcado a história política do Brasil, desde a Independência.

3.4. A estratégia da aranha – tecendo a dominação

Oliveira Lima sistematizou, precisamente, a estratégia da conciliação no Brasil: "em vez da República, a Independência; em vez da República, a Abolição; contra a fragmentação, o Império. A consciência conservadora no Brasil, na perspectiva de Paulo Mercadante, se constrói pela hegemonia de uma série de pilares: 1) o medo da revolução; 2) a ausência de participação popular; 3) o medo da abolição; 4) a preocupação com a unidade nacional; 5) a vitória da *moderação* e da *conciliação*." (MERCADANTE, 1965).

Moderação e conciliação foram as palavras chaves da ideologia hegemônica no Segundo Reinado, seu auge foi o ministério da Conciliação do Marquês do Paraná, entre 1853 e 1856.

No essencial, a conciliação foi no Brasil a estratégia da aranha, a tessitura de uma dominação, que significou a consagração da modernização conservadora, elitista, autoritária, uma revolução burguesa excludente e antidemocrática (NOGUEIRA, 1984, p. 16). Nas palavras de José Honório Rodrigues: "A conciliação, que domina essencialmente toda a política brasileira no Século XIX, não a pessoal-partidária, que sofre zigue-zagues varáveis, mas a que acomoda para salvar o essencial, defendendo a grande propriedade e a escravidão, não quer reformas sociais e econômicas." (RODRIGUES, 1965, p. 16).

A história política brasileira no Século XIX foi, assim, marcada pela afirmação de uma eficaz cimentação da unidade ideológica das elites: "A manutenção da unidade nacional, a consolidação de um governo civil, a redução do conflito a nível nacional, como também a limitação da mobilidade social e da mobilidade política no Brasil, em contraste com a balcanização, e o caudilhismo, a instabilidade política e a maior mobilização nos outros países da América Latina se deviam, em parte, à maior unidade ideológica da elite política brasileira em comparação com suas congêneres dos outros países." (CARVALHO, 1981, p. 177). O núcleo desta unidade ideológica, sua síntese perfeita é a frase de Evaristo da Veiga em 1831: "Faça-se tudo quanto é preciso, mas evite-se a revolução." (NOGUEIRA, 1984, p. 25).

No plano político a estrutura do Estado imperial buscou a certeza de uma dominação sem sustos. Em primeiro lugar, pela absoluta exclusão do povo do processo eleitoral. Ao final do Império, em 1886, quando houve um aumento da participação eleitoral, o número de eleitores foi em torno de 1% da população (NOGUEIRA, 1984, p. 20).

Se a estes fatores adicionar-se o poder moderador, o Conselho de Estado e o Senado Vitalício, temos um quadro onde o poder do Imperador foi, todo o tempo, incontrastável. Manipulando as amplas prerrogativas que a Constituição de 1824 lhe deu, o Imperador foi capaz de um extenso reinado, de quase 50 anos, onde os seus interesses sempre prevaleceram através de uma prática política que combinou cooptação e arbítrio.

O mais característico traço do Segundo Reinado foi a enorme concentração de poder detido pelo poder moderador. O centro desta eficaz política de dominação foi, além dos instrumentos constitucionais existentes, a prática política imperial de alternância dos partidos (Liberal e Conservador) no governo. Esta prática, frequentemente louvada como sinônimo do liberalismo e do equilíbrio do Imperador, significou colocar a vida política brasileira ao sabor do interesse imperial.

Movidos para dentro e para fora do governo, como peças de um jogo, os partidos do Império foram as máquinas permanentes do exercício do poder do senhoriato oligárquico. Manipulados e inermes, não mereceram o respeito do Imperador, que é, no fundo, o grande artífice de suas inconsistências: "No fundo, sente-se que ele (Imperador) dava uma importância pequena, ou mesmo não dava importância alguma à opinião dos partidos. O golpe parlamentar de 1868 é, na verdade, uma bela prova disto." (VIANNA, 1933, p. 29).

Cioso da acomodatícia subserviência dos partidos, o Imperador praticou, sem sustos, a sua política de alternâncias: 1837-1844 (conservadores); 1844-1848 (liberais); 1848-1853 (conservadores); 1853-1857 (a chamada conciliação); 1857-1862 (conservadores); 1862-1868 (liberais); 1868-1878 (conservadores)... A destituição do Gabinete Zacarias, em 1868, pareceu mais um ato normal naquela sucessão. Nomeado o gabinete conservador de Itaboraí, em meio a uma Câmara amplamente liberal, o desfecho, como sempre, seria:) dissolução da Câmara: 2) convocação das eleições; e 3) aí, inevitavelmente, o partido no governo faria maioria etc. Contudo, a coisa, naquele caso, teve desdobramento inesperado. A ação do Imperador, o golpe que a Constituição lhe facultava foi recebido e entendido como golpe, selando, para muitos autores, o início do fim do pseudo-parlamentarismo brasileiro e, com ele, do próprio Império: "Os homens mais lúcidos, no entanto, sabiam que o Império estava condenado. Em 1869 começa o seu declínio até chegar à queda em 1889. Ele já revelara seu potencial, o que tinha de positivo e negativo. Agora ia viver quase vegetativamente, pois eram sabidos os seus limites. A data de 1868 encerra o período do esplendor e abre o das crises que levarão à sua ruína." (HOLANDA, 1972, p. 7; NABUCO, 1975).

O golpe do Imperador foi também, sintoma da emergência de uma nova força política, o Exército, que terá, a partir daí, marcante presença na política brasileira. Exigida por Caxias, a queda do Gabinete Zacarias demonstrou a fragilidade das instituições políticas brasileiras. Oliveira Vianna registrou isto assim: "Falta-nos espírito público. Falta-nos organização de classes. Falta-nos liberdade civil. Realmente, espírito público nunca existiu no Brasil. Entre nós, a vida política foi sempre preocupação e obra de uma minoria diminuta, de volume pequeníssimo em relação à massa da população. O grosso do povo, levado às urnas apenas pela pressão dos caudilhos territoriais, nunca teve espírito político, nem consciência alguma do papel que estava representando." (VIANNA, 1933, p. 30). Para Oliveira Vianna esta rarefação da vida política provinha de causas naturais-psicológicas, intransponíveis, daí que necessária a tutela permanente de um Estado forte e centralizado, pai e mestre, severo e autoritário, capaz de aplacar as incontinências e rebeldias de povo, nascido para a imaturidade, condenado a uma espécie de infantilismo permanente.

Oliveira Vianna constatou a precariedade de nossa vida política, a longa tradição de exclusão a que estão submetidas, historicamente, as grandes massas da população brasileira. Depois deste diagnóstico, correto, a conclusão é nefasta: "Contra isto só há um remédio: o Estado Autoritário, parafascista, a ditadura". Oliveira Vianna é das vozes mais estridentes na condenação do localismo, do provincialismo; sua defesa da unidade nacional é a amarração lógica, que justifica a tese de que só um governo forte e centralizado é capaz de garantir a unidade. A lógica do argumento de Oliveira Vianna conduz à condenação, pura e simples, da democracia. Neste caminho ele construiu espantalhos convenientes, como o perigo representado pelo localismo, pela descentralização. A Nação, a Unidade Nacional, entidades absolutas e supra-históricas, aparecem assim, no discurso autoritário, como valores a se preservar a qualquer custo e, para tanto, que se interdite toda e qualquer tendência descentralizante. A diferença será sempre vista como inimiga da unidade nacional, ao mesmo tempo que se entronizará um *mito-programa* fundamental: há um grupo social que encarna a Nação. Este grupo social é o responsável pela tutela do Estado, toda e qualquer diferença para com este grupo social é uma agressão à *nacionalidade* e deve ser reprimida, só é legítimo os interesses representados por esse grupo, porque só ele representa o interesse da Nação. Esse grupo de supercidadãos, guardiões e reservas morais da Nação, já foram compostos pelos "homens bons", pelos "titulares do Império", pelas "classes conservadoras", pelos militares, e, recentemente, pelos togados.

Estas características marcam o processo político brasileiro, definem a sua especificidade. A forma como o Estado burguês foi montado no Brasil, o caráter antidemocrático de sua atuação, a recorrente vigência de ditaduras, são manifestações do processo mais amplo da constituição do capitalismo no Brasil: o caráter dependente deste capitalismo, a permanência de uma extensa rede de relações coloniais mesmo depois da Independência, a longa preservação da escravidão, a sistemática exclusão social das grandes massas trabalhadoras do campo e da cidade no Brasil. Nestas condições, o Estado se tornou a guarda pretoriana do capital, exercitando, cada vez mais, sua dimensão repressiva, violenta, vis-à-vis um relativo descompasso com a preocupação, com a legitimação via *consenso*, via *ideologia*, com a produção do *consentimento*.

A República no Brasil, nascida da influência positivista e militar, teve, desde o seu nascedouro, uma profunda aversão pela divergência. Toda a divergência, todo o conflito, serão sempre vistos como impatrióticos e reprimidos com violência. A defesa da ordem, tornada símbolo e objetivo absolutos, a tudo aplastrou. Governo da ordem, a República no Brasil foi marcada pela recorrente imposição da repressão e da supressão dos direitos e garantias individuais e políticas: seja a ditadura florianista; seja o governo sob estado de sítio de Arthur Bernardes; seja a ditadura varguista, seja a ditadura militar de 1964.

Ao lado desta tradição autoritária consolidou-se, também, entre nós, a nunca assaz louvada vocação liberal de nossas elites, empenhadas na preservação de uma dominação sobre a qual não admitem qualquer contestação, sacrificarão a lei, as instituições e a liberdade em nome da ordem, numa bastarda evocação goetheana, ao mesmo tempo que entoam hinos à democracia nos Estados Unidos da América, à estabilidade de suas instituições, à liberdade e consistência de sua cidadania.

A República no Brasil nasceu marcada pela influência americana, como esta já havia sido uma inspiração importante na Inconfidência Mineira. O federalismo republicano brasileiro copiou a tradição federalista americana. Contudo, toda a influência das instituições políticas americanas não tem sido no Brasil mais que um selo ideológico, e a senha de um discurso que, na prática, se converte no seu oposto. O federalismo, a autonomia regional, a liberdade individual e a plena cidadania, princípios consagrados nos diplomas legais, são apenas slogans, frases com que se recheiam leis e discursos, enquanto que muito outra é a realidade política. A realidade política brasileira tem sido, desde a colônia, fundamentalmente, a centralização política, a interdição da autonomia regional, a rarefação das liberdades individuais, uma sistemática desqualificação da cidadania. Tais características políticas servem à uma ordem social baseada na longa vigência de um sistema colonial predatório, em trezentos anos de escravização, na permanência da concentração da renda e da riqueza, na reiteração de uma economia dependente, periférica.

3.5. A construção do Estado no Brasil

O traço essencial do Estado no Brasil, seja em sua fase constitutiva como *Estado Nacional*, seja em sua transformação em *Estado Burguês*, foi a reiteração de permanente interdição do efetivo funcionamento democrático. O episódio chave desta recorrência, talvez seja a atitude de Bernardo Pereira de Vasconcelos, o ex-campeão do liberalismo exaltado, até o Ato Adicional, de 1834, que, diante da agitação social, que marcou o período regencial, 1831-1840, aderiu, com veemência, ao que antes combatia, liderando a facção regressista.

A Abdicação de D. Pedro I, em 1831, deu-se num quadro de grande agitação social, numa sucessão de revoltas nas províncias, que expressaram uma complexa trama de clivagens sociais, econômicas, políticas, culturais, sobre temas centrais como a forma de governo, a propriedade da terra, a manutenção ou não da escravidão, a participação popular nos processos decisórios, os interesses das oligarquias regionais, etc.

Com efeito, é possível dizer que o período regencial foi a primeira e grande explicitação dos diversos projetos e interesses presentes no processo de constituição da nação brasileira em sua tensa e conflituosa tessitura, de que são exemplos: o "regressismo" dos *cabanos*, de Pernambuco e Alagoas, e sua defesa da volta do imperador, entre 1831 e 1835; o movimento centralmente popular, que é a *Cabanagem*, no Pará, entre 1835 e 1840, que reuniu camponeses, índios e escravos; a revolta *Farroupilha*, que mobilizou estancieiros e charqueadores gaúchos, numa república separatista, entre 1835 e 1845; a *Revolta dos Malês*, de 1835, que foi a mais importante revolta de escravos do Brasil no século XIX. Sumarizando o essencial destes movimentos, disse José Murilo de Carvalho: "Tais levantes tinham caráter predominantemente popular e nativista. Era a população urbana, aliada à tropa de primeira linha, protestando contra o alto custo de vida, contra a desvalorização da moeda (que causava o encarecimento das importações), contra a invasão das moedas falsas. Sendo o comércio nas principais capitais controlado por portugueses, eram eles o alvo predileto, dominante da ira popular. O antilusitanismo encontrava apoio também fora das camadas populares, entre o pequeno comércio nas mãos de brasileiros, entre os oficiais brasileiros da tropa de linha e mesmo entre senhores de engenho endividados aos grandes comerciantes portugueses. Mas a base das revoltas era predominantemente popular e militar." (...) "Foi necessário desmobilizar o exército no Rio de Janeiro e recorrer à criação de milícia civil, a Guarda Nacional, para manter a ordem." (CARVALHO, 1988, pp. 1314).

Esta explosão de revoltas e conflitos foi a senha para um reagrupamento do senhoriato brasileiro, que, a partir daí, definiu um programa de ação cujo centro foi a mobilização do aparelho do Estado como instrumento intransigentemente viabilizador, direta e indiretamente, da dominação, sem sustos ou contestações, mediante a sistemática denegação da democracia.

Neste sentido, alguns valores-mitos vão se impor como decisivos: a dominação numa sociedade dividida em classes não se dá apenas pela violência, pela coerção. Já Maquiavel tinha visto o papel indispensável do "*consentimento*" para o eficaz exercício do poder. O pensamento social, desde o século XVIII, tem chamado de *ideologia* aos valores símbolos com poder persuasório, identitário. Mikhail Bakhtin vai dizer que onde há símbolos, há ideologia, sejam elas palavras, imagens, sons, objetos. A construção do *Brasil Nação*, para ficar com o título de livro de autor imerecidamente esquecido, Manoel Bonfim (BONFIM, 1931), tem sido marcada por renitentes mitos, que, continuamente atualizados, continuam a ser importantes veículos da imposição da dominação das classes dominantes brasileiras.

De fato, tais mitos, alguns dos quais invocam fundamentos científicos, têm a pretensão de oferecer uma narrativa complexa, não só dos fundamentos da nação, suas origens, quanto de sua evolução, tida como natural, como de seu futuro, de seu destino. Marilena Chain deu-nos livro sobre os mitos fundadores da nação e do projeto autoritário, que o tem acompanhado (CHAUÍ, 2000).

Esses mitos não são, de modo algum, resquícios de uma vida cultural atrasada, anacrônica, típicos produtos da pré-modernidade, senão que estão, permanentemente, sendo inventados, ressignificados, travestidos, muitas vezes, como se manifestações do mais alto da ciência e do pensamento contemporâneo, que teimam em continuar afirmando a legitimidade do conceito de raça, da superioridade racial de certos povos, com base em apropriação arbitrária de certos aspectos da pesquisa genética, apesar da crítica demolidora de geneticistas importantes como Sérgio Danilo Pena (PENA, 2007; 2009).

Não há propósito, neste texto, em inventariar as problemáticas, para não dizer sinistras, consequências da vigência daquelas pseudociências, surgidas no século XIX, associadas aos nomes de Gobineau, Gumplowicz, H. S. Chamberlain, entre outros áulicos da dominação imperialista e do fascismo (SAID, 2001; 1998).

A imposição do Estado no Brasil, a construção, entre nós, da ordem social competitiva, como a definiu Florestan Fernandes, mobilizou, em grande escala, tanto a coerção, quanto o convencimento, tanto a espada, quanto os símbolos. Entre os símbolos-chaves desse processo três têm, ainda hoje, potência ideológica: 1) a ideologia da unidade nacional, do grande território indiviso, vis-à-vis, a fragmentação que marcou a experiência da América Hispânica; 2) o mito da história incruenta, da solução harmoniosa dos conflitos, da tendência à conciliação, à transação; 3) a defesa da ordem como valor absoluto, incontestável mesmo, em detrimento da igualdade, da solidariedade, da justiça, da verdade, da liberdade.

Definida como valor absoluto, a unidade nacional, acabou por produzir outros valores associados: o que estabeleceu que qualquer mobilização social é, necessariamente, uma ameaça à unidade nacional, porque ameaça à ordem, e um segundo valor que é o que atribuiu ao Estado, em particular às Forças Armadas, o monopólio da "nacionalidade" e da "virtude cívica", justificando assim a tutela sobre a sociedade civil, permanentemente vista como incapaz de verdadeiro patriotismo, de civismo sadio. Daí as recorrentes intervenções salvacionistas: a repressão às revoltas provinciais comandada por Caxias, entre 1831 e 1848; a instauração da República; a ditadura florianista, entre 1891 e 1894; os levantes militares da década de 1920, a

Revolução de 1930; o golpe do Estado Novo de 1937, a tentativa de golpe de 1954 e a sua concretização, em 1964 (PAULA, 1990).

A história política brasileira, desde 1831, tem sido marcada por uma constante: a interdição da mobilização social, a sonegação de direitos sociais em nome da manutenção da ordem. Foi esta a motivação que justificou a repressão à *Revolta do Vintém*, no Rio de Janeiro, em 1880; aos camponeses rebelados em *Canudos*, entre 1893 e 1897; à *Revolta da Vacina*, no Rio de Janeiro, em 1904; à *Guerra do Contestado*, na fronteira entre o Paraná e Santa Catarina, entre 1912 e 1916.

De outro lado, é preciso registrar a grande adesão a estes valores-mitos fundantes do Estado brasileiro, por parte das elites brasileiras. É conhecida a frase que diz que não havia nada mais parecido com um *"saquarema"* que um *"luzia"* no poder. Isto é, a governação liberal (luzia) entre 1844 e 48, entre 1862 e 1868, em nada diferiu da governança conservadora (saquarema) e quase sempre, no governo, os conservadores aplicavam o programa liberal (MATTOS, 1987).

Estudos contemporâneos, como os de Gabriela Nunes Ferreira, têm buscado relativizar este quadro chamando atenção para a existência de diferenças entre projetos, que, no século XIX, mobilizaram-se na constituição do Estado no Brasil. Foi este o caso, por exemplo, do debate entre o líder Saquarema, Visconde de Uruguai, e o importante publicista liberal, Tavares Bastos. Se o primeiro foi a própria encarnação do ideal da centralização do segundo reinado, Tavares Bastos representou a descentralização, a defesa do poder provincial, numa perspectiva que muito parece dever a Tocqueville e sua *A Democracia na América*. Contudo, as diferenças que a autora identificou entre o Visconde de Uruguai e Tavares Bastos, não levaram-nos a questionarem a hegemonia do senhoriato brasileiro, isto é, não há em qualquer dos dois autores defesa de efetiva democratização do poder. Toda a questão resumia-se ao papel do poder central nos "projetos civilizatórios" que os dois advogavam: papel positivo/central para Uruguai, enquanto que para Tavares Bastos o Estado central aparece como instituição negativa, para ele – "As províncias apareciam como um poder secundário interposto entre o governo central e os indivíduos, devendo ser os principais atores na condução dos próprios negócios." (FERREIRA, 1999, p. 165).

Se se examinar em conjunto temas centrais do Brasil, de então, vê-se o quanto estas diferenças entre os tipos de Estado propostos escondiam semelhanças decisivas – há, na prática, convergência entre os dois políticos no referente à abolição, que Tavares Bastos defende seja gradual (FERREIRA, 1999, p. 133), e que Uruguai rejeita por considerá-la como imposição inglesa (p. 140); há semelhança de posições no referente à necessidade da imigração, ainda que neste particular a posição de Tavares Bastos seja racista em sua defesa da imigração das "raças do norte" como num imperativo da "reforma moral do povo brasileiro" (FERREIRA, 1999, p. 136); ambos são monarquistas e anti-industrialistas (p. 165 e 173), de que resulta que as duas posições devem ser vistas como *liberais*, distinguindo-se pelo caráter *centralizador* ou *federalista* da organização do poder.

Num outro registro, que atualizou este debate clássico, Richard Morse (MORSE, 1988), em *O Espelho de Próspero*, convidou-nos a olhar a questão para além da oposição Ariel x Caliban, ou no caso do pensamento político brasileiro entre

Tavares Bastos x Eduardo Prado, isto é, entre americanismo x antiamericanismo. A provocação de Morse, que gerou debate e polêmica (AROCENA, 1990), talvez possa ser sintetizada assim: há mais de uma matriz da modernidade, e se, até aqui, o padrão anglo-saxônico parece ser o caminho natural e possível para o desenvolvimento econômico, político e social dos países latino americanos, esta difundida ideia acaba obscurecendo a existência de uma outra matriz cultural, pioneiramente constitutiva da modernidade, a matriz ibérica, que ainda que padecente de crônicos déficits, tem um significativo potencial emacipatório. A tese de Morse é que a matriz anglo-saxônica e seus fundamentos – o privatismo, o individualismo, o localismo – é estruturalmente bloqueadora de uma emancipação social efetiva na medida em que a matriz ibérica tem como pressupostos a solidariedade, o universalismo, a organicidade. Na síntese que José Guilherme Merquior apresentou da tese de Morse está o seguinte – "O professor Morse sustenta uma visão bastante positiva da "matriz teimosa" do pensamento e do sentimento da cultura social ibérica: a noção, por assim dizer, tomista de um estado orgânico, hierárquico, porém humano. Por óbvio, este holismo cálido, distante do estado mecânico de Hobbes e Locke, se inclina mais para o populismo do que para a democracia; e até mesmo suas versões de esquerda tendem a ser "rousseaunianas", articuladas em torno de assunções mistificadoras a respeito da vontade geral, ao invés de genuínas práticas democráticas. Não importa: aos olhos de Morse, isto é, definitivamente melhor do que o atomismo social da democracia yankee" (..) (MERQUIOR, 1990, p. 72).

Nesse sentido, poder-se-á dizer que a discussão sobre a constituição e desenvolvimento do Estado no Brasil, do debate entre Tavares Bastos e o Visconde de Uruguai, Paulino José de Souza (Saquarema histórico, no século passado), ao debate entre Richard Morse e seus críticos Simon Schwartzman e José Guilherme Merquior, nas décadas de 1980/90, passando pelas intervenções de extremado antiamericanismo de Eduardo Prado, em *"Ilusão Americana"*, de 1893, e do exaltado centralismo, de Oliveira Vianna ("Saquarema", hipertardio, em *O Idealismo da Constituição*, de 1927, e *Instituições Políticas Brasileiras*, de 1949), tem sido marcada pela disputa entre os que defendem uma matriz americanista, federalista e descentralizada de poder, vis-à-vis, a defesa de modalidade centralizadora e orgânica de Estado. Quase sempre os que recusaram a matriz americanista acusam-na de artificial, utópica, formal, distante da realidade cultural brasileira, enquanto para os defensores da matriz ibérica, o Estado centralizado seria a expressão das necessidades de um país enorme, marcado por desigualdades regionais e dispersão demográfica, por estrutura precária dos partidos políticos. Nesse sentido, a descentralização política – "terá que resultar fatalmente em mandonismo, em coronelismo, em regalismo, em satrapismo, em dissociacionismo, em separatismo. E tem sido assim desde o período colonial." (VIANNA, 1949, vol. II, p. 202).

Sobre um tema decisivo, a questão democrática, Oliveira Vianna diz – "O nosso grande problema, como já disse alhures, não é acabar com oligarquias; é transformá-las – fazendo-as passarem da sua atual condição de oligarquias brancas para uma nova condição – de oligarquias esclarecidas. Estas oligarquias esclarecidas seriam então, realmente, a expressão da única forma de democracia possível no Brasil; porque realizada na sua forma genuína, isto é, no sentido ateniense – do *governo dos melhores*" (VIANNA, 1949 ,vol. II, p. 205).

Com efeito, desde o século XIX até meados do século XX, o pensamento sobre a democracia no Brasil oscilou entre dois polos – um centralizador, outro descentralizador; um ibérico outro americanista – os quais, não contemplam a possibilidade de efetiva distribuição de poder, na medida em que são convergentes em negar o protagonismo das grandes maiorias excluídas dos setores populares.

A questão que se está discutindo aqui, a relação entre nação, estado e democracia no Brasil, para ter desdobramento adequado, deve passar por duas qualificações histórico-conceituais: uma de caráter teórico, sobre o conceito mesmo de Estado; e uma outra questão de ordem histórica, e diz respeito à constituição e a especificidade do Estado no Brasil.

A primeira questão que se quer enfrentar remete à necessidade de se distinguir entre uma teoria do Estado moderno em geral, como foi o propósito, entre outros, de Max Weber, e uma teoria de Estado burguês, como a construiu Marx, isto é, como "comitê executivo dos negócios comuns da burguesia", como arcabouço jurídico político da acumulação de capital. Em tempo, lembre-se que Marx e Engels, em seus trabalhos históricos, também teorizaram sobre o Estado como estrutura de poder inerente às sociedades divididas em classes. De todo modo, é preciso reconhecer o acerto de Décio Saes ao mostrar as possibilidades "de aproveitamento dos resultados fecundos obtidos por Max Weber, a nível descritivo e morfológico, na análise do Estado moderno..." (SAES, 1994, p. 34).

Escapa aos propósitos deste texto reconstituir a história do conceito de Estado, bastando, aqui, lembrar frase de

Max Weber – "O Estado é o monopólio da violência legítima", acrescentando à esta tese algumas características, que conformariam a estrutura do Estado: 1) autoridade; 2) centralização; 3) território; 4) burocracia civil profissional; 5) estrutura judiciária; 6) exército profissional, as quais se pode adicionar: 7) sistema tributário e 8) moeda de curso legal (WEBER, 1964, vol. II. CAP. IX). Estas oito características-instituições seriam inerentes à existência do Estado.

Por outro lado, se estas são características genéricas do Estado, cada formação social exigirá um *tipo específico de Estado*. No caso do modo de produção capitalista, como em todos os outros, por certo, a relação entre modo de produção e Estado não é unívoca ou transparente. Trata-se de processo complexo, marcado, muitas vezes, por ambiguidades e descontinuidades. O Estado Absolutista nasceu na Europa Ocidental, como parte de processo geral a que se deu o nome de modernidade. A instauração da modernidade é processo complexo, a um tempo social, econômico, político, cultural, científico ,tecnológico, psicológico. As instituições e processos que tipificam a modernidade tiveram um relativamente longo tempo de emergência, do século XII ao século XVI, e uma diversificada rede de protagonistas em que se destacam portugueses, espanhóis, italianos, franceses, ingleses, holandeses, flamengos, alemães. Potências secundárias, hoje em dia, Portugal e Espanha, dominaram aspectos decisivos do comércio, dos negócios, nos séculos XV e XVI. Com efeito, o estado moderno, surgiu, pioneiramente, em Portugal, no século XII, como também é portuguesa a primeira revolução burguesa, entre 1383 e 1385. Foi no norte da Itália que as cidades ressurgiram com força, depois de longo período de ruralização da vida europeia, a partir do século XI. É filha das cidades, uma instituição fundamental da modernidade, a *universidade*, que surgiu em Bolonha e em Paris, no final do século XII, início do século XIII. Foi também na Itália, que surgiu e se desenvolveu o *Renascimento*, movimento artístico, político, social e psicológico, responsável pela constituição do sujeito moderno, do *Eu* individual e irredutível seja às abstrações da antiguidade, seja às coletividades corporativas da Idade Média.

A ciência moderna tem origem multifacetada e heteróclita. Copérnico, Galileu, Kepler, Bacon, Newton, Pascal, foram responsáveis por uma revolução que abarcou tanto a compreensão da natureza, suas leis de funcionamento, os modos de representá-la, calculá-la, apropriá-la, resultantes de novos modos de percepção e mensuração do espaço e do tempo. Revolução científica e tecnológica, em que a invenção de novos aparelhos – telescópios, microscópios, bússola, relógio mecânico –, vão permitir uma concepção da natureza, do homem, do trabalho, das artes (KOYRÉ, S.D.; HELLER, 1982).

O mundo inventado pela modernidade, mundo que Max Weber viu como resultado de radical desencantamento, não foi inteiramente isso, uma radical ruptura com o passado, em seus inícios. Kepler continuou praticando a astrologia enquanto revolucionava a astronomia. Newton manteve-se adepto da alquimia. Bacon era adepto de magia. O mais "moderno" deles, Galileu, dedicou muito de seu tempo, como matemático, calculando o tamanho do inferno, que a geografia pré-moderna disse estar localizado ao Sul de Jerusalém, e ter a forma de um cone invertido. Por todas essas permanências do pré-moderno no âmbito da revolução científica, é que ganha ainda mais relevância lembrar o *conceito de Estado* desenvolvido por Maquiavel.

Maquiavel, no início do século XVI, numa região ainda fortemente dominada pelo pensamento religioso, ousou pensar a gênese do Estado, sua razão de ser, sem recorrer, em momento algum, a qualquer consideração de ordem religiosa, justificando a existência do Estado como resultado da ação humana, em sua busca e paz e segurança. Trata-se, nesse sentido, de ver o Estado como construto humano, como obra de arte, como o disse Jacob Burkhardt, em o *Renascimento Italiano* (BURCKHARDT, 1974). O Estado como obra de arte, e, assim, Maquiavel teria sido companheiro de "arte" de Leonardo, de Rafael, de Michelangelo. É ainda Burkhardt que completou a análise ao dizer que o surgimento do Estado Moderno, permitiu o surgimento do indivíduo moderno, dotado de direitos e prerrogativas, que a ordem discricionária anterior interditava. Estado Moderno como condição de separação entre o tesouro público e o tesouro do príncipe.

Para o Brasil a análise que se vai intentar parte de uma tese, que vê o período da vinda da corte portuguesa para o Brasil, em 1808, até1850, quando são lançados três marcos importantes de uma nova etapa de acumulação de capital entre nós – *O Código Comercial, a lei de terras* e *o fim do tráfico de escravos* – como o da constituição do Estado Nacional, isto é, das instituições jurídico-políticas que tanto centralizaram o poder, quanto garantiram o controle sobre um vasto território, e a ordem. Estes objetivos centrais do Estado aparecem cristalinamente explicitados em Oliveira Vianna, em trecho citado por Gabriela N. Ferreira – "na verdade, os dois grandes objetivos do Estado em nosso povo são estes: *organização da ordem legal e consolidação da unidade nacional* – o que se traduz nestes dois outros: *organização da autoridade pública, hegemonia do poder central.*" (FERREIRA, 1999, p. 169).

A partir de 1850, teve início no Brasil uma nova etapa da sua história político-econômico-social, com a constituição do mercado de terras, com o início da constituição dos mercados de trabalho e de capitais, que marcaram, entre nós, o início da efetiva instauração de relações capitalistas de produção, o que demandava um tipo específico de Estado, o *Estado Burguês*.

Buscando definir o que seria Estado Burguês, Décio Saes diz – "a) O Estado Burguês organiza de um modo particular a dominação de classe; b) o Estado burguês corresponde a relações de produção capitalistas." (...) "A correspondência entre o Estado burguês e relações capitalistas da produção não consistem numa relação casual simples e unívoca entre ambos." (SAES, 1994, pp. 19 e 21).

3.6. A formação do Estado Nacional (1808-1850)

Toda periodização tem algo de arbitrário. A que está aqui não foge à regra. A análise que se vai fazer leva a sério tanto o conceito de Estado quanto, sobretudo, o conceito de modo de produção capitalista. Adotou-se, aqui, em parte, a periodização proposta por Décio Saes em seu *A Formação do Estado Burguês no Brasil, 1888-1891* (SAES, 1985). Décio Saes estabeleceu a seguinte sequência no referente à constituição do Estado entre nós - 1) 1808/1831 – Estado semicolonial; 2) 1831/1888 – Estado Nacional e 3) 1888/1891 – Estado Burguês. Neste esquema as clivagens principais são a vinda da corte portuguesa (1808), a Abdicação de D. Pedro I (1831), e a tríade Abolição (1888), República (1889) e Constituição (1891).

O que se defende aqui, reconhecendo o 7 de abril de 1831 como momento importante na efetiva consolidação da Independência brasileira, é a introdução de duas modificações na periodização de Décio Saes. A primeira diz respeito ao recuo da data de início da formação do Estado Burguês no Brasil, para 1850. A segunda modificação prolonga o marco final da constituição do Estado Burguês no Brasil, para a promulgação do Código Civil Brasileiro, em 1916.

Vários autores observaram que a transplantação da Corte Portuguesa para o Brasil produziu uma situação singular no contexto latino-americano. A vinda da Corte significou, na prática, a transmigração do aparato de poder metropolitano para a colônia. De fato, em 1808, e de direito, em 1815, com a elevação do Brasil a Reino Unido ao de Portugal e Algarves, e mais tarde com a Independência, em 1822, o Brasil tornou-se independente sob a tutela da dinastia bragantina. Caio Prado Jr., em *Evolução Política do Brasil* (1957), analisou as implicações desta *transação* sobretudo na medida em que isso implicou alijamento do povo no processo de constituição do Estado e da Nação.

Esta mesma ideia foi retomada e ampliada, em *Conciliação e Reforma no Brasil* (1965), por José Honório Rodrigues, que buscou avaliar o significado político-ideológico das recorrentes *"conciliações"*, que marcam a história brasileira: as transações e acordos entre as elites que interditaram o povo em momentos decisivos da construção do Estado e da Nação, como no caso da Independência e da República.

Outros autores, como Raymundo Faoro, em *Os Donos do Poder* (FAORO, 1958), chamaram a atenção para o significado político-cultural da continuidade da tradição portuguesa sobre nossas instituições jurídico-políticas. Na mesma direção e extraindo daí implicações gerais José Murilo de Carvalho, em *A Construção da Ordem* (CARVALHO, 1981), disse algo que se assemelha ao seguinte: a ausência de uma efetiva revolução burguesa no Brasil, a fragilidade de sua estrutura de classes, e, sobretudo, a fragilidade da burguesia, impuseram às elites políticas, em particular a um grupamento técnico-burocrático, um papel central na constituição do Estado. Foi este o sentido da ação de homens como Bernardo Pereira de Vasconcelos, da chamada trindade Saquarema, do Marquês do Paraná, de Nabuco de Araújo, do Visconde do Rio Branco, entre outros, esteios da consolidação do Estado Imperial no Brasil.

No geral, pode-se dizer que o período em questão, 1808-1850, tem três subperíodos marcantes. O primeiro de 1808 a 1831, o segundo de 1831 a 1840, e o terceiro de 1840 a 1850. No primeiro que, com Décio Saes, chamaremos de Semicolonial, temos no fundamental uma estratégia de continuidade da hegemonia portuguesa que acabou por fracassar e foi sintetizada na disputa entre o chamado *Partido Brasileiro* e o *Partido Português*. Esta etapa encerrou-se com a *Abdicação*, que marcou a vitória do Partido Brasileiro, isto é, a efetivação da Independência, que, em 1822, ocorreu conservando uma grande ambiguidade representada pela hegemonia do Partido Português em várias atividades e setores importantes da jovem Nação. A dissolução da Constituinte, em 1823; a outorga de uma Constituição, em 25 de março de 1824, centralizadora e sancionadora de poder exorbitante do Imperador; a reação democrática à esta constituição representada pela Revolução Pernambucana, de 1824; culminando na perda de prestígio do Imperador e do virtual clima de Guerra Civil, de que a *Noite das Garrafadas*, em março de 1831, é prenúncio; foram manifestações de uma disputa surda entre os interesses divergentes do senhoriato "brasileiro" e os interesses *portugueses* ainda presentes no país.

Tais diferenças e conflitos se deram no interior do senhoriato e não questionaram nem o caráter escravista da economia, nem a dominação inglesa que, de fato, substituiu Portugal como potência dominante.

Nesse sentido, a *Abdicação*, para o senhoriato brasileiro, não foi senão a confirmação de sua hegemonia política e econômica. Contudo, o período que se seguiu à Abdicação, o período Regencial, foi de extraordinária agitação e experimentação. Foi como se a sociedade despertasse de sua tutela secular com uma fome voraz de mudanças. As revoltas províncias, que marcaram o período, e as respostas institucionais que se lhe deram, são o mais próximo que tivemos de explicitação maciça de interesses democráticos e populares.

Estes movimentos, como se vai ver, tiveram tendência pendular. Se houve um conjunto de conquistas democráticas, de descentralização do poder de garantia de direitos, houve também, encerrando o período, a restauração da centralização, a revogação das medidas democratizantes, a consolidação do Império, com o Segundo Reinado, a partir de 1840, como unidade, centralização e baixa representatividade social. Na verdade, ainda depois de 1840, houve processos de resistência à ordem centralizadora, como a Revolução Liberal, de 1842, e como a Revolução Praieira, de 1848 (NABUCO, 1975).

Dois momentos marcaram esta etapa de afirmação de valores descentralizadoras e democratizantes: em *1832* – a aprovação do Código do Processo criminal, que instituiu o *habeas corpus*, o júri popular e a descentralização do poder judiciário; e em 1834 – a aprovação do Ato Adicional à Constituição que, fundamentalmente, distribuiu poder para a Províncias (FAORO, 1958, p. 156-162).

Estes dois instrumentos legais e mais a criação da Guarda Nacional, em 1831, foram as expressões políticas da hegemonia do senhoriato, das oligarquias regionais, que, afinal, pareceram empalmar o Estado, transformado, a partir daí, em aparelho do domínio dos grandes proprietários. Diz Fernando Uricoechea – "a Guarda Nacional, uma associação estamental de homens livres que tornou possível o experimento mais sistemático e intensivo de dominação patrimonial na América Latina durante o Século XIX." (URICOECHEA, 1978, p. 15).

Sobre o caráter patrimonial do Estado brasileiro muito se escreveu. O conceito do patrimonialismo, derivado de Maquiavel e retomado por Weber, teve em Raymundo Faoro um intérprete seminal e acabou repercutindo sobre tradição importante dos estudos sobre a formação do Estado no Brasil representada pelos trabalhos de Fernando Uricoechea e Simon Schwartzman, entre outros.

No essencial esta discussão estabeleceu um traço básico da formação do Estado no Brasil, que foi a promiscuidade entre o público e o privado, que foi a reiteração dos interesses privados, dos interesses patrimoniais, no bojo mesmo da constituição da maquinaria impessoal do Estado. De tal modo, que, até hoje, é possível dizer que tem sido frágil e ambígua a República no Brasil.

A abdicação de D. Pedro I abriu caminho para um enfrentamento político em que o Partido Português defrontou-se com o Partido Brasileiro, dividido entre moderados e exaltados. Se a hegemonia foi dos moderados, até 1836, a partir daí eles vão constituir um novo Partido, o Conservador, ao qual foram se juntar os restauradores. Foi este partido, liderado por Bernardo Vasconcelos, que criou as condições para a consolidação do Império e seus atributos definidores – a unificação, a centralização e a baixa representatividade popular.

A grande questão que marcou a primeira metade do período provincial foi a perda do controle, por parte do senhoriato, do jogo político. As reformas liberalizantes, de 1832 e 1834, não ficaram restritas à manipulação das elites. Tanto os setores apeados do poder com a Abdicação, quanto as camadas populares rurais e urbanas, historicamente alienados da participação política, viram o novo quadro como possibilidade, até então inédita, de explicitação de demandas sociais e políticas substantivas. O enfraquecimento do poder central, a ruptura do monolitismo do senhoriato, permitiram a emergência de tensões e conflitos motivados por diversas perspectivas e interesses. José Murilo de Carvalho listou a existência de 6 rebeliões entre 1831 e 1832, na corte, envolvendo a tropa e o povo; a revolta chamada de Setembrizada, em 1831, em Recife, envolvendo a tropa. O movimento de Novembro, também em Recife, em 1831, envolvendo também a tropa; em 1832, em Pernambuco, foi a vez da *Abrilada*, também envolvendo a tropa; entre 1831 1832, no Ceará, teve lugar a revolta de *Pinto Madeira*; mais importante, com repercussão e dimensão social, foi a *Revolta dos Cabanos*, em Pernambuco e Alagoas, movimento restaurador, que envolveu pequenos proprietários, camponeses, índios e escravos; de 1832-33 foi a *Crise Federalista*, em Salvador, envolvendo a tropa; de 1833 em Outro Preto, foi a da Sedição de Ouro Preto, envolvendo a tropa." De 1834-35, a *Carneirada*, em Recife, envolvendo a tropa. Entre 1835 e 45 a *Revolta Farroupilha*, separou o extremo sul do país do Império, constituindo República autônoma, comandada por estancieiros e charqueadores; de 1842 a *Revolução Liberal*,que congregou grandes proprietários de Minas Gerais, Rio de Janeiro e São Paulo; de 1848-49 a *Revolução Praieira*, liderada por proprietários teve considerável participação popular; finalmente, registrem-se as Grandes Revoltas, em que o conteúdo popular foi manifesto e importante: a *Cabanagem*, no Pará, entre 1835 e 1840; a *Sabinada*, em Salvador entre 1837 e 38; a *Balaiada*, no Maranhão, entre 1838 e 1841, movimentos de que participaram proprietários, camponeses, povo e escravos. E a grande *Revolta dos Malês*, em 1835, em Salvador (CARVALHO, 1988, p. 13).

Essa sucessão de revoltas, esse turbilhão político tiveram o papel de ressoldar a coalizão do senhoriato. Apelando para a necessidade da restauração da ordem pública, e, sobretudo, usando como argumento principal a ameaça do esfacelamento da unidade nacional, o Partido Conservador construiu as condições para a Lei de Interpretação do Ato Adicional, em 1840, para a antecipação da maioridade de Pedro II, também em 1840, e para a Reforma da Guarda Nacional e do código do Processo Criminal, em 1841, que significaram, na prática, a consolidação do poder imperial e sua quase absoluta centralização de poderes. Diz Faoro – "Com o código do processo e o Ato Adicional, os senhores territoriais, armados da ideologia liberal, ascenderam ao poder. Não o puderam conservar, entretanto, incapazes de manter a tranquilidade pública. O espetáculo da anarquia os desterrará, novamente, para seus latifúndios, renascendo o estamento burocrático, dos escombros a que o reduziu o 7 de abril." (FAORO, 1958, p. 162).

Ao longo do tempo consolidou-se posição que viu o período regencial como "tumba da paz, da tranquilidade pública". Esta posição tem sido partilhada por gerações de estudiosos, de diversas perspectivas teóricas, que, afinal, têm a unificar-lhes a mesma atribuição de motivação separatista à mobilização popular.

Se não é possível atribuir aos movimentos populares, no período regencial, maior consistência ideológica ou organizativa, como diz Caio Prado Jr. (PRADO JR., 1957, p. 63), não se subestime o seu significado como expressão da emergência da vocalização de interesses difusos de camadas populares, numa sociedade ainda em formação. A força e a contundência de sua expressão de massas, a ameaça real que estes movimentos representaram para a ordem senhorial, produziram, afinal, um efeito que até agora se faz sentir: a consolidação de uma ideologia conservadora e de uma política de Estado, que procurarão, permanentemente, o controle dos movimentos sociais mediante a tutela, a repressão e a cooptação.

Debelado o último foco de resistência com o fim da Revolução Praieira, em 1848, o Estado Nacional Brasileiro pareceu consolidado. Seus instrumentos foram: 1) centralização do poder imperial, o exercício do Poder Moderador, isto é, o controle do senado (câmara vitalícia de sua escolha) e do Conselho de Estado. 2) a lei de Interpretação do Ato Adicional, em 1840, que restaurou o fundamental da Constituição de 1824; 3) a Reforma do Código do processo Criminal, em 1841, que recuperou poderes para o âmbito central do aparelho judiciário. 4) a Reforma da Guarda Nacional e sua subordinação ao Exército, em 1841; 5) o Regime Parlamentar, instaurado em 1847, com a criação do cargo de Presidente do Conselho de Ministros; 6) a legitimação da intervenção do Imperador sobre o governo e o mito da alternância partidária à frente do governo. Foram estes os fios da trama, espessa e consistente, que conformou a longa dominação imperial, quase sem sobressaltos de 1840 a 1889. O fio de ouro deste tecido foi a invenção da *Conciliação*. Criada por Honório Hermeto Carneiro, Marquez do Paraná, em 1853, a *Conciliação* (1853-1858) foi a expressão mais acabada de eficácia da dominação imperial no Brasil (NABUCO, 1975, pp. 1023-1052).

3.7. O estado burguês no Brasil (1850-1916)

As dimensões decisivas da constituição do estado burguês no Brasil foram estabelecidas entre 1850 e 1916. O início deste processo foi comandado pelo Partido Conservador, o que, certamente, determinou seus limites e propósitos, o que não significa, no entanto, dizer que teria sido diferente o quadro, em suas implicações fundamentais, se tivessem sido os liberais a fazê-lo. Vários estudiosos do tema chamaram atenção para o fato básico, que marcou todo o processo, que é o papel "implementador das políticas liberais" que os conservadores exerceram nos longos períodos que estiveram no governo. Entre outras ações "progressivas", estão a Proibição do Tráfico de Escravos, em 1850; a Lei do Ventre Livre, em 1871; a Lei dos Sexagenários, em 1885; a Abolição em 1888, todas medidas tomadas por gabinetes conservadores.

O período que se vai considerar aqui inicia-se em 1850, com a efetivação de três medidas cruciais – *O Fim do Tráfico de Escravos, A Lei de Terras* e o *Código Comercial* – e tem seu término com a *Abolição*, em 1888, com a *República*, em 1889, com a *Constituição* de 1891, e explicita o essencial de seu significado com o *Código Civil*, de 1916.

O que caracterizou este período, o que fez dele a época da constituição de Estado burguês no Brasil, é o fato dele abrigar a instauração dos mercados de terra, trabalho e capitais, além de estabelecer os contornos jurídico-institucionais de uma sociedade em que a propriedade privada seria soberana e incontrastável. Inicie-se pela análise da lei n. 601, chamada *Lei de Terras*, de 18 de setembro de 1850. Este instrumento legal fez parte de uma estratégia, que tendo em conta o chamado *efeito Wakefield*, buscou enfrentar tanto a inevitabilidade da abolição, quanto a necessidade de oferta de trabalho para a lavoura num contexto de *fronteira aberta*. Neste sentido a *Lei de terras* e o que ela estabeleceu, em termos de imposição de um mercado de terras – bloqueou o acesso à terra tanto ao campesinato nacional, quanto aos imigrantes, que se queria atrair. A consequência disto foi a permanência, de um lado, do latifúndio, em áreas estagnadas e tradicionais da lavoura cafeeira, canavieira e da pecuária, e de outro lado, a reconcentração da terra em áreas dinâmicas da expansão cafeeira. Combinada com a política da imigração, a *Lei de terras* foi um dos esteios centrais da acumulação primitiva de capital em sua versão brasileira, pioneiramente ocorrida em São Paulo.

A constituição do mercado de trabalho livre no Brasil teve início com a Lei *Eusébio de Queiroz*, em 4 de setembro de 1850, com a *Lei do Ventre Livre*, Lei (*Rio Branco*), em 28 de setembro de 1871, com a *Lei de Locação de Serviços*, de 1879, que regulou as parcerias agrícolas e pecuárias, mediante o estabelecimento das regras dos contratos; com a *Lei dos Sexagenários*, ou Lei Saraiva – Cotegipe, de 28 de setembro de 1885; finalmente, com a Lei Áurea, de 13 de maio de 1888, que concluiu o processo abolicionista.

O Código Comercial, lei n. 556, de 25 de junho de 1850 e seu Regimento e lei complementares, foram um repositório de prescrições que estabeleceram a moldura jurídica da plena constituição das relações de mercado no Brasil. Em seus ordenamentos o Código Comercial regulou o funcionamento dos bancos, as regras cambiais, a formação de empresas, as regras dos contratos, o sistema de crédito, etc. Veja-se a sequência de leis complementares ao *Código Comercial*: lei n. 1085, de 22 de agosto de 1860, que limitou a emissão de dinheiro pelos bancos; Decreto n. 2692, de 14 de janeiro de 1860, que regulamentou as casas de penhores e empréstimos; Decreto n. 2741, de 1º e dezembro de 1860, que estabeleceu as regras para a criação e organização de Bancos e Sociedades Anônimas; Decreto n. 5585, de 11 de abril de 1874, que regulamentou a marinha mercante, a indústria de construção naval e o comércio de cabotagem; a lei n. 3129, de 14 de outubro de 1882, que regulamentou a concessão de patentes; a lei n. 3150, de 4 de novembro de 1882, que deu nova regulamentação às sociedades anônimas; o Decreto n. 8820, de 30 de dezembro de 1882, que regulamentou a lei sobre patentes; o Decreto n. 8821, de 30 de novembro de 1882, que regulamentou a lei n. 3150 sobre as sociedades anônimas; o Decreto n. 9549, de 23 de janeiro de 1886, que regulamentou a lei n. 3272, de 5 de outubro de 1885, sobre execução civil e comercial e hipotecária; o Decreto n. 3346 de 14 de outubro de 1887, que regulamentou o registro de falência; o Decreto n. 9828, de 31 de dezembro de 1887 que regulamentou lei sobre registro de marcas de fábricas e de comércio. Já no período republicano, o Decreto n. 164, de 17 de janeiro de 1890, que reformou a lei 3150, de 4/11/1882, sobre sociedades anônimas, que poderiam, a partir daí, constituírem-se sem autorização do governo; o escrutínio do governo só far-se-ia sobre Bancos e companhias que tivessem como objeto o comércio de alimentos e as empresas estrangeiras; o Decreto n. 165, de 17 de novembro de 1890, que regulamentou o crédito à lavoura e indústrias auxiliares; o Decreto n. 848, de 11 de outubro de 1890, que reorganizou a Justiça Federal, inclusive o processo comercial; o

Decreto n. 850, de 1 de outubro de 1890, que obrigou as sociedades anônimas à integralização de pelo menos 30% de seu capital em dinheiro; o Decreto n. 1362, de 11 de dezembro de 1891, que reorganizou as sociedades anônimas; o Decreto n. 1315, de 20 de abril de 1893, que regulamentou a corretagem sobre Fundos Públicos e Bolsa de Valores; o Decreto n. 1413, de 20 de julho de 1893, que regulamentou os títulos ao portador; o Decreto n. 1771, de 15 de setembro de 1893, que regulamentou a emissão de debêntures; o Decreto n. 294, de 9 de setembro de 1895, que regulamentou as companhias de seguros estrangeiros (ORLANDO, S.D.).

Um tema importante no referente à ação do Estado é o relativo ao seu papel no processo de industrialização. Neste sentido lembre-se Wilson Suzigan, que disse que só depois de 1930 o Estado teve um deliberado papel industrializante (SUZIGAN, 1986, p. 41). Contudo, não se subestime o papel decisivo do Estado na constituição de uma moldura institucional organizadora dos mercados. Também importante, nesse sentido, foi a trajetória das políticas tarifárias no Brasil. O caso brasileiro ilustra duas coisas fundamentais – 1) que tarifas, por si só não criam indústrias; 2) que, em que pese isto o Estado brasileiro buscou, mais de uma vez, ambiguamente, estimular a indústria nacional mediante proteção tarifária. Veja-se a sequência – 1844, a tarifa protecionista de Alves Branco; de 1857 a revisão livre cambista da tarifa Alves Branco; de 1867-69, o acúmulo de tarifas em função das necessidades da Guerra do Paraguai; de 1874 nova tarifa livre cambista; de 1879, elevação de tarifas por razões fiscais; de 1881, nova redução de tarifas; e seguiram-se revisões tarifárias em 1890, 1896, 1897, 1900 e 1905 (LUZ, 1981).

A Constituição brasileira, de 1891, foi, ao mesmo tempo, sinal da atualização do senhoriato brasileiro e a reposição de atávicas relações coloniais. Se foi liberal a Constituição, se criou república presidencialista, bi-cameral e federativa, à moda dos Estados Unidos, ao contrário de lá, este arranjo institucional, aqui, reiterou as crônicas condições de exclusão, de interdição de direitos sociais – "os direitos civis e políticos das classes trabalhadoras foram limitados: o sufrágio universal coexista com a interdição aos votos de analfabetos (...); a liberdade de reunião e associação foi vagamente definida e, na prática, restrita, pois ela podia ser suspensa (mediante intervenção policial), caso isso fosse necessário "para manter a ordem pública" (...); a primeira lei sindical (Decreto-lei n. 979, de 1903, regulamentado pelo Decreto-lei n. 6.532, de 1907 só reconhecem aos trabalhadores rurais o direito de constituírem sindicatos e assim mesmo, sob a forma de corporações profissionais mistas (patrões e trabalhadores numa mesma entidade)." (SAES, 1985, p. 351).

Mas, o essencial, de fato, o que distinguiu o caso brasileiro do americano, o que tornou "fora de lugar" a Constituição brasileira como reprodução da americana, foi o fato básico de que lá ocorreram reformas liberais sobre a propriedade de terra, sobre o sistema educacional, além de decisivos investimentos em transportes, comunicações, em infraestrutura básica, de reforma agrária. A ausência da distribuição primária da renda tornou o conjunto de direitos individuais previstos na constituição brasileira e nos demais ordenamentos jurídicos, ilusório, afinal, legitimador de uma ordem social excludente e desigual.

Isto está exemplarmente posto, no caso brasileiro, quando se considera o *Código Civil*, de 1916. Este diploma, que pelo seu título parece prometer garantias de direitos da cidadania, acabou por ser, de fato, um inventário de direitos individuais, sobretudo o direito de herança, de transmissão de bens, direitos, dos que têm propriedade (GOMES, 1958).

4. A questão do desenvolvimento

4.1. Introdução

Com a modernidade se impuseram a sensação da aceleração do tempo, a vertigem com relação a um mundo que parece constantemente em transformação, a perplexidade frente à uma realidade que não garante certezas. Na longa pré-modernidade, da Antiguidade à Idade Média, prevalecera uma ordem estática, fechada, onde tudo estava em seu lugar como resultado de mandato divino e irrecorrível. O conceito criado na pré-modernidade para dar conta do "mundo", isto é, da "natureza", a humanidade incluída, é o de *Cosmos*. Para Alexander Koyré, a instauração da modernidade passa pela dissolução do conceito de *cosmos*, diz ele: "A dissolução do cosmo significa a destruição de uma ideia: a de um mundo de estrutura finita, hierarquicamente ordenado, de um mundo qualitativamente diferenciado, do ponto de vista ontológico. Este é substituído pelo de um universo aberto, indefinido e mesmo até infinito, que as mesmas leis unificam e governam." (KOYRÉ, S.D., p. 18).

A revolução decorrente do abandono do conceito de *cosmos*, permitiu a emergência da ciência moderna, isto é, a desconstituição da centralidade, no plano das ideias, da teologia e da metafísica, e foi coetânea à decisiva desconstituição de instituições centrais da Idade Média: o Papado e o Império, herdeiros das tradições romano-germânicas.

Max Weber é um dos mais importantes pensadores sobre a modernidade. Suas teses têm ampla difusão e grande poder de síntese. Para Max Weber a modernidade se caracterizaria pela imposição da "racionalização como critério-valor dominante em decisivas esferas da vida social, a saber, no plano do conhecimento, da arte e da ética. A vitória da "racionalização", para Weber, teria "desencantado" o mundo, isto é, expulsado do mundo suas entidades tutelares: deuses, tabus, mitos, que não só organizaram o mundo quanto o protegiam. A modernidade, a luz implacável da razão, não teria deixado lugar para o mistério, para as maravilhas: o mundo geometrizado, "a matematização (geometrização) da natureza e, por consequência, a matematização (geometrização) da ciência." (KOYRÉ, S.D., p. 17).

De todo modo, a modernidade se fez e se fez hegemônica. Esta revolução foi feita tanto por ideias, quanto pela ação concreta de indivíduos, grupos, classes. Disse Paul Hazard: "A uma civilização fundada sobre a ideia de dever, os deveres para com Deus, os deveres para com o príncipe, os "novos filósofos" tentaram substituí-la por uma civilização fundada na ideia de direito: os direitos da consciência individual, os direitos da crítica, os direitos da razão, os direitos do homem e do cidadão." (HAZARD, 1952, p. XIII).

A modernidade significou a constituição de um novo universo de sujeitos, ideias, instituições, artes, técnicas, ciências, relações sociais. São instituições constitutivas da modernidade: a cidade moderna, nascida nos séculos XI/XII; a universidade, criada no final do século XII, início do XIII; o Estado moderno, que sendo pioneiro em Portugal, no século XII, foi concebido como obra de arte, como constructo humano, no século XVI, a partir da obra de Maquiavel; o mercado mundial ampliado pelas navegações portuguesas, a partir do século XV; o Renascimento e as Reformas Protestantes; a revolução da ciência moderna com Copérnico, Galileu, Kepler, Newton, nos séculos XVI-XVII; a empresa moderna; a contabilidade; o sistema legal.

Lembre-se, novamente, Max Weber, para dizer que o fato a estas instituições típicas da modernidade tenham sido subsumidas pelo capitalismo, não significa dizer, seja que o capitalismo as tenha criado, seja que tenham sido elas a criarem o capitalismo. Com efeito, o que Max Weber disse, sobre a relação entre modernidade e capitalismo, é que há "afinidades eletivas" entre eles, o que exclui qualquer sorte de determinismo unilateral.

De fato, há interpretações, com grande audiência, ainda hoje, que persistem em ver a modernidade como criadora do capitalismo. Nada mais inexato. As instituições características da modernidade são todas resultados de relações sociais típicas das cidades: a universidade, o Estado, o comércio a longas distâncias, o Estado, a revolução científica, o Renascimento. Por sua vez, o capitalismo nasceu no campo, sedo o resultado de transformações nos métodos de produção agrícola, que aumentando a produtividade do trabalho, permitiram a produção crescente de excedente, de mais-valor, base da acumulação ampliada de lucros e de capital. Inicialmente instalado fora da cidade, o capitalismo, fortalecido pela ampliação da escala da geração de lucros, invadiu a cidade, destruiu as velhas estruturas artesanais-corporativas, assumiu a hegemonia do processo produtivo e revolucionou o modo de produção, como um todo, com a imposição da Revolução Industrial, entre o final do século XVIII e primeira década do século XIX (WOOD, 2001).

A síntese da gênese do capitalismo que se trouxe aqui não tem pretensão de estabelecer um padrão, um roteiro incontornável a que todos os países ou regiões teriam que seguir. Cada país, cada região, experimentou, ou experimentará, seu próprio caminho de desenvolvimento histórico em que o capitalismo é uma possibilidade, entre outras modalidades de organização econômico-social, como nos mostraram Karl Polanyi, Alexander Chayanov, Marshall Sahlins, Pierre Clastres, Eduardo Viveiros de Castro, entre outros autores.

Vitorioso, o capitalismo na Inglaterra buscou hegemonizar o mundo inteiro, seja como fábrica do mundo, seja pela busca de hegemonia política e cultural.

Entre as instituições características da modernidade, não estão as nações. As nações, propriamente ditas, são realidades do século XIX. A "questão nacional", como os velhos marxistas a chamavam, está situada na intersecção da política, da tecnologia e da transformação social. As nações existem não apenas como funções de um tipo particular de Estado territorial ou da aspiração em assim se estabelecer – amplamente falando, o Estado-cidadão da Revolução Francesa –, como também no contexto de um estágio particular de desenvolvimento econômico e tecnológico." (HOBSBAWM, 1991, p. 19).

A contemporaneidade da Revolução Industrial da emergência das nações modernas, faz com que os dois processos apareçam, muitas vezes, como coextensivos, e, sobretudo, acaba por obscurecer, que o que hoje chamamos de "processos de desenvolvimento econômico e social", sejam, de fato, em casos históricos emblemáticos, "revoluções nacionais". É por isso que não é costume se chamar de "processo de desenvolvimento econômico e social francês", a Revolução Francesa, ou de "processo de desenvolvimento econômico e social norte-americano" a Independência, de 1776, e a Constituição, de 1787. Com efeito, nestes casos, há uma completa aderência do objeto ao seu conceito. Ao se falar de *Revolução*, se está falando de transformações sociais, políticas, culturais, econômicas e tecnológicas estruturais, que, neste sentido, devem ser entendidas como atributos essenciais do que se deve entender por processo de desenvolvimento econômico e social.

4.2. As revoluções burguesas

Eric Hobsbawm escreveu um livro referencial sobre as chamadas "revoluções burguesas". No essencial elas materializaram, política, social, econômica e culturalmente a vitória do capitalismo, das instituições, da sociabilidade característica de uma ordem social competitiva, privatista, individualista (HOBSBAWM, 1964). Que esta ordem possa também ser democrática é algo que não lhe é constitutiva, sendo resultado de escolhas e disputas políticas, e, havendo mesmo, quem, como Ellen Wood, que veja contradição entre a plena vigência do capitalismo sem freios e a democracia (WOOD, 2009).

Sabe-se que a Revolução Francesa foi, em uma das suas vertentes, basicamente democrática. Rousseau foi a figura tutelar, que imantou as melhores expectativas que a Revolução suscitou. É também filha da Revolução a vertente "sans culotte", que a queria revolução social, para além de revolução política. No entanto, o que vai, efetivamente, prevalecer como resultado concreto da Revolução Francesa foi a dominação do interesse do grande capital francês, que Napoleão Bonaparte cuidou de expandir em disputa com o protagonismo britânico.

Com efeito, a Revolução Francesa foi processo massivo, com amplo apoio do campesinato, de setores médios da grande burguesia, na medida mesmo em que, efetivamente, resultou numa Reforma Agrária, que democratizou o acesso à educação tornada laica e republicana, que estabeleceu, com o *Código Civil*, chamado napoleônico, de 1802, as condições de vigência da propriedade privada e dos direitos individuais, que significou, enfim, um significativo impulso para a acumulação de capital por meio da expansão militar, política e econômica do governo napoleônico. Nesse sentido, a Restauração Bourbon, 1815-1830, foi interregno, que não alterou o essencial da ordem burguesa instaurada com a Revolução de 1789, o que faz com que a Revolução de 1830, que depôs Carlos X e trouxe ao trono o rei burguês, Luís Filipe, deva ser vista como um capítulo tardio da luta contra o Antigo Regime na França. Coisa diferente significou a Revolução de 1848. Trata-se aqui da, explicitamente, primeira manifestação, na cena política, da classe operária, que, ainda em formação, se colocou construir o socialismo, rompendo, radicalmente, com a ordem burguesa. A Revolução de 1848 na França não foi a repetição do confronto entre Terceiro Estado e ordem feudal, mas a presentificação do primeiro grande embate entre burguesia e proletariado, no âmbito de um capitalismo já plenamente constituído.

A França consolidou-se como potência capitalista como resultado da Revolução Francesa e seus desdobramentos políticos, econômicos, sociais e culturais que, efetivamente, garantiram a distribuição da renda, da riqueza e da informação, e deram estabilidade à ordem burguesa, mesmo na vigência de regimes autoritários, como foram os casos dos "18 brumários" do tio e do sobrinho, em 1799 e 1851, o verdadeiro e sua contrafação, que, no entanto, foram igualmente efetivos em suas funções de guardiães dos interesses do grande capital (MARX, 1972 e 1969).

A outra grande experiência histórica de desenvolvimento capitalista, por meio de revolução democrático-burguesa, é a dos Estados Unidos. Para Hannah Arendt, até mais que a Francesa, a revolução, por antonomásia, seria a americana, por seu caráter essencialmente liberal (ARENDT, 1988). Se é um fato incontestável a forte adesão norte-americana aos princípios liberais, não é o caso de ignorar a existência de tensões políticas e ideológicas importantes, que vão marcar a história americana nos seus primeiros tempos, nem uma igualmente forte adesão ao pragmatismo, como uma das marcas da cultura norte-americana.

Nos primeiros tempos da nação independente, o conflito entre "federalistas" e "republicanos" representados, respectivamente, por Alexander Hamilton e Thomas Jefferson traduziu, de fato, uma clivagem decisiva sobre o país que se queria construir: se uma república social baseada na pequena propriedade rural, como defendia Jefferson, se uma nação urbana, industrial e hegemonizada pelo grande capital, como defendia Hamilton (PARRINGTON, 1941). No centro da disputa entre essas duas correntes estava, de fato, uma questão clássica da filosofia e da história política, a disputa entre o liberalismo em sua versão lockeana, e o ideal democrático expresso, exemplarmente, pela perspectiva de Rousseau. É isso que está na base da mudança realizada por Jefferson na tríade de direitos fundamentais de Locke – o direito à vida, à liberdade e à propriedade – que, na Declaração de Independência Americana, redigida por Jefferson, foi alterado para consagrar como direitos fundamentais da nova nação: o direito à vida, à liberdade e à busca da felicidade.

De fato, o período entre a Declaração da Independência, em 1776, e a promulgação da Constituição Americana, em 1787, foi marcado por uma disputa política, que inicialmente pareceu ser vencida por Jefferson, mas que, na prática, vai consagrar, efetivamente, os interesses defendidos por Hamilton, os interesses do grande capital. Não importa, nesse caso, que Hamilton não tenha vivido o suficiente para ver a vitória de sua política, e que

Jefferson tenha exercido a presidência dos Estados Unidos, no início do século XIX.

O propalado e efetivo liberalismo norte-americano não impediu que, durante os anos cruciais de consolidação da nação, depois da guerra da Independência, o liberal Hamilton tivesse adotado importantes políticas intervencionistas, no referente ao sistema bancário e ao desenvolvimento industrial, políticas que influenciaram, decisivamente, a tese da proteção da indústria nascente, que Friedrich List elaborou com base na observação direta da experiência norte-americana e que ele levou para a Alemanha, contribuindo para a formação das bases teóricas e ideológicas da industrialização alemã, a partir de seu livro, de 1841, *Sistema Nacional de Economia Política* (FENELON, 1973; LIST, 1944).

Com efeito, a confirmação de uma estrutura política, baseada na alternância no governo entre dois partidos política e ideologicamente burgueses, tem sido a confirmação de uma sólida hegemonia burguesa, em que republicanos e democratas no governo, que, diferenciam-se em algumas questões importantes – no referente à política externa (mais ativa entre os democratas); no referente às políticas econômica e social, que os republicanos praticam segundo liberalismo estrito – observam uma perfeita coincidência com relação ao atendimento aos interesses básicos da dominação capitalista.

Com efeito, o que distingue o capitalismo dos Estados Unidos, do capitalismo em outros lugares é que ali ele se achou em casa, desde o início. Foi essa extraordinária aclimatação ao capitalismo que Alexis de Tocqueville surpreendeu em seu ainda hoje referencial *A Democracia na América*, escrito a partir de visita aos Estados Unidos, nos anos de 1831-32. Nos Estados

Unidos o capitalismo encontrou sua pátria eletiva, ali as condições sócio-político-culturais deram ao capitalismo seu húmus mais nutritivo. Tocqueville disse que as forças constitutivas básicas da nação norte-americana eram o localismo, o privatismo e o individualismo (TOCQUEVILLE, 1962). Se a esses três elementos se se adicionar o pragmatismo, que é corrente filosófica típica dos Estados Unidos, ter-se-á uma moldura política, social e cultural, que é o leito perfeito para o desenvolvimento da ordem social competitiva no qual o pragmatismo é elemento decisivo. Pragmatismo, assim definido por JAMES – "O pragmatismo está disposto a tomar tudo, a seguir ou a lógica ou os sentimentos e a contar com as experiências mais pessoais e mais humildes. Levará em conta as experiências místicas se tiverem consequências práticas. Acolherá um Deus que viva no âmago do fato privado – se esse lhes parecer um lugar provável para encontrá-lo." (JAMES, 1974, p. 22).

Às treze colônias originais, que estão na base dos Estados Unidos, somaram-se outros territórios, a oeste da faixa atlântica, até o Pacífico. Esse processo, foi resultado de vultosos investimentos, em canais e ferrovias e massivo movimento migratório. É costumeiro situar o período pós 1812, final da Segunda Guerra da Independência, como início de uma expansão econômica, que se manteve até 1860. O crescimento econômico, verificado nesse período, deveu-se, em muito, à expansão do sistema de transportes, em particular à expansão das ferrovias, direta e indiretamente, seja pelo barateamento dos custos de transportes, seja pela integração do mercado interno, seja pelos efeitos de encadeamentos industriais, para frente e para trás, que gerou. O fato concreto é que, em 1860, os Estados Unidos já tinham se tornado uma potência econômica e industrial considerável. Ainda não chegara a hora em que se afirmariam como gigante industrial, isso ocorreu, a partir de 1880, em parte pelo modo como decisivas contradições, que levaram à guerra civil, 1861-1865, foram enfrentadas: as questões da terra e da força de trabalho, por meio da lei de terras e do fim da escravidão, 1862 e 1863. Decisiva, também, foi a concomitância do processo de industrialização norte-americano com a chamada Segunda Revolução Industrial. A revolução na indústria siderúrgica, pela implantação dos métodos Bessemer e Siemens-Martin; o surgimento e expansão da indústria do petróleo e da eletricidade; da indústria automobilística, da indústria química fina e pesada, setores em que o protagonismo norte-americano foi efetivo (NORTH, 1969).

Em 10 anos, entre 1870 e 1880, os Estados Unidos que já eram a segunda nação mais industrializada do mundo, só superada pelo Reino Unido, assumiram a primazia, ao mesmo tempo em que a Alemanha, já na primeira década do século XX, deslocou o Reino Unido da segunda posição.

Um outro caminho histórico do desenvolvimento industrial no século XIX é o que Lênin chamou de "via prussiana" e abarca as experiências da Alemanha e do Japão, e foi superiormente estudado por Alexander Gerschenkron. A questão que Gerschenkron buscou responder é: quais teriam sido os elementos político-institucionais mobilizados, por alguns países, que lhes teriam permitido superarem o atraso econômico colocando-os, em tempo relativamente curto, entre as nações líderes do desenvolvimento capitalista? Para Gerschenkron, haveria um elemento básico, quase um pressuposto do êxito das nações, que aceleraram seus processos de desenvolvimento industrial, que é a possibilidade de adotarem, sem os custos e riscos dos inovadores, técnicas e processos testados e efetivamente eficazes. Diz Gerschenkron – "o fato de poder copiar a técnica – fator que Veblen acentuou tão adequadamente – é um dos elementos que mais podem contribuir para um país que inicia sua industrialização, a consecução de um ritmo rápido de desenvolvimento." (GERSCHENKRON, 1968, p. 18).

Esse elemento básico, a possibilidade de copiar técnicas bem sucedidas, de fato, é parte de um todo, de um arranjo político-institucional, em que, cada país, à sua maneira, cria as condições para o desenvolvimento industrial. Tanto no caso alemão, quanto no japonês o Estado foi o sujeito decisivo do processo de modernização, industrialização e constituição das bases institucionais necessárias ao desenvolvimento capitalista. No caso japonês essa presença do Estado alcançou mesmo a produção material. A chamada Restauração Meiji, em 1868, a restauração do poder político e efetivo do imperador, não se limitou a criar a moldura institucional propícia para a acumulação de capital, incidindo diretamente no sistema produtivo, com o Estado chamando a si a iniciativa da montagem de uma indústria diversificada, transferindo posteriormente o controle dessas empresas para o setor privado, ele mesmo criado pelo Estado, que, assim, replicou, em toda a linha, o que Marx havia dito sobre o papel do Estado no processo de acumulação primitiva – o Estado produziu os produtores. Nas palavras de um historiador – "O governo japonês desempenhou um papel importante durante a era Meiji no estabelecimento das bases de uma rápida industrialização e na constituição e apoio à indústrias e serviços necessários para atingir seus objetivos econômicos e políticos. Contudo, a venda da maior parte das propriedades estatais ao setor privado, a partir de 1880, reduziu consideravelmente o tamanho do setor público, e, consequentemente, a participação direta do governo na indústria manufatureira mediante propriedade integral limitou-se a poucas empresas." (ALLEN, 1980, p. 156). Retirando-se do controle direto e imediato das empresas, não diminuiu a participação do Estado na condução dos negócios comuns do capitalismo japonês, que, desde o início, estruturou-se a partir de grandes grupos empresariais – chamados *Zaibatsu* – em estreita articulação com a governação Meiji – "Durante a era Meiji foram estabelecidas estreitas conexões entre estadistas que haviam definido a política a levar a cabo e famílias industriais que podiam proporcionar recursos e meios para apoiá-la. Em troca da ajuda financeira que prestavam ao governo, os zaibatsu adquiriram, de vez em quando, propriedades do Estado a baixos preços e recebiam valiosos contratos." (ALLEN, 1980, p. 162). Foi essa a origem dos Grandes Zaibatsu iniciais – Mitsui, Mitsubishi, Sumitomo, Yasuda.

O nome geral que se deu ao caminho de desenvolvimento que se está estudando nesse passo – via prussiana – remete a características que são comuns aos casos alemão e japonês, na medida em que nas duas situações foram centrais: a presença de um Estado intervencionista, autoritário e militarista; a existência de sistemas bancários organizados para financiarem empreendimentos de grande porte, que permitiram a articulação entre capital bancário e capital industrial, sob o controle do capital bancário; a concentração e a centralização do capital, que no caso do Japão resultou na formação de conglomerados empresariais – zaibatsu – enquanto na Alemanha predominaram os trusts e cartéis. Finalmente, Gerschenkron insistiu na importância da ideologia, dos fundamentos culturais das nações como instrumentos decisivos para o desenvolvimento econômico.

Tanto no Japão, quanto na Alemanha, a industrialização e modernização capitalistas vão mobilizar – manipular símbolos e valores. O *bushido*, o código de honra dos samurais, foi, mediante eficaz atualização e generalização, transformado em regra de comportamento geral de trabalhadores em relação a seus patrões, dos funcionários públicos em relação ao governo, dos militares em relação aos seus comandantes, definindo um sentido de pertencimento, de vinculação dos indivíduos à instituições, que sendo rigorosamente modernas, no sentido de burguesas e capitalistas, estão embebidas de um *ethos* cultural tradicional, funcionamento perfeitamente conveniente aos interesses do capital. Tais comportamentos, de civis e militares, foram particularmente decisivos na montagem de uma estrutura produtiva concentrada e moderna, de uma máquina de guerra expansionista e agressiva, que fizeram com que já em 1914, o Japão estivesse entre as sete economias mais poderosas do mundo (BENEDICT, 1988).

Também decisivos elementos no processo de desenvolvimento econômico capitalista na Alemanha foram a ciência e a tecnologia. É uma genuína criação alemã, a universidade moderna, a que combina ensino e pesquisa, isto é, a que se recusa a ser um simples repositório de conhecimento acumulado e que se coloca produzir conhecimento novo mediante esforço permanente e sistemático de pesquisa. É isso que foi inaugurado pela Universidade de Berlim, criada em 1810, e que foi momento importante da afirmação do projeto de uma Alemanha moderna, que superasse o quadro secularmente marcado por um ilusório e obliterante sonho de recomposição do sacro império romano-germânico, de que resultaram a fragmentação econômica, política e administrativa, e a ampla presença de resquícios feudais no conjunto da vida alemã., até 1871

Com efeito, não é pura coincidência que tanto Japão, quanto Alemanha, modernizados pela ação de despotismos e militarismos, tenham chegado ao paroxismo da barbárie fascista.

A terceira via de desenvolvimento capitalista no século XIX, que se vai examinar aqui, é a experimentada pela Itália. Tal como a Alemanha, também a Itália ressentiu-se do seu anacrônico apego à instituições em tudo dissonantes da modernidade. É o caso da força política, econômica e cultural exercida pelo Papado na Itália, até 1870. Até aquele momento, toda a parte central da Itália era controlada pelo Papado, a partir de valores e práticas pré-modernos, que referendavam privilégios e instituições antidemocráticas, antipopulares e antinacionais. É como repúdio a esses valores do Antigo-Regime, ainda presentes na Itália, que vai se dar o *Risorgimento*, movimento de unificação italiana, que, a partir de 1860, vai sacudir a Itália, culminando com a instauração do Estado Nacional Italiano, em 1870, sob a forma de uma monarquia constitucional.

Foi esse processo, ao qual não faltou apoio e presença popular, que Antonio Gramsci chamou de *Revolução Passiva*, pelo fato mesmo de que as transformações que engendrou acabarem por consagrar, sobretudo no sul do país, as velhas estruturas fundiárias, a concentração da renda, da riqueza e do poder nas mãos da velha classe dominante, simbolizada pelo Príncipe de Salina, personagem emblemático de *O Leopardo*, de Lampedusa, que entendeu a importância de "mudar alguma coisa para não mudar nada de essencial" do ponto de vista dos interesses dos poderosos. Eis a *Revolução Passiva*. Como diz Carlos Nelson Coutinho – "a casa real do Piemonte, sob a direção de liberais moderados, liderou um processo de "arranjos políticos" entre as várias classes dominantes das diferentes regiões italianas, algumas das quais buscavam ainda sua dominação em formas econômico-sociais do tipo feudal; com isso, as massas populares da península foram excluídas de qualquer papel determinante no novo Estado Nacional Unificado." (...) "um processo de modernização oposto à revolução popular "ativa" do tipo jacobino: enquanto esse tipo de transição ocorre quando uma classe ou bloco de classes conquista a hegemonia, mobilizando efetivamente as massas populares e conduzindo-as a uma eliminação radical da velha ordem, a "revolução passiva" consiste numa sequência de manobras "pelo alto", de conciliação entre diferentes segmentos das elites dominantes, com a consequente exclusão da participação popular." (COUTINHO, 1990, p. 175).

Seletivas e parciais que tenham sido as mudanças decorrentes da "Revolução Passiva", elas colocaram a Itália entre as sete maiores economias capitalistas do mundo, antes da guerra de 1914, posição que compartilhava então com os Estados Unidos, Alemanha, Inglaterra, França, Áustria-Hungria e Japão. Que o quadro das grandes potências capitalistas mundiais não tenha se alterado ao longo do século XX, a não ser pela substituição da Áustria-Hungria pelo Canadá, é fato que merece particular destaque, na medida em que isso nos obriga a pensar sobre as causas dessa longa estabilidade da liderança de certos países sobre a ordem capitalista, de que resulta reconhecer a existência de constrangimentos estruturais à entrada de novos sócios neste seleto grupo de sete, que ampliado pode chegar a oito, ou a nove, ou talvez a vinte como querem alguns, sem que essa ampliação seja de fato significativa em termos substantivos, tamanha a defasagem entre as grandes potências capitalistas e os países capitalistas periféricos.

4.3. Três vias do desenvolvimento econômico no século XX

Celso Furtado identificou três tentativas de superação do subdesenvolvimento, no século XX: 1) a coletivização dos meios de produção; 2) a prioridade à satisfação das necessidades básicas; 3) a busca de ganhos de autonomia externa (FURTADO, 1998, pp. 47-59). A primeira via refere-se à experiência da União Soviética; a segunda via diz respeito à prioridade à satisfação das necessidades básicas e tem em conta as experiências, que buscaram reformas estruturais tendentes à distribuição da renda e da riqueza; finalmente a terceira via – ganhos de autonomia externa – refere-se às experiências de certas nações asiáticas – Coréia do Sul, Taiwan, em particular – que vão enfatizar a expansão das exportações e os ganhos de competitividade internacional, mediante planejamento seletivo rigoroso e forte apoio governamental.

O fracasso da experiência soviética, os métodos que caracterizaram a longa dominação burocrática, em tudo incompatíveis com a essência mesma do socialismo, a liberdade e a igualdade, podem induzir à conclusão errônea que seria a subestimação da importância daquela experiência. De fato, é um grande equívoco ignorar a complexidade e a amplitude do que esteve em jogo com a Revolução Russa, em termos das auspiciosas expectativas que gerou, como capítulo inaugural de efetivo processo de plena emancipação humana.

Tão importante quanto buscar entender, em sua espantosa complexidade, a experiência soviética, é buscar entendê-la como fenômeno histórico, como fenômeno marcado pela imprevisibilidade, onde não há lugar para determinismos aprioristicos do tipo – não podia dar certo; estava escrito – até porque o que efetivamente prevaleceu, a dominação stalinista, foi uma entre várias tendências e possibilidades abertas pela Revolução de outubro de 1917.

Para a justa apreensão desse processo, vale a pena lembrar o quadro político-ideológico-cutural da Rússia, a partir de 1848. Mesmo não tendo vivido diretamente a onda revolucionária, que varreu a Europa entre 1848 e 1849, a Rússia também foi impactada por aquela "primavera dos povos". A "intelligentsia" russa foi a grande vocalizadora das grandes transformações que sacudiram a Europa. A velha ordem autocrática, fundada na servidão e na completa ausência de direitos democráticos, passou a ser alvo de uma atitude politicamente contestadora. Inicialmente no campo literário pela renovação de pensamento crítico. A partir das obras de Vissarion Bielinsky e Alexander Herzen, a cultura russa vai, na década de 1850, viver tempos de grande agitação e criatividade. Com efeito, o quadro de referências culturais ampliou-se superando a dicotomia eslavófilos x ocidentalistas, que vinha vincando a vida cultural russa, desde a década de 1830 (KOYRÉ, 1976).

Vista de conjunto, a vida política da Rússia, de 1848 até 1917, foi marcada pela disputa entre o populismo, o anarquismo e, no final do século XIX, pelo marxismo.

Foi Otto Maria Carpeaux quem chamou atenção para uma peculiaridade histórica, que distingue a Rússia no continente europeu, do qual também é parte. É que a Rússia não teria experimentado nenhuma das transformações culturais centrais da modernidade: nem Renascimento, nem Reforma, nem Contrarreforma. Desse fato, teria resultado espesso insulamento, que teria marcado, secularmente, a Rússia, só rompido, atrabilariamente, pela vontade irrecorrível de Pedro, o Grande, entre o final do século XVII e início do XVIII, que buscou atualizar, pela força, a vida cultural russa ao mais avançado da vida europeia (CARPEAUX, 1952).

No final da década de 1870, aprofundou-se a diferenciação no interior do movimento populista entre os que insistiam na centralidade do terror e os que, como N. K. Mikhailovsky, passaram a defender a luta política, de que resultará posterior cisão, com a criação de *Narodnaia volia* (Vontade do povo), em 1879. É a partir desse grupo que, em 1882, liderado por Plekhânov, foi criado, em Genebra, o grupo *Emancipação do Trabalho*, que se reivindicava marxista, que deu origem, em 1898, ao Partido Operário Social Democrata Russo, que liderou a Revolução Russa de outubro de 1917.

Durante a década de 1890 a Rússia experimentou intenso surto industrializante, comandado pelo Conde de Witte. O Estado russo praticou políticas em muito assemelhadas às que a Alemanha desenvolvia no mesmo período. Isaac Deutscher viu assim a questão: "os esforços realizados em tempos tzaristas para modernizar a estrutura da vida nacional foram bloqueados pelo denso resíduo do feudalismo, o subdesenvolvimento e fragilidade da burguesia, a rigidez autocrática, o sistema arcaico de governo e, por último mas não menos importante, a dependência econômica da Rússia em relação ao capital estrangeiro." (DEUTSCHER, 1968, p. 10). Daí a existência daquela gigantesca Rússia, três vezes maior que a Europa; meio asiática meio europeia; meio império meio colônia; meio capitalista meio feudal. Com efeito, a Revolução Russa de 1905 ainda teve que se confrontar com resquícios da velha ordem feudal. Essa revolução, ensaio geral da grande revolução de outubro de 1917, refletiu um quadro político bastante complexo marcado por vários partidos e perspectivas ideológicas conflitantes: o Partido Democrático Constitucional (PKD), representando a burguesia modernizante; o Partido Socialista Revolucionário (PSR), representando o populismo; o Partido Operário Social Democrático Russo (POSDR), já dividido em duas facções, a maioria (bolchevique) liderada por Lênin, e a minoria (menchevique), da qual fazia parte, então, Trotsky.

A vitória bolchevique, em 1917 teve que enfrentar colossais dificuldades. Aos três anos de guerra imperialista, que haviam devastado grande parte do país, a Rússia sofreu, ainda, os quatro anos de uma crudelíssima guerra civil em que as potências imperialistas se aliaram às forças contrarrevolucionárias e destruíram, ainda mais, o que já estava em frangalhos. Em 1921, os bolcheviques venceram os inimigos internos e externos, mediante a mobilização de esforços e enormes sacrifícios de um país exaurido, faminto, sofrido. Entre as grandes perdas e decepções que tal processo ocasionou, ao lado dos milhões de pessoas vitimadas pelas guerras, também se perderam valores fundamentais, que tinham garantido o apoio e a legitimidade política e ideológica à Revolução de Outubro. Se a militarização do trabalho, os confiscos e o racionamento justificavam-se pelas necessidades de uma guerra justa contra agressão imperialista, as medidas adotadas em 1921 – a repressão ao levante dos marinheiros de Kronstadt, a destruição da democracia interna ao Partido, o fim da autonomia sindical – abriram caminho para a consolidação do poder da burocracia, para o stalinismo.

A derrocada da experiência soviética foi resultado de múltiplas determinações. Isaac Deutscher um dos mais lúcidos estudiosos da questão enfatizou as consequências dos sete anos de guerra, 1914-1921, a destruição física e humana que causou, o seu impacto político, moral e ideológico sobre a classe operária, como decisivos elementos na explicação do domínio da burocracia. Diz Deutscher – "A ideia de democracia soviética, como Lênin, Trotsky e Bukhárin a expressaram, pressupunha a existência de uma classe trabalhadora ativa e eternamente vigilante, afirmando-se não só contra o *ancien regime,* mas também contra qualquer nova burocracia que abusasse do poder e o usurpasse. Como a classe trabalhadora estava fisicamente ausente, os bolcheviques decidiram agir como seu lugar-tenente e procurador até que a vida se normalizasse e uma nova classe trabalhadora surgisse. Entrementes, consideravam seu dever exercerem a "ditadura proletária" em nome de um proletariado inexistente ou quase inexistente. Assim se estabeleceu a ditadura burocrática, o poder sem controle e a corrupção pelo poder." (DEUTSCHER, 1968, p. 28).

De todo modo, nem só de adversidades e frustrações se fez a Revolução Russa. Sobretudo nos anos 1920, a vida cultural soviética experimentou o que se pode chamar de uma Renascença Vermelha, um extraordinário surto de criatividade, de invenção e ousadia, que são a mais perfeita efetivação do quão alargada pode ser a criatividade humana quando livre o espírito e coletivas suas manifestações. São genuínas filhas da Revolução de

Outubro as revoluções artísticas, científicas e filosóficas, que galvanizaram a cultura soviética: o cinema, o teatro, as artes plásticas, a música, a poesia, a ficção, a teoria literária, a filosofia da linguagem, a psicologia, a crítica da economia política, a economia matemática, a física, a matemática, a química. Que essa floração tenha se estiolado, substituída por censura e obtuso dirigismo burocrático, não significa que ela não tenha existido ou não possa ser recriada.

A segunda via de desenvolvimento econômico no século XX, estudada por Celso Furtado, é a que ele próprio deu muito de sua inteligência e de seu trabalho – a prioridade à satisfação das necessidades básicas. Diz ele – "A solução desse problema é de natureza política e exige que parte do excedente seja deliberadamente canalizada para modificar o perfil da distribuição da renda, de forma que o conjunto da população possa satisfazer suas necessidades básicas de alimentação, saúde, moradia, educação etc." (...) "Várias são as formas imagináveis para alcançar esse objetivo: desde reformas de estrutura, como a reorganização do setor agrário, visando a efetiva elevação do salário básico, até a introdução de medidas fiscais capazes de assegurar a redução dos gastos do consumo dos grupos de altas rendas e sem acarretar efeitos negativos no momento da poupança coletiva." (FURTADO, 1998, pp. 51-52).

Esse caminho, que em certo momento da história brasileira, desdobrou-se na luta pelas Reformas de Base, foi interrompido pelo golpe de 1964, que implantou ditadura civil-militar, que reconsagrou os interesses do grande capital seja mediante de um amplo programa de modernização conservadora, seja por meio de medidas repressivas contra forças heteróclitas: reformistas e revolucionárias; nacionalistas e socialistas; estudantis e camponesas, operárias e militares – que mudaram de patamar a luta de classes no Brasil, colocando, inconsistentemente que seja, a questão da Revolução Social no Brasil, na ordem do dia (IANNI e outros, 1965).

A experiência brasileira tem ensinado que o simples crescimento econômico não é capaz de superar a condição subdesenvolvida de nossa economia, a qual, ao contrário da tese convencional, não resulta de simples atraso do pais na assimilação da modernidade, sendo, de fato, produto do mesmo processo, que produziu a supremacia econômica, política e tecnológica de certas nações, que são chamadas "desenvolvidas".

Com efeito, a condição de subdesenvolvimento só será rompida como resultado de transformações estruturais, que distribuam renda, riqueza, poder e informação.

A terceira via do desenvolvimento econômico do século XX, segundo Furtado é a que privilegia os ganhos de autonomia externa, e reúne as experiências de certos países asiáticos, Coréia do Sul e Taiwan, como exemplos maiores.

Uma das interpretações mais acreditadas sobre as experiências de desenvolvimento econômico da Coréia e Taiwan é a de Alice Amsden, que não nos deixa esquecer o quanto de discricionário e opressivo está presente nesses casos, bem sucedidos, que frequentemente aparecem como receitas infalíveis e universalmente aplicáveis, diz ela – "como resposta à inabilidade para concorrer, os governos do "resto" engoliram a pílula tradicional e aplicaram uma pressão descendente sobre os salários. A lei marcial na Coréia e em Taiwan, por exemplo, impediu a formação de sindicatos. Mas pela primeira vez os governos optaram *en masse* por uma solução institucional intervencionista." (AMSDEN, 2009, p. 38).

Alice Amsden cunhou a expressão "resto" para designar os países que não pertencendo ao Atlântico Norte, depois da Segunda Guerra Mundial, se alçaram à condição de concorrentes de classe mundial em uma série de indústrias de média tecnologia (AMSDEN, 2009, p. 27).

O "resto" na classificação de Amsden inclui: Argentina, Brasil, Chile, China, México, Índia, Indonésia, Coréia do Sul, Taiwan, Malásia e Turquia. Ao lado desses países que comporiam o "resto" Amsden ainda identificou um outro grupo entre os países de industrialização retardatária que ela chamou de *resquício* e que reuniria os países "menos expostos à moderna vida fabril no período pré-guerra" e que posteriormente não se aproximaram da diversificação industrial experimentada pelo "resto" (AMSDEN, 2009, p. 28).

O ponto central da estratégia de desenvolvimento econômico desses países, que buscaram "os ganhos de autonomia" externa, foi o estabelecimento de mecanismos de controle do desempenho das empresas subsidiadas medido por suas competitividades internacionais, por suas exportações, em última instância. O agrupamento chamado por Alice Amsden de "resto" inclui países que se encontram em estágios superiores de desenvolvimento industrial e tecnológico, como Coréia do Sul e Taiwan, e a desconcertante China. Em comum, todos os países que compõem o "resto" desenvolveram arranjos institucionais, mobilizaram direta e indiretamente a intervenção estatal, com resultados em geral positivos. De fato, todo o "resto" ascendeu como percentagem do PIB mundial, de 7,0% em 1965 para 14,1% em 1995, sendo que o PIB manufatureiro cresceu ainda mais de 4,9% para 17,4% em 1995 (AMSDEN, 2009, p. 28).

Mais importante será reconhecer que o crescimento efetivo do "resto", verificado entre 1965 e 1995, não significou o mesmo para todos os que cresceram, não tanto por conta das taxas, que foram altas para todos, com exceção da Argentina (AMSDEN, 2009, p. 44), mas, decisivamente, porque para alguns países esse crescimento se fez no âmbito de mudanças estruturais que colocaram, alguns desses países, Coréia do Sul e Taiwan em particular, num patamar de desenvolvimento industrial e tecnológico, que é equivalente ao dos países do capitalismo central. De tal modo que será legítimo dizer que o sucesso assimétrico entre os países do "resto", no relativo ao desenvolvimento econômico industrial, pode ser explicado comparando-se as mudanças estruturais desses países em relação a três pontos básicos: distribuição da renda e riqueza; grau de nacionalização da estrutura industrial; grau de abrangência, sinergia e coordenação do arranjo institucional incluído aí, centralmente, o sistema nacional de inovação. Considerar assim a questão é afastar uma recorrente tentação, que é a de ver a experiência dos países bem sucedidos por meio dos ganhos de autonomia externos como panaceia.

De fato, cada caso, os exitosos e os falhados, só são efetivamente compreensíveis, quando tomados como processos históricos concretos, irredutíveis a mimetismos ingênuos. Também importantes são as ressalvas de Celso Furtado: "O traço principal desse modelo é o ganho de autonomia nas relações externas. Supera-se a situação de dependência e passividade, imposta pelo sistema clássico de divisão internacional do trabalho, para adotar uma postura ofensiva fundada no controle de certas técnicas de vanguarda e na iniciativa comercial. Esse modelo requer um planejamento seletivo rigoroso e o logro de uma elevada taxa de poupança. O problema que se coloca de imediato é o da identificação das bases sociais de uma estrutura de poder apta a levá-lo à prática. Não serão as elites tradicionais voltadas para a modernização dependente, e tampouco as maiorias preocupadas em ter acesso imediato a melhoras nas condições de vida. Compreende-se, portanto, que uma tal estratégia conduza com frequência a um reforço das estruturas estatais de vocação autoritária." (FURTADO, 1998, p. 53).

Alice Amsden incluiu a China entre os países do "resto". Seu desempenho econômico, desde 1979, é perfeitamente espantoso, ameaçando fazer com que o "resto", de resíduo, torne-se a maior parte. Não é possível exagerar a importância que a China tem hoje na economia e na geopolítica mundiais. Sua experiência desconcerta e desafia os modelos de explicação rotineiros. Entre os que buscaram interpretar o fenômeno, em sua imensa complexidade, está Giovanni Arrighi. Seu livro *Adam Smith em Pequim*, tem uma tese básica, que talvez possa ser resumida assim: são vários os elementos potencialmente disruptivos e contraditórios presentes na experiência chinesa. Toda a questão, diz Arrighi, é se haverá tempo para que o gigantesco, qualitativamente e quantitativamente, processo de transição e acomodação entre as duas Chinas: a urbana, moderna e capitalista, que reuniria algo em torno de 500 milhões de pessoas, e a rural, comunitária, tradicional e socializada, que reuniria 800 milhões de pessoas. Para Arrighi enquanto na China rural continuar vigorando a propriedade coletiva da terra, será possível um desdobramento não disruptivo. Diz Arrighi – "desde que o princípio de acesso igual à terra continue a ser reconhecido e implementado, não é tarde demais para que a ação social na China contemporânea desvie a evolução numa direção não-capitalista." (...) "Portanto, apesar da disseminação das trocas de mercadoria na busca do lucro, a natureza do desenvolvimento da China não é necessariamente capitalista.

O resultado social do imenso esforço de modernização da China continua indeterminado e, pelo que sabemos, o socialismo e o capitalismo, entendidos na base de experiência passada, podem não ser as noções mais úteis para acompanhar e compreender como a situação evolui." (ARRIGHI, 2008, p. 39).

Não é preciso acompanhar, inteiramente, Arrighi para reconhecer que se está diante de um fenômeno, a China contemporânea, que não poderá ser devidamente apreendido senão mediante um esforço analítico, que para ser bem sucedido, terá que ser capaz de plasticidade tão proteiforme e heteróclito quanto a realidade que quer abarcar. Enquanto isso, que se estude a China, que os desdobramentos de sua experiência são decisivos na conformação do mundo em transformação.

4.4. Contradições e limites do desenvolvimento brasileiro

Que a economia brasileira possa crescer, e tenha crescido, expressivamente, entre 1900 e 1980, é um fato bastante conhecido. Também é conhecido, que esse crescimento, nos termos do capitalismo dependente, não significou a superação do subdesenvolvimento, porque baseado em estruturas que não garantem a efetiva autotransformação. Diz Furtado – "O extraordinário crescimento da produção manufatureira brasileira, no período que se convencionou chamar de "milagre", ocorreu sem que se operassem modificações significativas na estrutura do sistema, vale dizer, sem que este alcançasse níveis mais altos de capacidade de autotransformação." (FURTADO, 1981, pp. 40 a 41).

Celso Furtado, em análise retrospectiva, em 1992, num livro chamado *Brasil, a construção interrompida*, diz que esteve em curso no Brasil, no final dos anos 1950, e início dos anos 1960, no âmbito das lutas pelas reformas de base, uma pioneira tentativa, no âmbito republicano, de transformação social includente, democrática, distributiva, e que esta tentativa teria sido interrompida com o golpe de 1964 (FURTADO, 1992).

O "milagre" econômico brasileiro, não foi apenas um surto de crescimento econômico expressivo. Sua vigência consolidou a ditadura em sua fase mais repressiva, e foi vendido como o preço a ser pago para se obter o sucesso econômico. Mas, há ainda uma outra decisiva dimensão do "milagre", que o singulariza no quadro da vida econômica brasileira, que é sua perfeita submissão ao grande capital internacional. Não é uma invenção da ditadura militar a associação com o grande capital internacional. O que é específico da ditadura militar é a outorga que faz do controle da economia brasileira, sua passiva e entusiástica rendição às forças do mercado, controlada pelo grande capital. Diz Furtado – "As modificações institucionais introduzidas entre 1964 e 1967, abriram novas possibilidades de ação, mas também revelaram a intenção dos grupos que ascenderam ao poder mediante o golpe militar de abandonar a orientação do desenvolvimento às forças do mercado. Caberia aos interesses que aí se confrontam definir essa orientação. As empresas transnacionais seriam as principais beneficiárias dessa política. A lei bancária de 1964, e a do mercado de capitais do ano seguinte ampliaram o campo de ação de intermediários financeiros, os quais viriam a ganhar posteriormente grande autonomia na criação de liquidez, no manejo dos recursos financeiros e na captação de poupanças externas." (FURTADO, 1981, p. 39).

Não será despropositado se se disser que as forças hegemônicas do conglomerado de forças vitoriosas em 1964, só se impuseram, efetivamente, em 1968, e que mesmo esta hegemonia, não foi inteiramente homogênea, que remanesceram diferenças e interesses diferenciados em temas capitais como são a questão da censura, da tortura e da "guerra suja" travada pelas forças repressivas, e a questão do papel do Estado e do setor público estatal na economia brasileira Com relação à primeira questão, lembre-se o conflito que se estabeleceu entre o jornal *O Estado de São Paulo*, baluarte das classes conservadoras brasileiras, e a censura. De resto, nem todo o empresariado se envolveu no financiamento e apoio às ações do DOI-CODI, havendo setores do empresariado nacional, para ficar com o caso notório de Fernando Gasparian, que vão desenvolver iniciativas importantes de oposição à ditadura, como é o caso da Editora Paz e Terra e do *Jornal Opinião*.

A segunda questão levantada diz respeito ao lugar, importância, caráter estratégico do Estado e do sistema produtivo estatal na economia brasileira. A existência de um tripé, constituído pelo capital nacional, capital estrangeiro e pelo Estado, como arranjo básico de sustentação da economia brasileira, é um fenômeno dos anos 1930, expandido nos anos 1940/50, e que continuou depois de 1964. De fato, este tripé teve configuração variável no que diz respeito ao peso relativo de seus componentes: foi "nacional", durante a era varguista, com peso crescente do capital estrangeiro durante a era JK e depois de 1964. De todo modo, em que pese o discurso liberalizante oficial, depois de 1964, e mesmo no auge da onda privatizante, "desestatizante" dos anos 1970, a presença do setor produtivo estatal continuou importante na economia brasileira, até o desmanche neoliberal iniciado no governo Collor.

Diga-se logo, para que não pairem dúvidas, que a ação do Estado brasileiro, quantitativamente diversificada e expressiva, não significou uma modalidade nacional e extravagante de "socialismo" ou mesmo de "capitalismo de estado", que o grande beneficiário da ação estatal no Brasil foi sempre o capital e a reiteração do capitalismo dependente.

Com efeito, o Brasil é um caso algo de surreal em que a destruição do Estado de Bem-estar Social, que dominou a economia capitalista mundial com o neoliberalismo, deu-se sem que tenha havido, de fato, aqui, Estado de Bem-estar Social. De resto, a questão realmente decisiva neste tema é quanto ao caráter da ação estatal, seu grau efetivo de atendimento ao *interesse público*, a transparência e o controle social de sua atuação. Como disse Luciano Martins – "para o caso de um país como o Brasil, não somos contra a intervenção do Estado na economia, nem contra a existência de empresas estatais, nem contra melhores condições para o exercício da função burocrática – desde que existam efetivos controles sobre a ação do Estado, de modo a dotá-lo de caráter de *ação pública*, ou seja, politicamente responsável perante a sociedade." (MARTINS, 1978, p. 34).

O "milagre" econômico brasileiro deu-se no âmbito de duas referências gerais de planejamento: o Plano Estratégico de Desenvolvimento, PED, e o I Plano Nacional de Desenvolvimento, PND-1972/74. O I PND, apresentado em dezembro de 1971, transpirou otimismo, ufanismo mesmo. Entre suas metas estavam: 1) colocar o Brasil, no espaço de uma geração, na categoria das nações desenvolvidas; 2) duplicar, até 1980, a renda *per capita* do Brasil (em comparação com 1969), devendo verificar-se, para isso, crescimento anual do Produto Interno Bruto equivalente ao dos últimos três anos; 3) elevar a economia, em 1974, à dimensões resultantes de um crescimento anual do Produto Interno Bruto entre 8 e 10% (I PND, 1971, pp. 14, 15). Ao otimismo somava-se visão estratégica baseada na construção geopolítica do "Brasil Grande Potência", de que são exemplos a política de "integração nacional", de ocupação da Amazônia baseado nas grandes obras viárias – Rodovia Transamazônica e Cuiabá-Santarém – no programa nuclear e em atividades espaciais (I PND, 1971).

O otimismo oficial, e de nenhum modo ingênuo ou desinteressado, cumpriu seu papel de legitimar uma economia, que ia bem, enquanto o povo ia mal, como o governo mesmo reconheceu. No plano externo a situação não autorizava entusiasmos. Desde 1971, com a quebra da conversibilidade ouro do dólar, os mercados monetários e financeiros entraram em turbulência. A rápida desvalorização do dólar, que se seguiu à quebra da conversibilidade, acrescentou ainda mais incertezas ao quadro geral da economia mundial. Ao mesmo tempo, os gastos crescentes dos Estados Unidos com a guerra do Vietnam, agregaram um novo elemento negativo, qual seja os déficits fiscais, que passaram a ser cobertos inflacionariamente. Então, o que já era problemático, agravou-se, dramaticamente, com o primeiro choque do petróleo, em 1973. O petróleo cujo preço ficara estável, desde 1952, em torno de 1,5 e 2,0 dólares o barril. Em 1975, por iniciativa da OPEP, no contexto da guerra entre Israel e Egito, teve seu preço básico elevado para 12 dólares o barril. Esta elevação, provocou uma alteração profunda no quadro geral precipitando a economia mundial numa crise de grandes proporções: crise energética, crise da produção industrial, crise inflacionária. No caso norte-americano a crise assumiu contornos inéditos, uma combinação rara de estagnação econômica e inflação. Vários autores, com razão, buscaram mostrar que a crise que se instalou no capitalismo mundial nos anos 1970, não foi determinada pela alta dos preços do petróleo, mas que expressou uma crise estrutural, crise de um modo de regulação, de um regime de acumulação, como disseram os autores da Escola de Regulação Francesa. Crise do arranjo institucional montado em Bretton Woods, crise de suas bases de sustentação, a saber: o pleno emprego, o Estado de Bem-estar Social, a regulação keynesiana, o modo fordista de regulação da produção e do trabalho. O *Fim de uma Era*, escreveu Geoffrey Barraclough, início da fase descendente de um ciclo de Kondratiev (BARRACLOUGH, 1974).

As expressivas taxas de crescimento do "milagre" econômico brasileiro não excluíram tensões e desequilíbrios, em pelo menos dois aspectos importantes: na assimetria do crescimento do setor produtor de bens de produção, que cresceu a taxas significativamente inferiores ao crescimento do setor de produção de bens de consumo, duráveis e não duráveis, e da indústria de construção civil. Esse desequilíbrio foi contornado pela expansão das importações de bens intermediários e de bens de capital. A desproporção do crescimento daqueles setores e as respostas que se buscaram dar a ela produziram ainda outros desdobramentos negativos como o surgimento de tensões inflacionárias e de fortes déficits na Balança Comercial, a partir de 1971-72 (SERRA, 1983, pp. 91-92). Também problemática foi a evolução do setor agrícola, que embora tenha crescido, experimentou modificação importante do perfil pelo aumento relativo da produção de produtos agrícolas para exportação, em detrimento da oferta de alimentos para o mercado interno (SERRA, 1983, p. 93).

O fato é que, em 1973, último ano do "milagre" econômico, a economia brasileira viu-se às voltas com importantes manifestações críticas, em particular o recrudescimento inflacionário. Se o quadro interno era de dificuldades, a conjuntura internacional adicionou-lhe as cores do drama, com a crise do petróleo de 1973. É neste contexto, que o novo governo da ditadura resolveu enfrentar a crise com medidas, contidas no II PND, 1975-79, que tanto arrostavam a crise internacional, pela mobilização de um voluntarismo irrealista, quanto buscou redefinir as linhas de força do desenvolvimento capitalista no Brasil, pela ênfase que dava à plena constituição do setor de bens de produção e infraestrutura, pontos notoriamente defasados da estrutura produtiva brasileira.

À época foi vista como bravata, como certo delírio autoritário, a declaração do general-presidente de que, naquele 1974, "o Brasil era uma ilha de tranquilidade num mar revolto". No contexto de outra crise, a de 2007, um outro presidente mobilizou outra metáfora marítima igualmente infeliz, confirmando, talvez, que se a história só se repete como farsa. A tolice, ao contrário, é renitentemente repetitiva.

Encerrado o "milagre", a economia brasileira experimentou sua curta e malograda "via prussiana", comandada por um governo com pretensões messiânicas, que entendeu possível contrariar as tendências cíclicas do capitalismo mundial, mediante aposta num projeto, que tinha como referência a II Revolução Industrial, uma tecnologia do século XIX.

Desde o momento em que foi apresentado, o II PND foi objeto de variadas críticas, pelo seu otimismo, projetava um crescimento anual das exportações em 20%, num contexto de recessão mundial; baseava-se em endividamento externo, num cenário de taxas de juros baixas, negativas de fato, situação que não poderia durar para sempre. O fato é que, o II PND foi recebido com variados graus de ceticismo, e firme contestação por parte da esquerda. Um balanço do II PND, está no livro de Ricardo Carneiro, *Desenvolvimento em crise*, que disse: "Em síntese, do conjunto de autores que analisam o período, à exceção de Castro & Souza (1985), podem-se extrair os seguintes pontos críticos relevantes: o *momento de realização* do programa foi inadequado em razão da conjuntura internacional recessiva e da desaceleração cíclica interna; o programa carecia de maior *articulação entre os investimentos*, havendo um visível *sobredimensionamento* em particular no que se referia aos bens de capital sob encomenda; recorreu-se excessivamente ao *financiamento externo*, ao mesmo tempo em que se descuidava da *questão energética*, vulnerabilizando a economia a novos choques externos; a *manutenção do crescimento acelerado* a qualquer preço teve como justificativa última o atendimento ao conjunto de interesses que sustentavam origens autoritárias, convertendo o Estado no principal instrumento desse desiderato." (CARNEIRO, 2002, p. 59).

Antônio Barros de Castro e Francisco Eduardo Pires de Souza, foram vozes solitárias, ou minoritárias, na defesa da "rationale" do II PND. De maneira ousada defenderam que o II PND, não só "se propunha superar, conjuntamente, a crise e o subdesenvolvimento..." (CASTRO e SOUZA, 1985, p. 73). Disseram, ainda, "a escolha feita em 1974 contém uma alta dose de racionalidade econômica" (...) "ao evitar uma crise conjuntural, possivelmente de enorme gravidade, e, sobretudo, ao entreabrir novas e amplas possibilidades futuras, as escolhas de 74 confirmavam uma estratégia econômica oportuna e promissora." (CASTRO e SOUZA, 1985, p. 35).

Não é o caso de refazer, aqui, o debate suscitado pelo livro de Castro e Souza. Para os propósitos deste texto mencionem-se três questões que parecem ter escapado aos respeitados autores: 1) que a crise que se manifestou em 1974 não era apenas uma crise conjuntural, mas uma crise estrutural, que abriu uma fase descendente de um ciclo de Kontratiev, que determinaria mudanças tecnológicas organizacionais, financeiras, no processo de trabalho, nas políticas econômicas; 2) que uma efetiva estratégia de superação do subdesenvolvimento passa por transformações estruturais, que distribuam renda, riqueza, poder e informação, e que isso não estava, de nenhum modo, contemplado nas políticas da ditadura militar, incluído aí o II PND.

Com efeito, a "marcha forçada", comandada pelo general-presidente, se bem sucedida, teria nos levado, para a segunda metade do século XIX, desconsiderados os pesados e inaceitáveis sacrifícios políticos e sociais, que lhe eram inerentes. Mesmo aceitando-se os termos da análise de Castro e Souza, de que foi racional a aposta do II PND em enfrentar a crise," optando pelo *financiamento* em vez do *ajuste*" (CASTRO e SOUZA, 1985, p. 27), é um fato incontestável que a aposta do II PND foi anacrônica. No momento mesmo em que a revolução microeletrônica emergia, admitindo, ainda, algum protagonismo por parte de países periféricos, o II PND optou pela expansão siderúrgica, pela produção mineral, pela produção de celulose, pela indústria petroquímica.

Num balanço da economia brasileira, entre 1974 e 1979, Luiz Gonzaga de Mello Belluzzo, diz– "independentemente da quadruplicação dos preços do petróleo – a economia brasileira deveria experimentar uma reversão em sua trajetória de crescimento, porquanto seria impossível a manutenção de taxas tão elevadas de investimentos sem comprometer a saúde financeira e a rentabilidade esperada das empresas. Assim, o choque do petróleo, em fins de 1973, foi um elemento precipitador da queda das taxas de crescimento do produto (que declinou de uma média de 12% ao ano entre 1970/73, 9,8% em 1974, e 5,6%, em 1975) e um componente amplificador do desequilíbrio externo e de inflação." (...) "Em meio a esse quadro de dificuldades, a resposta do governo empossado em 1974 foi o II Plano Nacional de Desenvolvimento. A concepção estratégica inscrita no plano inspirava-se ainda na atmosfera do otimismo dos anos anteriores, porém, matizada pela preocupação de reorientar o eixo da expansão industrial para as indústrias básicas e de bens de capital e atenta aos desequilíbrios sociais agravados pelo estilo de desenvolvimento anterior. A proposta, se louvável em seus objetivos, era porém irrealista quanto às metas quantitativas e míope em sua avaliação de profundidade da crise internacional. Em que pesem, porém, o irrealismo e a miopia, os fluxos de investimento gerados pelas propostas do II PND tiveram o efeito de amortecer a queda das taxas de crescimento da economia" (...) "pelo esforço do Estado e suas empresas," (...) "Naturalmente, a ousadia teve um preço. Além de haver perpetuado e reforçado as tensões inflacionárias, também agravou a situação de nossas contas externas." (BELLUZZO, 1984, pp. 99-100).

Ao final de 1975, o agravamento das contas externas brasileiras levou o governo à inflexão de sua política. Como disse Paulo Davidoff Cruz – "A busca do equilíbrio (e do superávit) na balança comercial, dadas as restrições que a crise internacional impunha às exportações brasileiras, passava, agora, não mais pela contenção de eventuais "excessos", mas sim pela contenção efetiva de importações." (...) "Ou seja, a economia brasileira teria que enfrentar agora um quadro indesejado que, de acordo com o discurso oficial do início dos anos setenta não passava de um risco longínquo, desde que corretamente executada a "política de administração da dívida pública." (...) "Dado o novo enfoque, as medidas relativas ao setor externo se desdobrariam em duas direções principais, a saber: medidas mais drásticas de controle direto das importações e, primordialmente, adoção de política monetária restritiva, visando desaquecer a atividade econômica, por essa via, apressar os resultados quanto ao setor externo." (CRUZ, 1984, pp. 47-48).

Foi no contexto de política econômica contracionista, que o novo governo federal assumiu, em 1979, e surpreendeu, anunciando a volta do crescimento e da política econômica heterodoxa. Comandada, inicialmente, por Mário Henrique Simonsen, por cerca de seis meses. A política econômica agora centralizada no Ministério do Planejamento, com a saída de Simonsen, passou a ser conduzida por Antônio Delfim Netto, que manteve e até exacerbou a heterodoxia de então com medidas como a maxidesvalorização cambial, de dezembro de 1979, que não só não surtiu efeito como instrumento de combate à inflação, como agravou as condições de giro da dívida externa. É nesse ambiente e como tentativa de corrigir os impactos negativos da maxidesvalorização, que o governo adotou o expediente de pré-fixação do câmbio e da correção monetária. Se no plano interno a situação econômica se agravava, no plano externo o quadro foi ainda mais disruptivo, a partir do segundo choque do petróleo, em 1979, que elevou os preços para cerca de 30 dólares o barril, e por uma igualmente dramática elevação dos juros internacionais a partir da elevação dos juros dos títulos da dívida pública norte-americana, em 1979. Em junho de 1980, ficou evidente, para o governo brasileiro, o fracasso de sua política heterodoxa, e teve início o retorno à ortodoxia contracionista. No início de 1981, já havia sinais de recessão. Ao final de 1981, o PIB caiu 4,0%, enquanto a produção industrial caiu mais de 10%. O quadro assumiu cores sombrias em 1982, quando a moratória mexicana deu início à chamada "crise da dívida externa", que estancou o fluxo de recursos externos para um conjunto de países endividados. Para o Brasil, o período entre 1982 e 1994, foi marcado pela combinação de variadas crises: do balanço de pagamentos, inflacionária, pela estagnação econômica. Falou-se de "década perdida", expressão que só tem sentido, do ponto de vista econômico, e ignora modificações importantes e positivas no campo político e social, pela reemergência do movimento operário e sindical, pela força das lutas políticas e sociais, que vão derrotar a ditadura militar. Este processo, sabe-se, vai se desdobrar na "Nova República", que atualizou a velha prática da conciliação, que tem acompanhado o país desde o século XIX.

A ditadura, desgastada politicamente, desde a década de 1970, foi capaz de uma longa sobrevida, só acabou em 1985, pela combinação de ampla mobilização de instrumentos repressivos, incluindo a censura e o controle do jogo eleitoral-parlamentar, e uma cada vez mais inconvincente justificativa baseada no bom desempenho da economia, que definhou a partir da segunda metade dos anos 1970. Derrotada a Emenda pelas Eleições Diretas, em 1984, o Colégio Eleitoral reuniu-se e deu a vitória a Tancredo Neves, que por meio de aliança com dissidentes da ditadura, liderou a criação da *Nova República*, em 1985. Governo de coalizão e com forte conteúdo conservador, em política e em economia, a *Nova República* tem a seu crédito, sua mais importante conquista, a Constituição de 1988, que, entre outros aspectos positivos, consagrou o Sistema Único de Saúde, e um marco legal avançado para a questão ambiental. Não há propósito, neste texto, em realizar análise minudente do primeiro governo da *Nova República*, senão que mencionar suas várias e frustradas tentativas de combater a inflação, que foi reconhecida, no final do governo, em 1989, como hiperinflação. O primeiro governo eleito diretamente depois da ditadura, tomou posse em 1990 e adotou como política de combate à inflação, o confisco dos ativos financeiros. Depois do trauma inicial, da queda da inflação provocada pela redução absoluta dos meios de pagamento, a inflação retornou e resistiu aos outros planos anti-inflacionários, que se seguiram, até 1994, quando já depois da deposição de Collor de Mello, foi lançado, em julho de 1994, o Plano Real que, efetivamente, debelou o processo inflacionário.

Celso Furtado disse certa vez que as *Reformas de Base* visavam construir as condições para "(...) modificar estruturas bloqueadoras da dinâmica socioeconômica tais como o latifundismo, o corporativismo, a canalização inadequada da poupança, o desperdício desta nas formas abusivas de consumo e sua drenagem para o exterior. As modificações estruturais deveriam ser vistas como um processo liberador de energias criativas, e não como um trabalho de engenharia social em que tudo está previamente estabelecido. Seu objetivo estratégico seria remover os entraves à ação criativa do homem, a qual, nas condições de subdesenvolvimento, está caracterizada por anacronismos institucionais e por amarras de dependência externa." (FURTADO, 1992, p. 75).

Para a ditadura civil-militar brasileira, a serviço da velha ordem social dominante no Brasil em seu vezo autoritário, excludente e dependente, o "desenvolvimento econômico" viria como resultado do simples crescimento econômico, bastando que fosse prolongado e robusto; viria da modernização, da industrialização, da urbanização. Tudo isso se deu, e não só o "desenvolvimento" não se fez, senão que ao final da ditadura, o país estava afundado em crise econômica e social de grande monta, e ainda subdesenvolvido, mesmo que significativamente industrializado, moderno e urbanizado.

Na verdade, desde pelo menos 1850, o Brasil tem experimentado não só significativos processos de modernização, como expressivas taxas de crescimento econômico e diversificação da estrutura produtiva pela sucessão de ciclos substitutivos de importações. Inicialmente funcionando em moldes tipicamente liberais, a economia brasileira, de 1930 em diante, tem sido marcada por variada sorte de intervencionismos governamentais, com diferenciados graus de franquias democráticas, e igualmente díspares compromissos distributivos.

Com efeito, a economia brasileira cresceu significativamente, por muito tempo foi a economia capitalista que mais cresceu no mundo depois do Japão, entre 1900 e 1987, e no entanto isso não significou levar o país à condição de "desenvolvido". O crescimento da economia brasileira tem se dado de forma excludente, como parte de um sistema geral concentrador de renda e de riqueza, em que os frutos da modernização e do crescimento são assimetricamente apropriados, resultando daí desigualdades sociais iníquas e confirmadoras do subdesenvolvimento. Sem ignorar os ganhos de renda das famílias mais pobres decorrentes dos programas de transferência de renda, postos em marcha desde 2002, em 2012, 1% das famílias mais ricas do Brasil tinha uma renda mensal de cinquenta mil reais, enquanto que 25% das famílias mais pobres do Brasil tinham uma renda mensal de seiscentos reais!

A derrota da ditadura civil-militar foi um processo que mobilizou diversas e heterogêneas forças sociais e políticas. Destaquem-se as lutas que eclodiram na segunda metade da década de 1970, sejam as mobilizações que impuseram as derrotas eleitorais ao partido da ditadura, seja a retomada das lutas dos estudantes, a reemergência das lutas operárias, a multiplicação dos movimentos sociais rurais e urbanos.

A luta contra a ditadura militar mobilizou diversas forças políticas, que expressavam diversos projetos para o país. Se prevaleceu a perspectiva acomodatícia, se houve a atualização da velha *Transação*, sob a forma da *Nova República*, que se implantou com a vitória no Colégio Eleitoral, existiram forças políticas e sociais, que fizeram da luta contra a ditadura, também, a postulação de um projeto de transformações, que atualizava as plataformas das Reformas Estruturais distributivas. A criação do Partido dos Trabalhadores (PT), da Central Única dos Trabalhadores (CUT), do Movimento dos Trabalhadores Rurais Sem Terra (MST), as amplas mobilizações políticas que se deram na campanha presidencial de 1989, no processo de impeachment do Collor, em 1992, são momentos de uma disputa pelos rumos da *Nova República* que, afinal, acabou por se confirmar como *Transação*, seja sob a forma do neoliberalismo tucano, seja sob a forma do social-liberalismo ou "do "reformismo fraco" dos governos petistas, a partir de 2002.

O golpe parlamentar, perpetrado por forças políticas que antes fizeram parte do bloco de apoio aos governos petistas, é "a mais nova atualização do verdadeiro significado do momento de *Reação*, que tem caracterizado a política brasileira desde o Império", esgotados os arreglos da *Transação*, a qual, restrita a medidas tópicas e superficiais, resultado de arranjos políticos circunstanciais, sem compromissos efetivos com as transformações estruturais o "desenvolvimentismo brasileiro, não tendo raízes fundas é, facilmente, revertida, com reversão efetiva de seus aspectos positivos, e restauração da velha ordem excludente e subordinada aos interesses do grande capital. Tal processo regressivo, iniciado em 2016 com o golpe que depôs Dilma Rousseff, assumiu as cores da barbárie com eleição de ex-militar fascistoide, em 2018.

5. O capitalismo no Brasil

Tomado como dado cronológico, aferível pelo calendário, pelo relógio, uma mesma unidade de tempo, 200 anos, por exemplo, seriam, para diversas sociedades coexistentes, como um recipiente vazio, passível de ser preenchido com as realidades, os conteúdos, que cada sociedade seja capaz de criar, desde que autonomamente potentes. Tal expressão, autonomamente potentes, corre o risco de se tornar abstração enganosa, se se limitar aos aspectos jurídico-formais da autonomia. Com efeito, as relações jurídico-formais fazem parte, no conjunto da estrutura social, da instância responsável pela legitimação da dominação mediante a produção de hegemonia política e cultural, sob a forma de símbolos, valores, narrativas, que atendendo a interesses particularistas, de classe, apresentam-se, e se legitimam, como se universais fossem.

Assim, não é o caso de ver, os últimos 200 anos, para o Brasil e para os Estados Unidos, por exemplo, como abrindo idênticas possibilidades de desenvolvimento, pela sobrevivência, no Brasil, de renitente dependência política, econômica e tecnológica, que se expressa na longa vigência da escravidão; na sonegação de direitos sociais básicos para grande parte da população, desprovida de educação, saúde, habitação satisfatórias; na concentração da renda, da riqueza, do poder e da informação; na recorrente mobilização de regimes políticos antidemocráticos e antipopulares.

Ao longo de sua história, até aqui, o Brasil tem sido marcado por diversas situações de dependência, que se metamorfoseiam, ao longo do tempo, da estrita condição colonial, que vigorou até 1822, ou 1831, até o quadro atual que se configura no modo periférico, dependente como se estrutura o capitalismo no Brasil. Essa longa dominação, significa a permanência de mecanismos estruturais debilitadores de efetiva autonomia interna do processo de acumulação de capital, seja pela sistemática drenagem de excedentes gerados internamente, via trocas internacionais, seja pela sistemática necessidade de superexploração da força de trabalho interna como mecanismo capaz de produzir os excedentes necessários para satisfazer ao capital nacional e ao seu sócio controlador estrangeiro, como nos ensinou Ruy Mauro Marini (MARINI, 2000).

Reconhecer o Brasil submetido à relações de dependência econômica não significa, seja ignorar a existência de uma dinâmica econômica interna ao país, seja a capacidade dessa dinâmica de conservar parte dos excedentes gerados, seja a existência de classes sociais no país dotadas de interesses próprios.

Lançada nos anos 1960, a chamada "teoria da dependência", teve ampla e variada repercussão, mobiliando economistas, sociólogos, cientistas políticos, historiadores, que se engalfinharam em acesas polêmicas, como a protagonizada por Ruy Mauro Marini e Fernando Henrique Cardoso; como a polêmica gerada pelo ensaio de Roberto Schwarz – "As Ideias Fora do Lugar" – que recebeu crítica, entre outros, de Maria Sylvia Carvalho Franco. Faz parte desse quadro geral de debates as repercussões ao conceito de antigo sistema colonial, desenvolvido por Fernando Novais, e as críticas que recebeu, de Ciro Flamarion Santana Cardoso, Jacob Gorender, entre outras intervenções.

Não há propósito, aqui, de retomar o debate, bastando, para o que se busca, neste texto, a postulação de três ideias básicas: 1) a dinâmica capitalista em escala global produz e consolida assimetrias entre os países e regiões, que se expressam pela imposição de relações de dependência em que os países centrais subordinam os países periféricos mediante variados mecanismos espoliativos; 2) a dependência de países e regiões periféricas em relação à países e regiões, tem gradações e dimensões diferenciadas indo de um máximo, a completa submissão colonial, nos planos econômico, político, social, cultural e tecnológico, a variados graus de dependência, isto é, a variados graus de autonomia relativa, em processo de contínuas transfigurações; 3) qualquer que seja o grau de dependência, historicamente prevalecente, a correta compreensão do processo implica considerá-lo como totalidade, como um todo em permanente transformação, pelo entrecruzamento de determinações internas e externas, em que o polo periférico do sistema está longe de ser realidade puramente passiva, reativa, reflexa, na medida em que é capaz de elaborar pautas, definir projetos, mobilizar forças efetivamente disruptivas com relação ao polo central.

Um balanço das várias polêmicas em torno da ideia de dependência, certamente, verificará que certas diferenças entre as posições em disputa ficaram indevidamente hipertrofiadas, por exacerbação de ânimo hegemonista. É o caso, por exemplo, do fosso que se estabeleceu, artificialmente, a meu juízo, entre os que defendem, com razão, a existência de "modo de produção colonial", e os que afirmam a existência do "antigo sistema colonial", que não negam a existência de "modo de produção colonial", senão que, também com razão, sustentam a existência de "dominação colonial", como dado objetivo, independentemente de sua diminuição, seja a partir do aprofundamento da crise do sistema colonial, no final do século XVIII, seja pelas ambíguas implicações do processo de construção do Império luso-brasileiro acalentado por lideranças portuguesas – D. Rodrigo de Souza Coutinho – e brasileiras – José Bonifácio de Andrade e Silva, seja, ainda mais fortemente durante a existência do que foi chamado de Estado semicolonial brasileiro, entre 1808 e 1831 (SAES, 1985).

De todo modo, reconhecer a existência da dependência não significa assumir uma vitimização conveniente, que exime responsabilidades e culpabiliza um outro, por nossas mazelas, sem que se extraiam desse fato as consequências político-práticas necessárias. O que importa, de fato, afirmar, sobre isso, é que a dependência faz parte dos mecanismos contingentes, que o capital lança mão para garantir sua lucratividade global, devendo ser vista, como força contrarrestante da queda da taxa de lucros, isto é, na ausência da imposição de relações de dependência o capital deixa de contar com um mecanismo importante da acumulação de capital tomado como totalidade global.

Nesse sentido, para a reprodução global do capital, não é indiferente a existência e a intensidade da dependência, o que significa dizer, que o capital produz e reproduz as relações de dependência, seja por meio do sistema colonial, fundamental no processo de acumulação primitiva do capital, seja por meio das relações de dependência implantada pelo grande capital em sua fase imperialista, que está em curso.

Assim, é preciso ver no capitalismo dependente, periférico do Brasil, expressão dos interesses do grande capital mundial, que, para garantir sua lucratividade precisa impor condições de super exploração do trabalho e da natureza, e que para se viabilizar demanda instrumentos políticos de exceção.

Foi ao reconhecer tais determinações estruturais da dependência, que Florestan Fernandes concluiu que a superação do capitalismo dependente no Brasil só será possível se se superar o capitalismo, isto é, a dependência, que marca o capitalismo brasileiro, é parte do mecanismo de acumulação de capital em escala global e sua desaparição não está disponível para a sociedade brasileira senão mediante revolução, que terá que ser anticapitalista, porque inextirpáveis os vínculos entre o capital interno e o grande capital mundial, que o subordina (FERNANDES, 1975).

A centralidade dos vínculos entre o polo dominante do capital e o dominado, estão sobejamente presentes na história do Brasil, desde o período colonial, como se vê no episódio no Tratado de Methuen, entre Inglaterra e Portugal, em 1703, que estabeleceu as trocas entre tecidos ingleses e vinhos portugueses, que não só destruiu as manufaturas de tecidos portuguesas, quanto garantiu, para a Inglaterra, o acesso ao ouro que passou a fluir de Minas Gerais para a Metrópole, a partir do final do século XVII. As relações entre Inglaterra e Portugal, foram chamadas por Sandro Sideri de "colonialismo informal de Portugal com relação à Inglaterra" (SIDERI,1978).

Uma das manifestações mais exuberantes da dependência luso-brasileira da Inglaterra, foi o Tratado de Comércio e Amizade, de 1810, que garantiu à Inglaterra tarifas privilegiadas, mais vantajosas que as oferecidas pelo Brasil a Portugal. Ao longo do século XIX, a tutela britânica sobre o Império brasileiro mobilizou variados instrumentos, a que não faltaram ambivalência, como se vê no caso da pressão para o fim do regime escravista, que foi ostensiva na imposição da Lei de 1831, "para inglês ver", que decretava o fim do tráfico, o que só foi efetivado em 1850; que não hesitou em confiscar escravos africanos em alto mar, por meio do Bill Aberdeen, de 1845, mas que, no fundamental, foi conivente com a manutenção do regime escravista no Brasil, que se prolongou até 1888, com o apoio de companhias inglesas, que instaladas aqui, utilizaram-se de mão de obra escrava alugada, já que impedidas, pela legislação inglesa, de serem proprietárias de escravos. O fato é que, a coroa britânica apoiou o governo imperial brasileiro, sobretudo, porque este se inseriu perfeitamente ajustado à divisão internacional do trabalho comandado pela Grã-Bretanha. Nela, o Brasil se especializaria na produção de alimentos e matérias-primas, abstendo-se de se industrializar porque incompatível com a sua absoluta vocação agrária. Ao longo do tempo, apenas por um breve período, 1844-48, e por razões de ordem fiscal, políticas tarifárias protecionistas foram adotadas, num quadro de liberalismo estrito, só rompido para a proteção da cafeicultura.

A instauração da República no Brasil coincidiu com a afirmação da fase imperialista do capitalismo e com a mudança de guarda da hegemonia capitalista, que passou a ser exercida pelos Estados Unidos. Inicialmente menos voltada para o controle direto de territórios, a política imperialista norte-americana deu-se por meio de controle financeiro, tecnológico e cultural, até ser arrastado para a arena política internacional, a partir da 1ª Guerra Mundial, quando passou a exercer sua condição de potência imperial mediante agressiva escalada militar. Esse, como é sabido, foi período em que os Estados Unidos foram confrontados pelo poderio da União Soviética, que obrigaram-no a concessões a aliados com vistas ao objetivo maior do desafio representado pela Guerra Fria. Nesse contexto, permitir a reconstrução de antigos inimigos, Alemanha, Japão e Itália, fez parte de estratégia geral de isolamento da União Soviética, ao cercá-la, no oriente e no ocidente, por meio de países com capitalismos fortes, mas desarmados, incapazes de oferecer risco para a hegemonia norte-americana. A permissividade norte-americana com relação ao fortalecimento do capitalismo japonês, durante muito tempo, até o final dos anos 1970, permitiu que o Japão superasse os Estados Unidos em capacidade competitiva no comércio mundial, seja por sua maior produtividade, seja pelo câmbio norte-americano relativamente desfavorável às suas exportações. Quando o perigo representado pela União Soviética desapareceu os Estados Unidos não hesitaram em impor ao Japão mudança em sua política cambial, que retirou do Japão grande parte de sua competitividade.

No caso do Brasil, a tutela americana se fez sentir, fortemente, em alguns momentos-chave. Durante o segundo governo Vargas, as iniciativas nacional-desenvolvimentistas, que foram implementadas – a criação da Petrobrás, a lei da criação da Eletrobrás, a criação do BNDE –, desagradaram, em muito, ao empresariado ligado ao capital estrangeiro, a grupos civis e militares incomodados com a proximidade de certas políticas governamentais de propostas difundidas por sindicalistas e nacionalistas. Foram esses setores inconformados com as tendências nacionalistas do governo, que se puseram em campo para uma campanha difamatória e golpista que teve como desenlace o suicídio de Vargas, em 1954, interrompendo-se o curso nacional-desenvolvimentista das políticas do governo federal. Durante o governo Juscelino Kubitschek houve explícita modificação das tendências que vinham do governo Vargas, pela afirmação da associação com o capital estrangeiro, que está na base do programa de governo de JK. Ainda assim, não foi isento de turbulências a relação do governo JK com os Estados Unidos. Explicitados os termos do Plano de Metas e seus objetivos industrializantes, a reação do governo norte-americano foi de discordância, manifestada seja pela recusa das grandes empresas automobilísticas norte-americanas de se instalarem no Brasil, seja pela pressão exercida pelo FMI, que se recusou a apoiar o Plano de Metas, quando sobrevieram problemas do Balanço de Pagamentos, levando o governo JK a romper relações com o Fundo.

Mais característico do quadro de tutela que se está traçando aqui, é o relativo ao papel dos Estados Unidos durante o governo João Goulart, através de explícita política de preparação do golpe de Estado, que se deu em 1964, por meio de uma instituição, criada em 1962, IBAD, Instituto Brasileiro de Ação Democrática, encarregado de financiar candidaturas de parlamentares comprometidos com o golpe, e de juntamente com o IPES, Instituto de Pesquisa Econômica e Social, elaborar o planejamento para o golpe. Tais preparativos tinham, ainda, um trunfo decisivo, que foi a operação de intervenção militar, "Operação Brother Sam", que seria deflagrada, com a invasão de tropas norte-americanas, caso o golpe interno enfrentasse dificuldades para se consolidar.

Depois da ditadura, a tutela norte-americana tem sido facilitada por sucessivas manifestações de subserviência: a admiração servil do governo tucano; a ilusão de protagonismo do governo petista seduzido por lisonjas frívolas; a bajulação desmoralizante do presidente fascista brasileira pelo seu contraponto do Norte.

Negar a existência da dependência é algo que se espera de vozes, de penar a serviço dos donos do poder e do dinheiro. Nada a estranhar quando isso vem de profissionais da arte do defender a quem lhes paga. É particularmente desagradável quando esses juízos de má-fé vêm de nomes afamados como do historiador David Landes. Para os que reconhecem os muitos méritos do livro de David Landes sobre a Revolução Industrial é desconcertante surpreendê-lo numa exacerbada operação político-ideológica, parcial e judicativa, como é o caso de seu livro – *Riqueza e Pobreza das Nações. Por que algumas são tão ricas e outras* tão pobres", de 1998. O livro é uma defesa intransigente do capitalismo e, também, veemente peroração anticomunista. Pouco versado no que se refere ao marxismo, socialismo, comunismo, quando tem que abordar o tema o faz de forma canhestra, como, quando fala, à página 559, de "economias marxistas", sabe-se lá onde as tenha encontrado. Nesse caso, trata-se de pura ignorância ditada, talvez, pela irrelevância que a questão ten para ele, que, em outros assuntos, costuma exibir erudição pretensiosa e superficial. Em outros temas sensíveis, como, por exemplo, sobre a 2ª Guerra Mundial, fala completamente o preconceito e a mentira. Referindo-se à participação da União Soviética na 2ª Guerra Mundial, a posição de David Landes é escandalosamente viesada. Em primeiro lugar, omite, completamente, os esforços feitos pelos soviéticos, entre 1936 e 1938, para a concretização de aliança estratégica com a Grã-Bretanha e a França visando deter o expansionismo nazista. Diante das insistentes tentativas soviéticas de aliança a resposta dos citados países foi de sistemático silêncio ao mesmo tempo que encorajavam Hitler em seu aventureirismo que eles achavam seria dirigido contra a União Soviética. Essa política de negligência ativa com relação ao nazismo culminou na Conferência de Munique, de 1938, que, literalmente deu carta branca a Hitler para os seus planos de conquista. Landes, diz – "Só quando se tornou claro que o apetite da Alemanha ia aumentando à medida que ia comendo, e quando o pacto nazista-soviético libertou a retaguarda da Alemanha para a agressão contra o Ocidente, é que os governos democráticos encararam a realidade e declararam guerra."

"Eles não se saíram bem; e a Alemanha, após ter ocupado quase todo o ocidente da Europa Continental, voltou-se a leste contra a União Soviética, que tinha dormido com o demônio e sentia agora suas garras." (LANDES, 1998, pp. 525-526). O que Landes não disse é que a União Soviética só dormiu com o demônio depois de ter tentado, durante muito tempo e insistentemente, aliança com as potências europeias. O pacto entre Hitler e Stálin, completamente condenável do ponto de vista de valores éticos e democráticos, foi o resultado da política franco-britânica de isolamento da União Soviética, sendo, nesse sentido, perfeitamente evitável, como, pelas mesmas razões, teria sido evitável a guerra se a Alemanha tivesse encontrado, desde 1936, firme disposição da França, Grã-Bretanha e União Soviética de resistirem ao seu expansionismo.

Também lamentável é a descrição que Landes faz da participação da União Soviética, *malgré* Stálin, na derrota nazista. É sabido, pelo menos é o mínimo que se espera de um historiador prestigiado, que a União Soviética enfrentou dois terços dos exércitos nazistas, que os venceu a um custo "humano e material colossal". Esse extraordinário feito é omitido e quase ridicularizado por Landes: "Assim, países democráticos|(-capitalistas) e socialistas uniram-se contra o inimigo comum. O ocidente despejou cataduras de suprimentos, tocou canções russas, romantizou o "Tio Zé" Stálin e o Exército Vermelho, travou a guerra em duas frentes, no Atlântico e no Pacífico." (LANDES, 1998, p. 526).

Não se mostrou um historiador sério, o senhor Landes, e, nesse passo, também não se sai muito bem do ponto de vista moral. Seu livro, um cartapácio de 760 páginas, abarca a história econômica, mundial, nos últimos quinhentos anos. É obra, mais que pretensiosa, temerária. Tal amplitude temática, exigiria, para ter bom êxito, equipe multidisciplinar sob pena de desequilíbrios e superficialidades comprometedoras. Mas o impávido historiador não se abala – "meu propósito ao escrever este livro é fazer história mundial." (LANDES, 1998, p. XI). A explicação para essa desabrida pretensão, talvez, esteja em certa característica, que o historiador vê como virtude, "a consciência limpa", que no caso significa não ter arrependimento ou remorso. Falando sobre a ocupação japonesa sobre a Coréia e Taiwan – "o soberbamente bem-sucedido esforço

de modernização que o próprio Japão tinha levado a efeito."
Diz Landes – "Por certo, os habitantes da Coréia e Taiwan não concordariam com isso. Eles recordam a tirania, tortura e desmandos – lembranças exacerbadas pela desfaçatez da recusa japonesa em manifestar arrependimento ou remorso. Remorso por quê? O sistema funcionou." (...)

"O mundo pertence aos que possuem uma consciência limpa, algo que o Japão tem tido em quase unânime abundância." (LANDES, 1998, p. 492).

Freud, certamente, teria algo a dizer sobre essa "consciência limpa" que se assemelha muito à ausência de culpa, à indiferença moral. Não é necessário o recurso à psicanálise para reconhecer que David Landes é um historiador com "consciência limpa". A "consciência limpa" do historiador David Landes não hesita em omitir ou mistificar questões inconvenientes para o seu modelo. Vejam-se exemplos. Querendo fazer graça e agressivamente desdenhoso, Landes quer tomar Taiwan, a Coréia, Cingapura e Hong-kong, como exemplos de sua tese sobre as razões do sucesso, diz ele: "Em todos os quatro citados, o patrimônio primordial foi uma ética do trabalho que gera elevado produto por baixos salários; e, tal como no Japão, uma excepcional destreza manual oriunda do hábito de comer com pauzinhos é especialmente útil em micromontagens." (LANDES, 1998, p. 535). Seria mais tolerável a graçola se o historiador tivesse dito algo essencial para a compreensão do sucesso de Taiwan e Coréia do Sul, que é o fato de terem sido submetidos a regimes ditatoriais, responsáveis pela imposição de baixos salários e rígido controle sobre sindicatos e movimentos reivindicatórios. Omitindo as ditaduras a narrativa de Landes pode repetir seu idílico mantra sobre a ética do trabalho.

O historiador de "consciência limpa", Landes, se sente à vontade para recorrer a desacreditadas e suspeitas teses, típicas do século XIX, sobre o papel do clima e da etnia nos processos históricos sociais. No modelo de Landes os países vencedores têm a vantagem do clima frio. O calor não só deixa as pessoas indolentes como facilita a proliferação de doenças: "Na América, o ar condicionado tornou possível a prosperidade econômica do Novo Sul. Sem ele, cidades como Atlanta, Houston e Nova Orleans ainda seriam cidades modorrentas e ociosas." (...) "O inverno, portanto, apesar do que possam dizer os poetas, é o grande amigo da humanidade: o silencioso matador branco, assassino de insetos e parasitas, exterminador de pragas." (LANDES, 1998, pp. 5-6).

Prudente o historiador reconhece – "Seria um erro, entretanto, ver a geografia como destino. Seu significado pode ser reduzido ou evitado, embora invariavelmente a um certo preço." (LANDES,1998, p. 15). Landes associou, em sua narrativa, a pobreza à área intertropical do planeta, também disse – "A escravatura faz com que pessoas realizem para outros todos os trabalhos árduos e penosos. Não é por acaso que a mão de obra escrava esteve historicamente associada a regiões tropicais e semitropicais." (LANDES, 1998, p. 5). É espantoso que reconhecendo a relação entre trópicos e escravidão, o historiador só se lembre de relacionar a pobreza dos trópicos ao clima e não à escravidão. Para ficar com um exemplo conspícuo, nos Estados Unidos, grande exemplo de país vencedor na perspectiva de Landes, as regiões com menores índices de desenvolvimento humano, que medem renda/educação/qualidade de vida, são, exatamente, as regiões onde a escravidão foi dominante.

Não apenas o clima é mobilizado por Landes, que também lança mão do velho racismo, travestido hoje de considerações étnicas: "As conexões étnicas também contam, sobretudo entre chineses expatriados (no estrangeiro). Os chineses, minoria de intermediários por excelência, são o fermento e o lubrificante do comércio no sudeste asiático, e daí para o mundo todo. Adotam uma ética do trabalho que faria inveja a um calvinista weberiano, e de algum modo transmitem-na através dos mais ricos aos mais pobres de geração para geração." (LANDES, 1998, p. 537).

De eufemismos e mistificações se faz, também, o discurso do historiador de "consciência limpa", diz ele – "Enquanto os ingleses tinham encontrado uma terra escassamente povoada e foram expulsando os nativos de seu caminho para dar lugar às famílias de colonos" (...) (LANDES, 1998, p. 349) – e quando diz "expulsando os nativos de seu caminho", o que deveria ter dito é – "exterminando os nativos do seu caminho", que foi o que, de fato, ocorreu. Assim, há grave omissão no quadro traçado por Landes para explicar o sucesso norte-americano: "A sociedade de pequenos proprietários rurais e trabalhadores relativamente bem pagos da América era um viveiro de democracia e de iniciativa. A igualdade nutria o amor próprio, a ambição, a disposição por ingressar e competir no mercado, um espírito de individualismo e disputa." (LANDES, 1998, p. 333). Faltou falar do genocídio indígena, nas guerras de conquista do território mexicano, na agressividade imperialista que tem marcado os Estados Unidos, seja na conquista de seu território, seja em sua política internacional.

Landes é um cético quanto ao papel da dependência na explicação da pobreza das nações. Sobre a América Latina, em particular, não se cansa de destilar seu humor preconceituoso. Diz ele – "A América Latina tem gozado de quase duzentos anos de independência política que deveriam ser o bastante para ganhar sua graduação em independência econômica." (LANDES, 1998, p. 356). Ou ainda – "O fracasso do desenvolvimento latino-americano, tanto pior quanto posto em contraste com a América do Norte, foi atribuído por estudiosos locais e simpatizantes estrangeiros a malefícios de nações mais fortes e mais ricas. Essa vulnerabilidade foi rotulada de "dependência", subentendendo um estado de inferioridade em que um país não controla o seu destino e somente faz o que lhe é ditado pro outros. Seria desnecessário dizer que esses outros usam sua superioridade para transferir produtos das economias dependentes, tal como procediam os antigos governantes coloniais. A bomba do império converte-se na bomba do império capitalista." (...) "As teses *dependentistas* vicejaram e gozaram de prestígio na América Latina. Também tiveram bom trânsito e ressonância, após a Segunda Guerra Mundial, na precária situação econômica e na consciência política das colônias recém-libertadas. Os cínicos poderiam até dizer que as doutrinas de dependência foram a mais bem-sucedida exportação da América Latina." No entanto, são mãos para o esforço e o moral. Ao instigarem uma mórbida propensão para atribuir as culpas a todo mundo menos àqueles que as denunciam, essas doutrinas promovem a impotência econômica. *"Mesmo que fossem verdadeiras, seria preferível arquivá-las."* (LANDES, 1998, pp. 369-370).

Acontece que as teses sobre a dependência são verdadeiras e, assim, não é o caso de arquivá-las, que reconhecendo a existência da dependência, seus mecanismos de atuação, é que é possível superá-la, que é o que está em causa. Não se trata, aqui, de uma questão acadêmica, mas de questão política, que se resolve pela ação política concreta transformadora. Para esse propósito, é claro, não se pode contar com a historiografia de Landes, porque inepta. Sua concepção de dependência é grotescamente caricata – dependência como "um estado de inferioridade em que um país não controla o seu destino e somente faz o que lhe é ditado por outros". Dependência não é um estado de inferioridade, em que o país não controla seu destino e só o que lhe mandam, mas, um variado conjunto de instrumentos políticos, econômicos, tecnológicos, culturais e militares que obstaculizam os processos de desenvolvimento autônomos dos países.

Arrogante, o historiador Landes não vê qualquer vantagem para os países centrais na existência da dependência. Diz ele – "Para desapontamento dos doutrinários anticolonialistas, as nações ex-imperiais não sofreram nem um pouco com a perda desses territórios. Pelo contrário." (LANDES, 1998, p. 494). Seria possível refutar, empiricamente, com variados exemplos, a falsidade da tese de Landes. Lembre-se, apenas, o caso de Portugal e o significado da perda do Brasil, para mostrar a inépcia do argumento. Por outro lado, a infindável série de intervenções, de expedições punitivas, de guerras, de sabotagens, de ocupações territoriais, de operações de desestabilização de governos, a criação de tensões e ameaças que justificam a presença militar norte-americana, em várias partes do mundo, são a prova cabal e rotunda do imperialismo e sua funcionalidade para o capitalismo norte-americano (MONIZ BANDEIRA, 2013).

A historiografia de Landes foi trazida aqui para refutar a tese da irrelevância, ou inexistência, da dependência econômica como explicação, em parte ao menos, da pobreza do Brasil, duzentos anos depois de se tornar independente. A discussão sobre a dependência não pode perder de vista a conexão estratégica e indescartável entre os interesses das classes dominantes internas e o grande capital internacional, direta e indiretamente. Para dizer numa palavra, mesmo que uma potência imperialista não tenha interesses diretos num determinado país dependente, sua eventual emancipação, isto é, sua superação da condição de dependência, contraria seus interesses estratégicos, seja porque reduz eventuais possibilidades de lucros extraordinários pela vigência das trocas desiguais, seja porque significa a emergência de um novo competidor potente no quadro geopolítico mundial.

Existe a dependência econômica, ela é parte constitutiva dos determinantes estruturais, que configuram o capitalismo periférico, marcado por: concentração da renda e da riqueza, sonegação de direitos sociais básicos – saúde, educação, habitação, informação – marginalização política, social e cultural de grande parte da população. Contudo, não é só a dependência que explica o subdesenvolvimento, o capitalismo periférico dominante, que a ela se somam características específicas do modo de desenvolvimento do capitalismo no Brasil.

Uma ideia recorrente quando se trata de explicar a resistência do subdesenvolvimento brasileiro se apresenta como um enigma: como explicar que um país tão vasto em território, tão rico em riquezas minerais e biodiversidade, com grande população, sem fraturas culturais ou religiosas comprometedoras da unidade política nacional, continue como um gigante adormecido?

Desde meados do século XIX apresentaram-se respostas ao enigma que, inicialmente, foram por dois caminhos. O primeiro, inspirado nas correntes positivistas, reunindo nomes como Sílvio Romero, Euclides da Cunha, Oliveira Vianna, afirmou a tríade – "meio-raça-clima", como determinante fundamental dos processos sociais (SODRÉ, 1965). O outro caminho, que não necessariamente significa excluir aquela tríade, enfatizou os aspectos político-culturais, e se consolidou pela clivagem que estabeleceu entre a tradição ibérica de nossas instituições, vis-à-vis, a matriz institucional anglo-saxônica, que era vista como indispensável para o progresso do país. Na verdade, verificou-se aqui uma polêmica, protagonizada, de um lado por lideranças conservadoras do Império, Bernardo Pereira de Vasconcelos, a "Trindade Saquarema", e de outro, por Teófoli Otoni, Tavares Bastos, defensores de perspectiva chamada americanista (MATTOS,1987; VIANNA, 1997).

Sempre será possível defender, com bons argumentos, posições contrárias aos que vêem na miscigenação racial inferioridade definitiva. Também no referente à polêmica iberistas x americanistas, o ponto de vista de Richard Morse transfigurou a questão ao apontar possibilidades emancipatórias, ainda não realizadas, decorrentes da matriz ibérica, quando comparadas ao paradigma anglo-saxão, individualista, privatista, competitivo (MORSE, 1988).

Não é possível desculpar ou minimizar a infâmia racista que domina grande parte do século XIX, realizando-se como barbárie e genocídio com o nazismo, e que continua vivo com sinais de recrudescência nos dias que correm.

Mesmo considerando que o ar do tempo, a sacralização da ciência vista como instrumento de dominação, a que poucos não se deixaram embalar, não é possível desculpar, inteiramente, pensadores ponderáveis, como Sílvio Romero e Euclides da

Cunha, que eles poderiam ter evitado o racismo, como outros no seu tempo fizeram. Do mesmo modo, o racismo algo ridículo de Oliveira Vianna, não deve ser minimizado por bizarro que seja.

Todas essas questões são relevantes e estão longe de estarem encerradas. Contudo, o propósito deste texto é insistir numa pergunta, que gerações se têm feito, sem respostas, ou por outra, com respostas parciais, contingentes, precárias.

Há quase cinquenta anos, no contexto das comemorações dos 150 anos da Independência, num Brasil ainda sob a Ditadura, em momento de crescimento econômico, uma publicação importante da época, a revista *Visão*, elaborou um substancioso dossiê, *A Luta pela Independência – 1822-1972*, cujo mote tem desconcertante atualidade, como se vê no texto de Emília Viotti da Costa: "O Brasil chegou à segunda metade do século XX diante de uma nova opção de independência. Novamente se colocou o dilema de modernização do país, a necessidade de incorporar as populações marginalizadas à vida econômica e política, de estender a elas os benefícios da cultura e da assistência social. A consciência dessa necessidade é um primeiro passo. A maneira pela qual se dará esse processo – com ou sem participação do povo, dentro ou não de uma sociedade aberta – definirá os limites da realização." (COSTA, 1978, p. 64).

Duzentos anos de país independente não foram suficientes para emancipá-lo, efetivamente, isto é, pela universalização dos direitos sociais básicos, distribuição dos frutos do progresso tecnológico, pela democratização da vida política e cultural. Teria sido insuficiente o tempo, tem atuado no país mecanismos bloqueadores de suas potencialidades, excluídas, por criminosas falsificações as teses baseadas na inferioridade racial ou da natureza madrasta?

Queria apoiar o argumento de David Landes, quando ele diz – "que a colonização em si, mesmo a escravização não dita o fracasso." (LANDES, 1998, p. 487). A concordância com o historiador de "consciência limpa", no entanto, não vai muito longe porque para ele a prosperidade, a vida feliz, resultam do esforço individual, dos que vivem para trabalhar, uma elite autosselecionada, otimista, positiva, disposta a continuar tentando, tenaz, uma pequena e afortunada elite. "Neste mundo, os otimistas vencem, não porque estejam sempre certos, mas porque positivos. Mesmo quando erram, são positivos, e esse é o caminho da realização, correção, aperfeiçoamento e sucesso. O otimismo educado, de olhos abertos, compensa; o pessimismo só pode oferecer consolação vazia de estar certo." (LANDES, 1998, p. 593). É difícil levar a sério o historiografia da autoajuda, ainda que se deva tentar fazer isso porque essa tolice não é inócua. De todo modo, um liberal letrado, como Landes, poderia ter se lembrado de que a prosperidade de nações, seu desenvolvimento, como tem sido chamado, está diretamente relacionado à profundidade e extensão de processos que Amartya Sen e Celso Furtado chamaram e "distribuição primária da renda, envolvendo desde a distribuição da terra urbana e rural, quanto a universalização da educação de boa qualidade e habilitação do conjunto da população para apropriação das novas tecnologias e das novas linguagens.

 Duzentos anos de independência, cento e trinta e dois anos de abolição da escravidão, e o Brasil, moderno, industrializado, urbanizado continua dependente, periférico, desigual, excludente e pobre. Como explicar esse capitalismo subalterno que as classes dominantes têm reproduzido aqui, isto é, como explicar que elas se acomodem à uma posição de subalternidade, de subserviência diante não só das grandes potências capitalistas, mas de potências menores, recém chegadas ao centro capitalista?

A acomodação à dependência que caracteriza as classes dominantes no Brasil vem de longe, dos tempos coloniais. O grande historiador português, António Sérgio, se colocou, mais de uma vez, explicar as razões da prostração portuguesa diante de potências estrangeiras, Holanda, Inglaterra, e mostrou que grande parte do que parece ser pura pusilanimidade é, de fato, resultado da imposição de potências hegemônicas. Foi assim, nos tratados assinados por Portugal com a Inglaterra, nos séculos XVII e XVIII, completamente lesivos aos interesses portugueses; como Kenneth Maxwell observou: "Carvalho e Mello apercebeu-se do controle que a Inglaterra exercia sobre Portugal – não só em função das dificuldades econômicas e sociais de sua pátria como pelo rápido progresso da economia britânica. Acreditava ele que o tratado cromwelliano de 1654 estabelecera em Portugal, recém independente, um sistema de controle que o tornara mais escravizado aos interesses britânicos do que jamais o fora aos da Espanha. Os ingleses haviam obtido a posse sem o domínio. Era um relacionamento que lhes permitia absorver as imensas riquezas oriundas de descobertas de ouro e diamantes do Brasil – e Carvalho e Melo sustentava que o fabuloso capital produzido pelas minas passava quase todo para a Inglaterra." (...) "O tratado de 1654 e os que vieram depois proporcionaram um ambiente favorável à criação de um estado de dependência semicolonial que caracterizou as relações do país com seu aliado do norte, no século XVIII." (MAXWELL, 1978, pp. 25-26).

Não se veja na acomodação portuguesa frente ao domínio britânico como isenta de contradições. Ao longo do tempo, seja no século XVII, mediante a "política manufatureira" do Conde Ericeira, seja durante o consulado do Marquês de Pombal (1750-1777), Portugal reagiu ao colonialismo britânico mediante "políticas que Antonio Sérgio chamou de "fixação", que não foram capazes de reverter o quadro geral da dependência, pela permanência de "política de transporte", isto é, a manutenção dos interesses dos exportadores de vinho, que se beneficiavam com as exportações para a Inglaterra, ainda que os interesses do conjunto do país ficassem prejudicados, seja por desestimular a expansão da manufatura interna, seja por déficits permanentes da Balança Comercial, cobertos com as riquezas extraídas do Brasil. Ou seja, a permanência da dependência colonial de Portugal era tanto o resultado da imposição estrangeira, quanto tinha a cumplicidade da burguesia comercial portuguesa exportadora de vinhos (SÉRGIO, 1972).

O que é importante ressaltar aqui, para pensar na permanência da dependência econômica do Brasil, sob a forma de capitalismo periférico e dependente, é que a dependência é tanto mais estável e consistente quanto mais contar com o beneplácito de setores internos, que se locupletam com a dependência, ainda que lesiva para o conjunto do país. Para esses sócios da dependência, que capturam parcelas extraordinárias do excedente social, por meio do esmagamento dos salários, da concentração da renda e da riqueza. A dependência é funcional aos interesses dos que buscam acesso a bens e serviços modernos, acessíveis para os detentores das altas rendas, possibilitadas pela superexploração do trabalho.

A permanência dessa situação de crescentes desigualdades de renda e riqueza, geram tensões político-sociais, que nem sempre são absorvíveis por manipulação ou repressão, dando origem a movimentos contestatórios, com variados graus de radicalidade, com variados graus de consistência programática e capacidade de mobilização.

O processo que levou à Independência do Brasil foi marcado por ambiguidades que refletem impasses e contradições, que marcam a formação social brasileira, até hoje. Nascida de movimento ambivalente em que o impulso para a independência foi motivado, em grande medida, como reação ao recrudescimento neocolonialista das cortes portuguesas, pós-1820, a Independência reuniu, entre seus articuladores, setores das elites portuguesas e brasileiras, comprometidas com a manutenção da escravidão, com o latifúndio e com a permanência subordinada do Brasil na divisão internacional do trabalho, em momento de consolidação do modo de produção especificamente capitalista.

Por esse arranjo geopolítico e econômico, cabia ao Brasil ser fornecedor de alimentos e matérias primas segundo as regras do sistema colonial, que continuou vigorando, sob a superfície da pseudo autonomização do País. Com efeito, a Independência foi garantida e sustentada pela Grã-Bretanha frente às tentativas colonizadoras de Portugal e seus aliados regionais na Bahia, no Maranhão e no Pará, porque inalterada a subordinação brasileira aos interesses do grande capital internacional comandado pela Grã-Bretanha. Para dizer numa palavra, seria perfeitamente contrário aos interesses britânicos um processo de independência do Brasil que ameaçasse a continuidade das exportações e importações brasileiras para a Inglaterra. Para as oligarquias brasileiras, os efetivos ganhos decorrentes da Independência só seriam efetivamente vantajosos se não implicassem em quaisquer perdas de patrimônio e poder, ou seja, de terras e de escravos, foi essa de fato, a manutenção do latifúndio e da escravidão, a base na qual se assentou o pacto oligárquico, que sustentou a constituição do Estado Nacional Brasileiro. É isso que explica, seja a procrastinação da Abolição da escravidão, só obtida, mediante luta disruptiva dos escravos, e a, até aqui, sonegada Reforma Agrária, efetivamente capaz de atender aos grandes contingentes de trabalhadores rurais sem terra.

A Independência resultou da confluência de interesses das oligarquias regionais brasileiras, de setores das oligarquias rurais e comerciais de portugueses no Brasil, que se já se tinham enraizado aqui, irreversivelmente, de setores das classes médias urbanas brasileiras, cujas raízes independentistas vinham dos movimentos autonomistas do século XVIII. Entre as oligarquias regionais, haveria que se distinguir entre os setores modernizantes, representados por José Bonifácio de Andrada e Silva, que viam na Independência o início de processo de abolição gradual e, também gradual, reforma da propriedade da terra; e setores conservadores, que não abriam mão seja do latifúndio, seja da escravidão.

Ao longo do século XIX, a divisão básica entre oligarquias modernas x oligarquias conservadoras, sofreu desdobramentos e outras clivagens. As oligarquias modernizantes vão se dividir, em algum momento, entre os que não abrirão mão do regime imperial e os que vão migrar para a defesa do regime republicano. Entre os conservadores, houve quem resistisse, até o fim, a aceitar a Abolição, e os que acabaram por realizá-la no contexto de intensificação da luta antiabolicionista.

As correntes que vão constituir o movimento republicano no Brasil, têm origem diversa. Algumas tiveram origem nas lutas liberais dos anos 1840, como é o caso dos envolvidos na Revolução Liberal, de 1842, como Teófilo Otoni. Outras correntes republicanas se formaram no ambiente acadêmico influenciado pelas ideias positivistas, que dominaram as Escolas de Direito e de Engenharia, tendo como exemplos a experiência da República autoritária do México, comandada por Porfírio Diaz, que influenciou tanto a pregação de Benjamin Constant Botelho de Magalhães, professor da Escola Militar de Engenharia, quanto a Faculdade de Direito de São Paulo, onde se formaram grandes nomes do movimento republicano como Júlio de Castilhos e João Pinheiro, e os fazendeiros paulistas que vão dominar a República, depois da ditadura de Floriano Peixoto, entre 1894 e 1902. A instauração da República, em 1889, foi o desenlace ambíguo de movimento em que os setores ideológicos do movimento como os positivistas jacobinos, como Silva Jardim, como os militares positivas, como Benjamin Constant Botelho de Magalhães, se juntaram aos pragmáticos fazendeiros paulistas e aos marechais heróis da Guerra do Paraguai para implantar uma República que, assumindo completamente o liberalismo, reiterou a condição colonial dependente periférica da economia brasileira, como já ocorrera com a Independência, que se mostrou ruptura apenas formal e parcial da condição colonial.

Com efeito, ao longo do século XIX, o Brasil assistiu ao surgimento de várias correntes, que, expressando diferentes concepções políticas, tiveram em comum a mesma submissão à ordem capitalista, o mesmo compromisso com a consolidação de uma ordem social competitiva excludente, periférica e dependente. Nisso foram convergentes, o americanismo de Teófilo

Otoni e Tavares Bastos; o conservadorismo dos "Saquaremas" e o liberalismo de Ruy Barbosa e Joaquim Nabuco; o republicanismo dos positivistas civis e militares e dos fazendeiros paulistas.

A ampla convergência em torno da construção da ordem social competitiva no Brasil, com tudo que lhe é inerente, como capitalismo dependente, teve contestações por parte das classes populares mediante várias revoltas, que, de maneira difusa, questionaram a concentração da terra, a escravidão, a ausência de liberdades políticas, a marginalização social seja de escravizados seja de homens livres pobres.

A partir do final do século XIX, a luta social brasileira vai receber um novo influxo sob a forma de correntes políticas anticapitalistas; socialistas, anarquistas, comunistas, que se organizaram em partidos, sindicatos, movimentos, em lutas tanto imediatamente econômicas, por salários, condições de trabalho, direitos trabalhistas e previdenciários, quanto em lutas com explícito conteúdo disruptivo.

A organização independente da classe operária no Brasil, nas primeiras décadas do séuclo XX teve que enfrentar três grandes dificuldades: 1) um aparato estatal repressivo inteiramente posto a serviço das classes dominantes; 2) a existência de uma sólida aliança das classes dominantes em torno do projeto do capitalismo dependente; 3) a ausência de unidade no campo político de oposição dividida entre: os tenentes nacionalistas e de direita, como Juarez Távora; os tenentes esquerdizantes, que vão se aproximar do comunismo; os anarquistas, contrários à alianças de classes à política institucional; os comunistas dispostos a alianças com os tenentes de esquerda; os comunistas que eram contrários à alianças policlassistas. Diz Boris Fausto – "O movimento operário brasileiro" (...) teve "sua fase de maior ascenso" (...) "nos anos 1917-1920, acompanhando a grande vaga de agitações operárias que se seguiram ao fim da guerra. A greve geral de São Paulo (julho 1917) e a generalizada, de maio de 1919, a greve dos têxteis no Rio de Janeiro, em novembro de 1918, e a da Leopoldina em 1920 foram os seus marcos mais importantes. Esta fase caracterizou-se não apenas pelo número elevado de greves, como ainda pelos afluxo, em alguns casos, às organizações sindicais." (...)

"A década de vinte foi marcada pelo refluxo do movimento operário que só começou a se recuperar no início dos anos trinta, quando o Estado passou a intervir na organização da classe." (..) "fenômeno que se verifica em quase todos os países do mundo" – "que foi tão profundo, anulando as conquistas alcançadas e arrastando o movimento operário à uma desorganização acentuada." (...) "A ausência de um centro coordenador pesou enormemente sobre os movimentos de 1917-1920. Quando o anarquismo em crise se cindiu, dando origem ao Partido Comunista em 1922, a conjuntura se alterara. As condições nos anos vinte seriam difíceis no Brasil para qualquer grupo que pretendesse organizar independentemente a classe: queda de mobilização, um Estado impermeável às concessões, o tenentismo surgindo como núcleo de contestação à oligarquia." (FAUSTO, 1972, pp. 17-18-19).

Com efeito, o arranjo político-econômico que instaurou a República no Brasil, tinha como pressuposto a manutenção do velho pacto oligáquico, que garantira a relativamente longa vigência do Império, 1822-1889, e um significativo período de ultra centralização e estabilidade política, entre 1840 e 1889. Nesse período o país se modernizou, iniciou processo de industrialização, aboliu a escravidão sem que, de nenhum modo, a dominação das classes dominantes fosse ameaçada a não ser por movimentos, como Canudos, por exemplo, que foram reprimidos com violência de extermínio.

A República, bacharelesca e fazendeira, não ameaçou, senão que atualizou, a dominação oligárquica no Brasil. As fissuras da República oligárquica, começaram a se manifestar como resultados da complexificação crescente da estrutura produtiva de um capitalismo que, mesmo na periferia, exigia modernização institucional, urbanização e industrialização, isto é, uma nova configuração da divisão social, técnica e regional do trabalho no país, de que são expressões a crescente participação política das classes médias, por meio dos tenentes, dos trabalhadores urbanos, e mesmo dos trabalhadores do campo. Tais transformações sociais não tinham como ser absorvidas nos quadros da República de Fazendeiros, inteiramente voltada para a defesa de setores agroexportadores. Tal exclusivismo classista tinha um igualmente problemático rebatimento regional, na medida em que a cafeicultura, atividade econômica largamente majoritária na República de Fazendeiros, era, também, majoritariamente,controlada pelos cafeicultores paulistas. As eventuais tensões decorrentes do virtual monopólio de São Paulo das políticas federais, foram enfrentadas por meio de um arranjo, que funcionou entre 1913 e 1930, que estabelecem a alternância na Presidência da República entre o estado mais rico, São Paulo, e o estado com maior representação política no Congresso, Minas Gerais.

Esse consórcio político entre mineiros e paulistas, firmado em1913, visava impedir as turbulências que ocorriam por ocasião das eleições presidenciais, acoimadas, justamente, de fraudulentas. Entre os denunciadores das fraudes, Rui Barbosa, disputou, por duas vezes, a Presidência da República, derrotado nas duas vezes, denunciou os vícios do processo eleitoral, controlado pelas máquinas partidárias das oligarquias. A cada eleição fraudada, Rui Barbosa reagia, denunciava, havia certa comoção, a qual, com o tempo, era esquecida até novo pleito e novas denúncias, que, de maneira alguma, ameaçavam o pacto oligárquico. Essa rotina começou a ser quebrada, nos anos 1920, com o surgimento dos "tenentes" na política brasileira e um crescendo de inconformismo com a corrupção dos costumes políticos, de que são exemplos os movimentos de 1922, 1924, e a Coluna Prestes. Nas eleições de 1930, a disputa eleitoral caminhou para confirmar as velhas tradições com a vitória do candidato apoiado pelo Presidente da República. Também rotineira parecia a denúncia de fraude lançada pelos derrotados. Segundo o script, depois de espernear, a oposição se conformaria e seguiria o jogo. Contudo, nesse caso, houve uma mudança importante, que foi a ruptura entre as oligarquias mineira e paulista, e o lançamento da Aliança Liberal, encabeçada por Getúlio Vargas, do Rio Grande do Sul, e João Pessoa, da Paraíba, apoiada pelos mineiros. De todo modo, o processo seguiu seu curso tradicional, as eleições foram em março e a posse prevista para novembro. Então, um acontecimento imprevisto, o assassinato de João Pessoa, por razões estranhas à disputa eleitoral, que, no entanto, reacendeu a luta oposicionista que, para surpresa geral, resultou num movimento civil-militar, chamado de Revolução de 1930, que foi vitorioso, encerrando a República de Fazendeiros, a que se seguiu coalizão mais ampla da forças sociais, que sem excluir as oligarquias agrário-exportadoras, incluíram a classe média, por meio dos tenentes, as oligarquias regionais não vinculadas à agro-exportação, e a burguesia industrial emergente. Não se perca de vista, que essas disputas políticas deram-se no contexto de gravíssima crise capitalista, iniciada em 1929, que teve grande impacto negativo sobre os negócios das oligarquias exportadoras.

A discussão sobre a Revolução de 1930, sobre se existiu ou não, se foi uma revolução burguesa, agitou a historiografia brasileira, nas décadas de 1960 e 1970, em variadas perspectivas. O tema da Revolução de 1930 no Brasil é parte de uma questão mais geral sobre as especificidades da Revolução Burguesa no Brasil, no contexto de uma formação social marcada por ambiguidades nas relações entre as classes sociais, pelo caráter difuso e mesclado de processos que, é óbvio, não têm que se submeter aos esquemas lineares e reducionistas, que são encontrados em variadas vertentes do pensamento social.

Mesmo a Revolução Francesa, revolução por antonomásia, não esteve imune à ambiguidades, seja no referente aos efetivos protagonismos do processo, seja com relação à consciência dos sujeitos envolvidos sobre o efetivo significado de seus atos. Tomada de conjunto a Revolução Francesa não foi um processo homogêneo, marcado por uma única clivagem de classe. De fato, a Revolução Francesa, como revolução social, abarcou em sua dinâmica: uma revolução camponesa, que se deu entre 1789 e 1792, uma revolução burguesa, propriamente dita, entre 1789 e 1799, uma revolução "sans-culotte", entre 1793 e 1795. Ao final a revolução consagrou os interesses do grande capital francês, consolidado internamente pelas instituições criadas no período napoleônico, que também buscou hegemonia internacional para a burguesia francesa.

Nesse sentido, não é possível entender, em sua complexa tessitura, a Revolução Francesa se não se atentar para o papel da nobreza rebelde às tentativas reformistas de Necker; para o papel do baixo clero e sua adesão ao Terceiro Estado; para o papel do campesinato em sua ação direta de destruição das relações feudais no campo; para o papel insurgente dos segmentos empobrecidos das grandes cidades. É todo esse complexo de classes, interesses, ideologias e práticas que deu vida à Revolução Francesa.

Que a burguesia tenha sido a grande beneficiária, a beneficiária estratégica da revolução, não significa vê-la, à revolução, como o resultado da ação exclusiva e consciente da burguesia francesa. Ainda mais complexa, em seus sujeitos e motivações, foi a Revolução Inglesa do Século XVII. Sobre ela, disse um seu grande especialista, Christopher Hill – "Para se discutir, portanto, se a Revolução Inglesa foi ou não uma revolução burguesa, devemos começar definindo os temas. Como afirmei mais demoradamente em outra ocasião, a expressão, no seu uso marxista, não significa uma revolução feita ou conscientemente desejada pela burguesia." (...) "A Revolução Inglesa, como todas as revoluções, foi causada pela ruptura da velha sociedade e não pelos desejos da burguesia ou pelos líderes do Longo Parlamento." (...) "Foram as estruturas, as fraturas e as pressões da sociedade e não os desejos dos líderes, que ocasionaram a eclosão da revolução moldando o Estado que dela emergiu." (HILL, 1984, pp. 8-9).

A dificuldade em reconhecer a Revolução da Inglaterra do século XVII como "revolução burguesa", é que "Na década de 1640, camponeses se revoltaram contra os cercamentos, tecelões contra a miséria resultante da depressão e os crentes contra o Anti-Cristo a fim de instalar o reino de Cristo na terra." (...) "O resultado da Revolução não foi algo desejado por quaisquer dos participantes. Uma vez rompidas as velhas amarras, a forma que a nova ordem assumiu foi, a longo prazo, determinada pelas necessidades de uma sociedade na qual um grande número de homens, sem ideologia, cuidava apenas de seus próprios interesses." (HILL, 1984, pp. 9-10).

Estiveram presentes na Revolução Inglesa questões referentes à propriedade a terra, questões referentes ao desemprego e a redução dos salários, questões religiosas, questões especificamente políticas, que questionavam as tentativas absolutistas de Carlos I. Nesse complexo de motivações, disse Hill – "poucos das fileiras do Novo Modelo de Exército lutaram para criar um mundo seguro para fazendeiros capitalistas e comerciantes lucrarem." (...) "À medida que a revolução se desenvolveu, homens com ideias do que seria desejável politicamente tentaram controlá-la, mas nenhum deles obteve sucesso." (HIILL, 1984, p. 5). Mas, ainda assim, a revolução criou as condições para a imposição da ordem social competitiva, para a pleno domínio do capital.

Lembrar esses fatos, referentes à Revolução Inglesa, ajuda a delimitar o complexo de problemas que se põem quando se trata de pensar a Revolução Burguesa no Brasil, que, como outras revoluções, não está restrita a um único evento fundacional, mas a um processo não isento de interrupções, de retrocessos, mas, também, de acelerações. Nessa perspectiva mais ampla, a revolução burguesa no Brasil tem uma, relativamente, longa efetivação, cujo ponto de partida é o ano de 1850, com a Lei de Extinção do Tráfico Internacional de Escravos; com a Lei de Terras, e com a promulgação do Código Comercial –, seguindo-se a tríade – Abolição, 1888; República, 1889; e Constituinte,1891 – , e ainda, *O Código Civil*, de 1916, e a Revolução de 1930. Também no âmbito desse processo, são exuberantes as ambiguidades, as contradições, os impasses, as falsas soluções, as manobras diversionistas, as manipulações e o uso recorrente da repressão, das interdições das prerrogativas democráticas. Revolução burguesa que teve início com a ampla vigência da escravidão, que interditou processos consistentes de distribuição da renda e da riqueza, que se acomodou à posição subalterna na divisão internacional do trabalho, à condição periférica, e que, ainda assim, criou as condições para a imposição do capitalismo no Brasil, uma modalidade específica de capitalismo.

As disputas entre frações das classes dominantes no Brasil pela direção do Estado, pela construção de instituições conformadoras da estrutura de poder marcaram tanto o Império, quanto a República, até a consolidação da hegemonia do grande capital industrial, entre as décadas de 1930 e 1950. Tais disputas, não são singularidades brasileiras. Nos Estados Unidos, entre a Independência, 1776, e a Constituição, 1787, seja no contexto da guerra civil, 1861-1865, as classes dominantes norte-americanas dividiram-se, inicialmente, entre os defensores de uma república social baseada na pequena propriedade, como Jefferson, e os adeptos dos interesses do grande capital, como Hamilton; a guerra civil, por sua vez, foi o choque entre os grandes proprietários do Sul, voltados para a agro-exportação, baseada em trabalho escravo, e o grande capital do norte, industrialista e voltado para o mercado interno.

No Brasil, entre 1850 e 1930, período de instauração da modernização capitalista, da imposição da ordem social competitiva entre nós, houve clara hegemonia dos interesses das oligarquias agro-exportadoras, submissas à continuidade da inserção subalterna do capitalismo brasileiro na ordem capitalista mundial, que tem como fundamento material a continuidade da superexploração do trabalho, seja sob forma da escravidão, seja no âmbito do trabalho livre, pelos baixos salários e precarização do mundo do trabalho, pela sonegação de direitos sociais básicos.

Nesse sentido, tanto as mudanças nas relações de trabalho, a Abolição, quanto as mudanças na forma de governo, a instauração da República, não alteraram as características estruturais do capitalismo no Brasil, que continuou periférico e dependente, agro-exportador, isto é, baseado na concentração fundiária, num mercado interno restrito. A Abolição, sem uma Reforma Agrária efetiva, não só reiterou a iníqua desigualdade social no Brasil, quanto reiterou as condições de vigência do racismo, da segregação social, racial e espacial.

Poucas vezes, durante o período considerado aqui, 1850 e 1930, o domínio das classes dominantes no Brasil foi questionado em seus fundamentos. Um questionamento de fundo da dominação das classes dominantes no Brasil foi a luta abolicionista conduzida por escravos e seus aliados, que questionando a escravidão, questionavam, de fato, a ordem social baseada na escravidão. É essa a razão que levou Jacob Gorender a dizer que a Abolição foi, até aqui, a única revolução social brasileira (GORENDER, 1982, p. 21). Outro momento de contenção dos fundamentos do poder das classes dominantes no Brasil foi o protagonizado pelos camponeses de Canudos, movimento que reivindicou dimensão messiânica, por meio da pregação do Conselheiro, que atualizou, para o sertão, as utopias medievais da abundância. Canudos foi, sobretudo, uma guerra social, como disse Edmundo Moniz, a luta pela terra, a luta pela propriedade coletiva da terra, por meio de uma experiência de insurgência social, que contestou, num único processo, o latifúndio, o coronelismo, a República oligárquica, a igreja a serviço dos poderosos. É a radicalidade de seus propósitos que explica a violência extrema,que se mobilizou contra os camponeses de Canudos, exterminados até o último combatente, para não deixar dúvidas, que quando o poder das classes dominantes no Brasil é, efetivamente, ameaçado, isto é, quando o instrumento corriqueiro de seu controle, a conciliação, não funciona, elas não hesitam em mobilizar a guerra de extermínio (MONIZ, 1987).

Um terceiro momento de contestação radical do poder das classes dominantes no Brasil deu-se entre 1917 e 1935, das greves de 1917 e 1919, passando pela experiência de organização do Partido Comunista do Brasil, em 1922, até o grande movimento democrático-popular representado pela Aliança Nacional Libertadora, lançada em março de 1935. Trata-se de momento de grande agitação social em que segmentos sociais se mobilizaram a partir de três grandes blocos: o que reunia a direção da República oligárquica, instaurada em 1889, e que conseguiu manter considerável unidade até o final dos anos 1920, mediante mecanismos de controle dos processos decisórios e do processo eleitoral; setores médios, comprometidos com um programa de modernização econômica, política, social e cultural, de que são expressão o movimento modernista, as propostas de moralização dos costumes políticos, à luz dos paradigmas do liberalismo burguês, defendidas pelos tenentes e por segmentos das oligarquias liberais do país representadas por Rui Barbosa, pelo Partido Democrático de São Paulo. Finalmente, o terceiro bloco reuniu o proletariado e outros setores populares urbanos, intelectuais e segmentos tenentistas esquerdizantes. O proletariado brasileiro, numericamente restrito, nas primeiras décadas do século XX, demonstrou grande capacidade de mobilização e autonomia, impulsionado pela ação dos anarquistas, que tiveram significativa presença na jovem classe operária brasileira, concentrada em São Paulo. A Revolução Russa de 1917, se impôs com tal força política e moral, que arrastou grande parte das forças revolucionárias do mundo para o campo bolchevique. No Brasil, o Partido Comunista foi fundado, em 1922, por militantes oriundos do anarquismo, como Astrogildo Pereira e Octávio Brandão.

Fundado em março, o PCB foi fechado em julho de 1922, teve vários de seus militantes presos, seus arquivos e documentação confiscados, obrigando o partido à clandestinidade. Em 1923, a Confederação Sindicalista Cooperativista Brasileira, CSCB, propôs ao Partido a constituição de frente única operária, que permitiu significativa ampliação de sua atuação política, compatível com a orientação da III Internacional, que no III e IV Congressos, realizados, em 1921 e 1922, enfatizou a importância da participação dos comunistas nos movimentos cooperativistas (KAREPOVS, 2006, p. 34). Até 1928, quando a III Internacional modificou sua política passando à uma linha esquerdista, o PCB buscou se aproximar das massas mediante políticas em que buscaria: "manter a luta ideológica contra anarquistas e socialistas"; "manobrar as forças proletárias como forças independentes", conquistar ou neutralizar a pequena burguesia, iniciar o trabalho entre as "massas camponesas" e, finalmente, conectar esse trabalho com o movimento revolucionário internacional, isto é, com a IC, e o combate ao imperialismo." (KAREPOVS, 2006, p. 43).

Em meio às dificuldades postas pela repressão imposta durante o governo Arthur Bernardes, 1922/1926, a atuação do PCB teve considerável êxito no que diz respeito a afirmar sua identidade pública ao mesmo tempo em que ampliou seu programa para incorporar: "palavras de ordem como restabelecimento das liberdades constitucionais, voto secreto e obrigatório, direito de voto aos praças de pré e às mulheres, facilidades de alistamento eleitoral, direito de reunião e revogação de todas as leis de exceção..." (KAREPOVS, 2006, p. 46).

Essa linha política foi ainda mais ampliada com a criação, em 1927, do Bloco Operário, que depois se chamou Bloco Operário Camponês, com o propósito de organizar a participação dos trabalhadores no processo eleitoral, mediante a "noção de direitos políticos de classe" – "defesa dos interesses dos trabalhadores urbanos e rurais, apoio às suas lutas e reivindicações e defesa das liberdades políticas dos trabalhadores." (KAREPOVS, 2006, p. 57). A participação do BOC nas eleições de 1927 e 1928 foi considerada, pelos seus dirigentes, bem sucedida. Em 1927, a aprovação no governo Washington da chamada "Lei Celerada", obrigou o PCB a novo mergulho na clandestinidade. Nesse contexto, buscando superar o isoalento político, o PCB buscou se aproximar da Coluna Prestes e aprofundou sua aliança com a pequena burguesia. Tal política não teve apoio unânime no interior do partido, lembrando-se, a propósito disso, as trágicas consequências, para o Partido Comunista Chinês, da aliança com o Partido Nacionalista, Kuomintang, em 1927.

Sempre foi controversa a legitimidade da participação de revolucionários na vida parlamentar burguesa. Rejeitada radicalmente pelos anarquistas, a participação dos comunistas nos processos eleitorais, durante mito tempo, foi objeto de polêmicas, como se vê no caso do BOC que permitiu que "pela primeira vez, o pequeno grupo que então eram os comunistas brasileiros pôde se aproximar das massas operárias e levar-lhes suas propostas." (...) "que, no entanto, não impediu que com a mudança da política da III Internacional, o BOC fosse visto como obstáculo à ação do PCB na medida de suas alianças incompatíveis com a concepção da revolução social mundial iminente que a Internacional passou a adotar, em 1928 (KAREPOVS, 2006, p. 171).

A mudança de orientação externa determinou mudanças internas no PCB, de que resultou a condenação implacável de Astrogildo Pereira, símbolo da política de alianças caída em desgraça. Essa guinada esquerdista da III Internacional, sob as ordens de Stálin, tem considerável responsabilidade pela desastrosa política praticada pelo Partido Comunista Alemão, que, afirmando que a socialdemocracia era irmã gêmea do nazismo, impediu a aliança que poderia impedir a ascensão de Hitler (TROTSKY, 1979; CLAUDIN, 1970).

Quando ficaram claras as consequências trágicas da política esquerdista da III Internacional, no caso da Alemanha, Stálin se calou, como se não fosse com ele o problema, e, a partir de 1934, provocou um novo giro na política da Internacional, agora de apoio às "frentes populares", sem qualquer autocrítica com relação à posição anterior. Na vigência dessa política a Internacional, na prática, abriu mão de seu papel revolucionário. Isso foi dramaticamente confirmado no contexto da Guerra Civil Espanhola, entre 1936 e 1939, em que as tendências revolucionárias espanholas, o POUM e os anarquistas, foram boicotados e depois atacados pelo PCE sob o comando de Stálin (CLAUDIN, 1970).

Assim, é sempre surpreendente lembrar o quão distante dessa política de conciliação policlassista discrepa a iniciativa do PCB, em 1935, de deflagrar uma tentativa de tomada de poder a partir, sobretudo, dos tenentes de esquerda. Entre as razões que explicariam a decisão temerária da direção do PCB sob o comando de Luiz Carlos Prestes, está a avaliação equivocada da hegemonia do programa comunista no contexto da Aliança Nacional Libertadora, lançada em março de 1935 – "O ano de 1934 caracterizou-se por uma vaga reivindicatória no momento operário e pela fermentação nas áreas que se poderia assimilar à pequena burguesia. Uma série de greves se desencadearam no Rio de Janeiro, São Paulo, Belém, no Rio Grande do Norte, destacando-se as greves nos setor de serviços (transportes, caminhões, bancários, etc.). As campanhas contra a guerra e contra o fascismo ganharam amplitude, culminando com o violento choque entre antifascistas e integralistas, em São Paulo (outubro de 1934). Surgiram no país as frentes antifascistas, onde começou a ser quebrada, na prática, a separação entre comunistas, socialistas e tenentismo esquerdizante. A repressão policial contra estes movimentos levou à formação de uma Comissão Política Popular de Inquérito, para apurar responsabilidades pelas violências. Esta Comissão pode ser considerada um embrião da Aliança." (FAUSTO, 1972, pp. 70-71).

A presença na Aliança, com grande número de membros comunistas não significa vê-la como expressando o programa comunista, senão que, sua plataforma melhor seria caracterizada como nacional popular, como se vê, a seguir: "O programa da ANL tinha vários pontos em comum com as reivindicações apresentadas na mesma época por outras frentes populares do período e colocava cinco exigências básicas: 1) anulação de todos os débitos às nações imperialistas; 2) nacionalização das empresas estrangeiras; 3) liberdades políticas; 4) direito ao governo popular; 5) distribuição da propriedades feudais entre os camponeses e proteção ao pequeno e médio proprietário." (PINHEIRO, 1992, p. 273).

A década de 1920 marcou o final da República dos Fazendeiros, na medida em que, por diversas razões internas e externas, a crise de 1929, por exemplo, comprometer o arranjo político instalado em 1889, e remendado em 1902, com a "Política dos Governadores", e em 1913, com a "Política do café-com-leite"; não mais podia conter as contradições decorrentes da expansão da industrialização, da modernização e da modernização política, institucional, cultural do país e da emergência na cena política de novos sujeitos e projetos, em particular o representado pelos tenentes e pelo proletariado urbano. O desgaste decorrente da estrutura política viciada da República Velha, fermentou a constituição de oposições regionais, liberais, no Rio Grande do Sul, representada por herdeiros da tradição federalista, com nomes como Assis Brasil, Raul Pilla; em São Paulo, com a criação do Partido Democrático, em 1925. O desgaste da República dos Fazendeiros, se manifestou com clareza nas eleições de1930, com o lançamento da Aliança Liberal, reunindo forças políticas regionais fortes como as de Minas Gerais e do Rio Grande do Sul, com apoio da dissidência paulista representada pelo Partido Democrático, com apoio de setores do tenentismo. Não menos significativo foi o lançamento, pelo Bloco Operário Camponês do Brasil, em 1930, da candidatura de Minervino de Oliveira, à Presidência da República, e de candidaturas nos Estados do Ceará, Espírito Santo, Paraíba, Pernambuco, Rio Grande do Sul, Rio de Janeiro, São Paulo e

Distrito Federal. O III Pleno do Comitê Central do PCB, realizado entre 29 e 31 de outubro de 1929, definiu a participação do Partido nas eleições de 1930 através de candidaturas próprias, lançadas pelo BOCB, apesar das dúvidas que a Internacional manifestava sobre o BOCB, no contexto de período que era definido como "revolucionário", e que afastava a realização de políticas de alianças, como a representada pelo BOCB. Ainda assim, "os comunistas deviam lançar candidaturas e programas próprios, por intermédio do BOC, e também as palavras de ordem: "Transformemos a luta pela sucessão presidencial numa luta revolucionária"; "Pela revolução agrária e anti-imperialista" e "Pelo governo dos operários, camponeses, soldados e marinheiros". (KAREPOVS, 2006, p. 137-138).

A reduzidíssima votação obtida em 1930, elo BOCB, aprofundou a crise que levou à extinção do BOCB e ao mergulho obreirista do PCB, de 1930 até 1934 – "Entre 1930 e meados de 1934, o PC procurou concentrar sua atividade nos meios operários e no campo, tentando organizar-se na esfera sindical e constituir as chamadas "frações vermelhas" de oposição." (FAUSTO, 1972, p. 69).

Em 1934, o giro da III Internacional para a defesa das "frentes populares", foi seguido no Brasil pelo PCB, que, ainda assim, surpreendentemente, promoveu o movimento de 1935, que remontava à política esquerdista da Internacional, que predominara de 1928 a 1934.

A agudização da luta de classes no Braisl nos anos 1930 repunha, internamente, as mesmas tensões que se verificavam no plano internacional, também ele marcado pela crescente polarização entre a direita nazifascista e a União Soviética, tendo de permeio a ominosa complacência das grandes potências capitalistas com o aventurismo hitleriano. Esse jogo perigoso e irresponsável, foi o combustível para a decisão de Hitler de ir à guerra com potencias que se mostravam tão acovardadas.

No Brasil, depois de derrotar a esquerda, em 1935, Getúlio Vargas consolidou o governo ditatorial, manipulando o forte anticomunismo no país, depois de 1935, impondo o Estado Novo, em 1937 e esmagando a direita integralista,em 1938.

Os quase vinte anos de Presidência de Getúlio Vargas, em diversas feições políticas, Governo Provisório, entre 1930 e 1934; Governo Constitucional, eleito indiretamente, entre 1934 e 1937; Governo Ditatorial, entre 1937 e 1945; e Governo Constitucional, eleito diretamente, entre 1951 e 1954, foram marcados por significativa continuidade no referente ao seu papel de organizador das bases políticas, institucionais e materiais para a expansão da acumulação de capital no Brasil, centrada no setor industrial. Mesmo quando, superficialmente, derrotando o principal núcleo regional do capitalismo brasileiro, São Paulo, em 1932, Vargas realizou os interesses estratégicos do capital ao apequenar as forças mais renitentes da oligarquia agrária exportadora. Em ações, a um tempo bonapartistas e bismarckistas, Vargas criou as condições para o desenvolvimento pleno do capitalismo no Brasil, diz Octávio Ianni – "o que caracteriza os anos posteriores à Revolução de 30 é o fato de que ela cria condições para o desenvolvimento do *Estado burguês*, como um sistema que engloba instituições políticas e econômicas, bem como padrões e valores sociais e culturais de tipo propriamente burguês. Enquanto manifestação e agente das rupturas estruturais internas e externas, a Revolução implicou, na derrota (não se trata propriamente de liquidação) do *Estado oligárquico*." (IANNI, 1977, pp. 1314).

O Estado burguês no Brasil, entre 1930 e 1984, só foi estritamente liberal em alguns momentos, que são intervalos de uma tendência geral marcada pelo intervencionismo, pela mobilização de instrumentos de planejamento, pelo controle direto do Estado de setores produtivos. Esses momentos liberais – 1946-1950, 1954-55, 1961 – não foram suficientes para reverter o quadro geral de um capitalismo marcado pela forte presença do Estado como membro permanente de arranjos hegemônicos, que ora privilegiaram o capital nacional, 1930-45, 1951-54; ora a associação deste com o capital estrangeiro, 1956-60, 1964-1984; ora os interesses nacional-populares, 1963-1964.

O fato é que, o Estado que muitas vezes foi chamado desenvolvimentista, montado a partir da Revolução de 1930, teve considerável êxito quanto ao crescimento econômico. Entre 1930 e 1980, a economia brasileira foi a que mais cresceu entre os países capitalistas, excluído o Japão. O crescimento do PIB na casa de 7% ao ano, durante 50 anos, foi hegemonizado pela expansão industrial e intensificação da urbanização. Uma visão mais acurada do processo demandará tanto desdobrar, setorialmente, o crescimento industrial, o nível de sua atualização tecnológica, quanto considerar o setor primário da economia.

Há uma vasta literatura sobre o chamado processo de substituição de importações no Brasil, isto é, sobre o modo como se deu a industrialização brasileira, em que se destacam o texto pioneiro de Maria da Conceição Tavares, publicado em 1963 (TAVARES, 1973), e a revisão crítica de todo o processo empreendido por Wilson Suzigan, em 1986 (SUZIGAN, 1986). Para ficar com o essencial da questão diga-se que o processo de industrialização, sendo quantitativamente expressivo, foi, do ponto de vista qualitativo, marcado por desequilíbrios e assimetrias inerentes à inserção subalterna do capitalismo no Brasil na ordem capitalista mundial. Reconhecer a existência de desequilíbrios e assimetrias no processo de industrialização no Brasil, não significa afirmar a existência de equilíbrio e harmonia na dinâmica capitalista, marcada por permanentes desigualdades e contradições. O que se quer destacar, quando se reconhece a existência de assimetria no desenvolvimento industrial do país, é o fato de que tais assimetrias são resultantes de contradições do processo de acumulação de capital no Brasil, constrangido por concentração da renda e da riqueza, que fragiliza o mercado interno base sócio-material da acumulação de capital. No Brasil, a recusa das classes dominantes em aceitarem processos efetivos de distribuição de renda e riqueza, significou, tanto a longa vigência da escravidão, quanto a sistemática exclusão das classes populares de direitos e habilitações indispensáveis para a constituição das forças produtivas especificamente capitalistas, indispensáveis à geração sistemática de mais-valor relativo, condição *sine-qua-non* para permitir inserção competitiva do capitalismo brasileiro na ordem capitalista mundial. Na ausência de processos distributivos de renda e riqueza, o capitalismo no Brasil viabiliza sua participação no comércio internacional mediante o esmagamento de salários, mediante a superexploração do trabalho, perpetuando os privilégios das classes dominantes no Brasil, que têm conseguido, até aqui, impedir reformas estruturais –agrária, urbana, tributária, educacional – capazes de distribuir a renda, a riqueza, o poder e a informação. Na ausência desses processos distributivos, o capitalismo no Brasil será sempre um capitalismo de segunda ordem, espoliador de seus trabalhadores e setores populares, e externamente, cada vez mais coadjuvante secundário nas grandes linhas de força do desenvolvimento contemporâneo, situação agravada por desastrosas políticas em áreas em que pode ter protagonismo como referente à biodiversidade, à sustentabilidade, às tecnologias agrícolas e biofarmacêuticas.

O Estado instalado em 1930, deu ênfase à industrialização, enquanto no campo foram mantidas as relações impostas pelas oligarquias agrário-exportadores, cujos interesses não foram contrariados, seja durante as ditaduras, seja durante os períodos não ditatoriais, que, liberais no que diz respeito aos processos político-eleitorais, não garantiram, de fato, a universalização da cidadania para grande parte da população marginalizada pelo racismo, pela segregação espacial, pela precarização do trabalho, pela baixa qualidade do ensino, dos serviços de saúde aos quais têm acesso.

Durante a vigência do Estado Desenvolvimentista no Brasil, 1930-1984, predominaram eficazes mecanismos de coordenação dos interesses do capital, controle dos trabalhadores e dos outros segmentos populares, cooptação de setores médios, tenentes, burocracia civil, burocracia sindical. Todas as vezes que houve ameaças a esse arranjo de poder, as classes dominantes brasileiras não hesitaram em mobilizar aquilo que, a partir de Florestan Fernandes, se pode chamar de "contra-revolução preventiva permanente", como se viu em 1935, em 1954, em 1964/68. Tal característica estrutural, a permanente disposição das classes dominantes no Brasil para as formas autoritárias, antidemocráticas de governo, se manteve para além da crise do Estado desenvolvimentista, nos anos 1980, como se viu, recentemente, no golpe que depôs Dilma Rousseff.

O fim da ditadura militar, em 1984, coincidiu com a intensificação da crise dos fundamentos do Estado Desenvolvimentista, sob a forma de crise fiscal, crise inflacionária, crise do Balanço de Pagamentos, que marcaram o capitalismo brasileiro do final dos anos 1970 até 1994, resistindo à variadas terapêuticas heterodoxas de política econômica, desde o último governo da Ditadura, passando pelos governos da Nova República até o governo tucano, que foi bem sucedido no combate à inflação, num momento em que a inflação desaparecia do capitalismo mundial. O governo tucano conseguiu debelar o processo hiperinflacionário mediante intervenção engenhosa, no bojo de um projeto global de submissão ao capitalismo mundializado financeirizado. Na sequência, os governos petistas, agregaram à estabilidade monetária resultante da ação do governo tucano, três medidas importantes, a saber: a expansão e democratização do ensino público superior, o aumento real do salário mínimo, a expansão de política de transferência de renda para segmentos pauperizados da população. Tais políticas de nenhum modo irrelevantes, têm uma limitação fundamental que é o fato de não alterarem continuadamente as condições de vida dos trabalhadores e setores populares no Brasil. Sobrevindo, como é recorrente no Brasil, crise fiscal, a tendência é a descontinuidade das políticas de transferência de renda, e a reversão do processo distributivo, baseado em circunstancial quadro de folga fiscal. Foi isso que aconteceu, aqui, depois que passou a onda dos preços elevados de certas mercadorias no mercado internacional. De resto, há uma gritante desproporção entre o montante de recursos transferidos pelos programas assistenciais dos governos petistas, que não chegou à casa do um por cento do PIB, e os quase dez vezes mais recursos transferidos para os ricos, sob a forma dos juros da dívida pública.

Com efeito, durante os governos petistas não foi feita nenhuma tentativa, parcial que tenha sido, de transformação estrutural da sociedade brasileira mediante efetiva distribuição da renda e da riqueza. Resultado de uma aglutinação de forças políticas de esquerda heterogêneas, o PT, a partir de 1995, isolou ou expulsou as correntes políticas internas que defendiam o socialismo, crítico seja à socialdemocracia seja ao stalinismo, ao mesmo tempo, vitoriosa em 2002 estatizou os movimentos sociais, e despediu-se de quaisquer compromissos com a plena emancipação humana e social, que sua direção possa ter tido, por desmoralizante papel que passou a exercer, como construtora de uma "hegemonia às avessas", como disse Chico de Oliveira (OLIVIERA, 2010).

Com efeito, mesmo a superficial e residual distribuição de renda realizada pelos governos petistas, aquele arremedo de reformismo muito, muito fraco, não é aceitável pelo capitalismo no Brasil. Acostumados à cumplicidade de setores das classes médias, acostumados a cooptarem setores sindicais e populares sujeitos ao peleguismo, acostumados à repressão e à violência quando falham as manobras manipulatórias, o capitalismo estica a corda e não concede nada, viciado pela longa prática da dominação sem freio, sem temer a insurgência dos de baixo.

Do mesmo modo que não aceita a distribuição da renda e da riqueza, o capitalismo no Brasil também não tem maiores compromissos com a democracia, na medida em que ela pode permitir a organização de forças que podem se colocar a revolução social. Acostumado ao mando sem contestações reais, o capitalismo no Brasil reage à crises que comprometem sua capacidade de governar, ao seu domínio efetivo, pela mobilização da pura violência, como se dá hoje com o atual que tresanda a podridão e sangue.

Bibliografia

AGUIAR, Ronaldo Conde. *O Rebelde Esquecido. Tempo, Vida e Obra de Manoel Bomfim*. Rio de Janeiro, Topbooks/ANPOCS, 2000.

ALENCASTRO, Luiz Felipe de. *O Tratado dos Viventes. Formação do Brasil no Atlântico Sul, Séculos XVI e XVII*. São Paulo, Companhia das Leras, 2000.

ALLEN, G. C. *Breve Historia Económica del Japon Moderno*. Trad. Esp., Madrid, Editorial Tecnos, 1980.

AMSDEN, Alice H. *A Ascensão do "Resto". Os Desafios ao ocidente de economias com industrialização tardia*. Trad. Port., São Paulo, EUNESP, 2009.

ANDERSON, Benedict. *Comunidades Imaginadas*. Trad. port., São Paulo, Companhia das Letras. 2008.

ANDERSON, Kevin B. *Marx nas Margens*. Trad. port., São Paulo, Boitempo, 2019.

ANDRADE, Manoel Correia de. *A terra e o homem no Nordeste*. São Paulo, Editora Brasiliense, 1963.

ANTUNES, Ricardo. *O Privilégio da Servidão. O Novo Proletariado de Serviços na Era Digital*. São Paulo, Boitempo Editorial, 2018.

ARAÚJO, Ricardo Benzaquen de. *Guerra e Paz: Casa Grande & Senzala e a obra de Gilberto Freyre nos anos do Rio de Janeiro*, 34 letras, 1994.

ARENDT, Hannah. *Da Revolução*. Trad. Port., São Paulo, Editora Ática/EUnB, 1988.

AROCENA, Felipe. "Ariel, Caliban e Próspero: notas sobre a cultura latino-americana" in *Presença, Revista de Política e Cultura*, n. 15, Abril de 1990, Rio de Janeiro.

ARRIGHI, Giovanni. *Adam Smith em Pequim*. Trad. port., São Paulo, Boitempo Editorial, 2008.

BACELLAR, Carlos de Almeida Prado. "Capitania do Mato Grosso" in SILVA, Maria Beatriz Nizza da (Org.). *Dicionário da História da Colonização Portuguesa no Brasil*. Lisboa, São Paulo, Editorial Verso, 1994.

BARRACLOUGH, Geoffrey. "O Fim de uma Era", trad. port., Jornal *Opinião*, 15 de julho de 1974 e 22 de julho de 1974.

BELLUZZO, Luiz Gonzaga de Mello. *O Senhor e o Unicórnio*. São Paulo, Editora Brasiliense, 1984.

BENEDICT, Ruth. *O Crisântemo e a Espada*. 2ª edição, Trad.port., São Paulo, Editora Perspectiva, 1988.

BOMFIM, Manoel. *O Brazil na América. Caracterização da Formação Brazileira*. Rio de Janeiro, Livraria Francisco Alves. 1929.

BOMFIM, Manoel. *O Brazil na História. Deturpação das Tradições. Degradação Política*. Rio de Janeiro, Livraria Francisco Alves, 1930.

BOMFIM, Manoel. *O Brazil Nação. Realidade da Soberania Brazileira*. Rio de Janeiro, Livraria Francisco Alves, 1931, 2 vols.

BOSCHI, Caio César. *Os Leigos e o Poder*. São Paulo, Editora Ática, 1986.

BRENNER, Robert. *O Boom e a Bolha. Os Estados Unidos na Economia Mundial*. Trad. port., Rio de Janeiro/São Paulo, Editora Record, 2003.

BURCKHARDT, Jacob. *O Renascimento Italiano*. Trad. port., Lisboa, Editorial Presença, 1974.

CANABRAVA, Alice P. *O Comércio Português no Rio da Prata (1580-1640)*. Belo Horizonte, Editora Itatiaia/EDUSP, 1984.

CANDIDO, Antonio. "Sérgio em Berlim e depois" in *Novos Estudos CEBRAP*, vol. 1, n. 3, julho de 1982.

CARNEIRO, Ricardo. *Desenvolvimento em Crise. A Economia Brasileira no último quarto do século XX*. São Paulo/Campinas, ENESP/EUNICAMP, 2002.

CARPEAUX, Otto Maria. "Introdução a Os Irmãos Karamazov" DOSTOIEVSKI, F. M. *Os Irmãos Karamazov*, 1º vol., trad. port., Rio de Janeiro, Livraria José Olympio Editora, 1952.

CARVALHO, José Murilo de. *A Construção da ordem: a elite política imperial*, Brasília: UnB, 1981, p. 177.

CARVALHO, José Murilo de. *Teatro de Sombras. A Política Imperial*. Rio de Janeiro, IUPERJ; Vértice, 1988.

CASTRO, Antonio Barros de e SOUZA, Francisco Eduardo Pires de. *A Economia Brasileira em Marcha Forçada*. Rio de Janeiro, Paz e Terra, 1985.

CHAUÍ, Marilena. *Brasil. Mito fundador e sociedade autoritária*. São Paulo, Fundação Perseu Abramo, 2000.

CLASTRES, Pierre. *A Sociedade Contra o Estado*. 2ª edição, Trad. port., Rio de Janeiro, Livraria Francisco Alves Editora, 1978.

CLASTRES, Pierre. *Arqueologia da Violência*. Trad. port., São Paulo, Editora Brasiliense, 1982.

CLAUDIN, Fernando. *La Crisis del Movimiento Comunista*. Paris, Ruedo Iberico, 1970.

COSTA, Emília Viotti da. "Porque foi apenas o começo" in *Revista Visão*, A Luta pela Independência – 1822-1972, vol. 40, n. 4, 28 de fevereiro de 172.

COUTINHO, Carlos Nelson. *Cultura e Sociedade no Brasil. Ensaios sobre Idéias e Formas*. Belo Horizonte, Oficina de Livros, 1990.

COUTO, Jorge. *A Construção do Brasil*. Lisboa, Cosmos, 1998.

CRUZ, Paulo Davidoff. *Dívida Externa e Política Econômica*. São Paulo, Editora Brasiliense, 1984.

CUNHA, Euclides da. *A Margem da História*. 4ª edição, Porto, Lisboa/Paris, Livraria Chardron, do Lello & Irmão, 1926.

DANOWSKI, Déborah e CASTRO, Eduardo Viveiros de. *Há mundo por vir? Ensaio sobre os medos e os fins*. Florianópolis/São Paulo, Cultura e Barbárie/ISA, 2014.

DEUTSCHER, Isaac. *A Revolução Inacabada. Rússia 1917-1967*. Trad. Port., Rio de Janeiro, Editora Civilização Brasileira, 1968.

DEUTSCHER, Isaac. *Trotski. O Profeta Amado*. Trad. port., Rio de Janeiro, Civilização Brasileira, 1968.

FAORO, Raymundo. *Os Donos do Poder*. Rio de Janeiro/Porto Alegre/São Paulo, Editora Globo, 1958.

FAUSTO, Boris. *Pequenos Ensaios de História da República: 1889-1945*. São Paulo, CEBRAP, 1972, Cadernos CEBRAP 10.

FENELON, Dea Ribeiro. *Cairu e Hamilton. Um Estudo Comparativo*. Belo Horizonte, Tese de Doutorado apresentada à Faculdade de Filosofia e Ciências Humanas da Universidade Federal de Minas Gerais, 1973.

FERLINI, Vera Lúcia Amaral. *A Civilização do Açúcar. Séculos XVI e a XVIII*. 4 edição, São Paulo, Editora Brasiliense, 1987.

FERLINI, Vera Lúcia Amaral. *Terra, Trabalho e Poder*. São Paulo, Editora Brasiliense, 1988.

FERNANDES, Florestan. *A Revolução Burguesa no Brasil*. Rio de Janeiro, Zahar Editores, 1975.

FERREIRA, Gabriela Nunes. *Centralização e descentralização no Império. O debate entre Tavares Bastos e Visconde de Uruguai*. São Paulo Editora 34/USP, 1999.

FOSTER, John Bellamy. "Marx e o meio ambiente" in WOOD, Ellen Meiksins e FOSTER, John Bellamy (Orgs.). *Em Defesa* da História. Marxismo e pós-modernismo. Trad. port., Rio de Janeiro, Jorge Zahar Editor, 1999.

FRAGOSO, José Luis. "Economia Brasileira no Século XIX: mais do que uma *plantation* escravista-exportadora" in LINHARES, Maria Yedda (Org.). *História Geral do Brasil*. Rio de Janeiro, Editora Campus, 1990.

FRIEIRO, Eduardo. "Vila Rica, Vila Pobre", in *O Diabo na Livraria do Cônego*. Belo Horizonte, Editora Itatiaia, 1957.

FRIEIRO, Eduardo. *O Brasileiro não é Triste*. Nova Edição. Rio de Janeiro, MEC/INC, 1957.

FURTADO, Celso. *Brasil. A Construção Interrompida*. Rio de Janeiro, Paz e Terra, 1992.

FURTADO, Celso. *O Brasil Pós-"Milagre"*. Rio de Janeiro, Paz e Terra, 1981.

FURTADO, Celso. *O Capitalismo Global*. Rio de Janeiro, Editora Paz e Terra, 1998.

GAIOSO, Raimundo José de Souza. *Compêndio Histórico-Político dos Princípios da Lavoura do Maranhão*. Edição fac similar, São Luiz, SUDEMA, 1970.

GOMES, Orlando. *Raízes Históricas e Sociológicas do Código Civil Brasileiro*. Salvador, Universidade da Bahia, 1958.

GOMES, Paulo Emílio Salles. *Cinema: trajetória no subdesenvolvimento*. 2ª edição, Rio de Janeiro, Paz e Terra, 1980.

GORENDER, Jacob. *A Burguesia Brasileira*. 2ª edição, São Paulo, Editora Brasiliense, 1982.

GRAMSCI, Antônio. *Literatura e vida nacional*. 2ª dd. Rio de Janeiro: Civilização Brasileira, 1978, p. 105-106.

GRAMSCI, Antônio. *Maquiavel, a política e o estado moderno*. Rio de Janeiro: Civilização Brasileira, 1968, p. 165.

GERSCHENKRON, Alexander. *El Atraso Económico en su Perspectiva Económica*. Trad. esp., Barcelona, Ediciones Ariel, 1968.

HAZARD, Paul. *La Crisis de la Consciencia Europea (1680-1715)*. 2ª edição, Trad. esp., Madrid, Ediciones Pegaso, 1952.

HEGEL, G. W. F. *Princípios de la Filosofia del Derecho*. Trad. Esp., Barcelona, EDHASA, 1988.

HILL, Christopoher. "Uma Revolução burguesa?" in *Revista Brasileira de História*, São Paulo, ANPUH, n. 7, Editora Marco Zero, março de 1984.

HOBSBAWM, Eric J. *Nações e Nacionalismo desde 1780*. Trad. Port., Rio de Janeiro, Paz e Terra, 1991.

HOBSBAWM, Eric. *Las Revoluciones Burguesas. Europa 1789-1848*. Trad. esp., Madrid, Ediciones Guadarrama, 1964.

HOLANDA, Sérgio Buarque de. *"Metais e Pedras Preciosas"*. HOLANDA, Sérgio Buarque de (org.). *História Geral da Civilização Brasileira*. Tomo I, A Época Colonial, 2º vol., São Paulo, Difusão Europeia do Livro, 1960.

HOLANDA, Sérgio Buarque de. *Do Império à República*. São Paulo: Difusão Europeia do Livro, 1972, p. 7 (História Geral da Civilização Brasileira, 2. O Brasil Monárquico; 5).

HOLANDA, Sérgio Buarque de. *Escritos coligidos: Livro II – 1950-1979*. COSTA, Marcos (Org.). São Paulo, Editora Fundação Perseu Abramo/EUNESP, 2011.

HOLANDA, Sérgio Buarque de. *Raízes do Brasil*. 18ª edição, Rio de Janeiro, José Olympio Editora, 1986.

HOLANDA, Sérgio Buarque de. *Tentativas da Mitologia*. São Paulo, Editora Perspectiva, 1979.

IANNI, Octávio e outros. *Política e Revolução Social no Brasil*. Rio de Janeiro, Editora Civilização Brasileira, 1965.

IANNI, Octávio. *Estado e Planejamento Econômico no Brasil (1930-1970)*. 2ª edição, Rio de Janeiro, Civilização Brasileira, 1977.

IGLÉSIAS, Francisco. *Historiadores do Brasil. Capítulos de historiografia brasileira*. Rio de Janeiro/Belo Horizonte, Editora Nova Fronteira/EUFMG, 2000.

JAMES, William. *Pragmatismo*. In *Os Pensadores*. Trad. port., São Paulo, Abril/Cultural, 1974.

JANCSÓ, István. *Cronologia de História do Brasil Colonial (1500-1831)*. São Paulo, Departamento de História, FFLC, USP, 1994.

KARASCH, Mary. "Capitania de Goiás" in SILVA, Maria Beatriz Nizza de. *Dicionário de História da Colonização Portuguesa no Brasil*. Op. cit., 1994.

KAREPOVS, Dainis. *A classe operária vai ao Parlamento. O Bloco Operário e Camponês do Brasil (1924-1930)*. São Paulo, Alameda Casa Editorial, 2006.

KOSIK, Karl. A crise do Homem Contemporâneo e o Socialismo" in *Revista Civilização Brasileira*, Caderno Especial, 3, Tchecoslováquia, Rio de Janeiro, Setembro 1968.

KOYRÉ, Alexander. *Galileu e Platão*. Trad. port., Lisboa, Gradiva, S.D.

KOYRÉ, Alexander. *La Philosophie et le problème national russie au début du XIXe siècle*. Paris, Gallimard, 1976.

LANDES, David S. *Riqueza e Pobreza das Nações. Por que algumas são tão ricas e outras são tão pobres*. Trad. port., Rio de Janeiro, Editora Campus, 1998.

LEFEBVRE, Henri. *A Revolução Urbana*. Belo Horizonte, EUFMG, 1999.

LEITE, Dante Moreira. *Caráter Nacional Brasileiro*. São Paulo, FFCS/USP, 1954.

LENHARO, Alcyr. *As Tropas da Moderação*. São Paulo, Símbolo, 1979.

LIMA, Oliveira. *O Império brasileiro (1822-1889)*. São Paulo, Melhoramentos, 1927, p. 17.

LISBOA, João Francisco. *Crônica do Brasil Colonial*. Petrópolis, Vozes/INL, 1976.

LIST, Friedrich. *Sistema Nacional de Economia Política*. Trad. esp., Madrid, M. Aguilar Editor, 1944.

LUCKWALDT, Friedrich. El sistema de los estados europeos de 1850 a 1890. In: GOETZ, Walter. *História universal (liberalismo y nacionalismo)*. 5ª Ed., Madrid, Esasa-Calpe, 1960, t. 8.

LUZ, Nicia Vilela. *A luta pela industrialização do Brasil (1808-1930)*. São Paulo, Difusão Europeia do Livro, 1961.

MACHADO, Lourival Gomes. *Barroco Mineiro*. 2ª edição, São Paulo, Editora Perspectiva, 1973.

MARCHI, Carlos. "Teoria em queda" in *Grandes Reportagens. O Estado de São Paulo. Amazônia*. São Paulo, O Estado de São Paulo, Novembro/Dezembro, 2007.

MARTINS, Luciano. "Estabilização da economia ou "privatização" do Estado". in *Ensaios de Opinião*, n. 9, *op. cit.*, 1978.

MARX, Karl. *El Capital*. Libro I. Capítulo VI (inédito). Trad. Port., 2ª edição, Buenos Aires, Siglo XIX Editora, 1972ª.

MARX, Karl. *Los Fundamentos de la Crítica de la Economia Política* (Grundrisse). Trad. Esp., Madrid, Alberto Corzon Editor, 1972, 2 vols.

MARX, Karl. *Grundrisse. Manuscritos econômicos de 1857-1858. Esboços da crítica da economia política*. Trad. port., São Paulo, Boitempo Editorial, 2011.

MARX, Karl. *Las Luchas de Clases en Francia de 1848-1850*. Trad. Esp., Buenos Aires, Editorial Polemica, 1972.

MARX, Karl. *O 18 Brumário e Cartas a Kugelmann*. Trad. port., Rio de Janeiro, Paz e Terra, 1969.

MARX, Karl. *O Capital. Livro I*. Trad. port., São Paulo, Boitempo Editorial, 2013.

MARX, Karl. *O Capital.* Livro II. Trad. port., São Paulo, Boitempo Editorial, 2014.

MARX, Karl. *O Capital*. Livro III, trad. port., Rio de Janeiro, Editora Civilização Brasileira, 1974.

MARX, Karl. *O Capital*. Livro III. Trad. port., São Paulo, Boitempo Editorial, 2017.

MATTOS, Ilmar Rohloff de. *O Tempo Saquarema*. São Paulo, HUCITEC/INL, 1987.

MAXWELL, Kenneth. *A Devassa da Devassa. A Inconfidência Mineira: Brasil e Portugal -1750-1808*, 2ª edição, Trad. port., Rio de Janeiro, Paz e Terra, 1978.

MERCADANTE, Paulo. *A consciência conservadora no Brasil*. Rio de Janeiro, Saga, 1965.

MERQUIOR, José Guilherme. "Cultura/América Latina. O outro Ocidente. in *Prisma. Op. cit.*, 1990.

MONIZ BANDEIRA, Luiz Alberto. *A Desordem Mundial*. 3ª edição, Rio de Janeiro, Civilização Brasileira, 2017.

MONIZ BANDEIRA, Luiz Alberto. *A Segunda Guerra Fria*. Rio de Janeiro, Civilização Brasileira, 2013.

MONIZ, Edmundo. *Canudos: A Guerra Social*, 2ª edição, Rio de Janeiro, Elo Editora e Distribuidora, 1987.

MORSE, Richard. *O Espelho de Próspero*. Trad. port, São Paulo, Companhia das Letras, 1982.

NABUCO, Joaquim. *Um estadista do império*. Rio de Janeiro, Aguillar, 1975.

NEVES, Walter A., PILÓ, Luiz B. *O Povo de Luzia. Em busca dos primeiros americanos*. São Paulo, Editora Globo, 2008.

NOGUEIRA, Marco Aurélio. *As desventuras do liberalismo: Joaquim Nabuco, a Monarquia e a República*. Rio de Janeiro, Paz e Terra, 1984.

NORTH, Douglass C. *Una Nueva Historia Económica. Crecimiento y bienestar en el pasado de los Estados Unidos*. Trad. Esp., Madrid, Editorial Tecnos, 1969.

OLIVEIRA, Francisco de. "Hegemonia às Avessas" in OLIVEIRA, Francisco, BRAGA, Ruy e RIZEK, Cibele (Orgts.). *Hegemonia às Avessas*. São Paulo, Boitempo Editorial, 2010.

ORLANDO, Arthur. *Código Commercial do Brazil*, S.D.

PARRINGTON, Vernon Louis. *El Desarrollo de las Ideas en los Estados Unidos*. Trad. esp., 2 vols, New York, Lancaster Press, 1941.

PAULA, João Antonio de. "A Ideia de Nação, a República e a Democracia no Brasil" in *Nova Economia. Revista do Departamento de Ciências Econômicas da UFMG*. Vol. 2, n. 1, novembro 1990.

PAULA, João Antonio de. *Raízes da Modernidade em Minas Gerais*. Belo Horizonte, Autêntica Editora, 2000.

PENA, Sérgio Danilo Junho. *Homo brasilis* (org.). Ribeirão Preto, FUNCEP, Editora, 2002.

PENA, Sérgio Danilo Junho. *Igualmente Diferentes*. Belo Horizonte, EUFMG, 2009.

PENA, Sérgio Danilo. *À flor da pele. Reflexões de um geneticista*. Rio de Janeiro, Vieira & Lent, 2007.

PIKETTY, Thomas. *O Capital no Século XXI*. Trad. port., Rio de Janeiro, Editora Intrínseca, 2014.

PINHEIRO, Paulo Sérgio. *Estratégias da Ilusão. A Revolução Mundial e o Brasil. 1922-1935*. 2ª edição, São Paulo, Companhia das Letras, 1992.

PINTO, Virgilio Noya. *O ouro brasileiro e o comércio anglo-português*. São Paulo, Companhia Editora Nacional, 1979.

PIVETA, Marcos. Mais gente na floresta. In *Revista Pesquisa FAPESP*, Ano 19, maio de 2018, n. 267.

I PLANO NACIONAL DE DESENVOLVIMENTO (PND). 1972/74, Brasília, 1971.

POLANYI, Karl. *A Grande Transformação*. Trad. port., Rio de Janeiro, Editora Campus, 1980.

PRADO Jr. Caio. *Evolução Política do Brasil e outros Estudos*, 2ª edição, São Paulo, Editora Brasiliense. 1957.

PRADO, Helbert Medeiros, MURRIETA, Rui Sérgio Sereni. "Presentes do Passado" in *Ciência Hoje*, vol. 55, n. 326, junho 2016, SBPC.

PRADO, Paulo. *Retrato do Brasil. Ensaio sobre a Tristeza Brasileira*. São Paulo, Duprait-Mayença, 1928.

PREOBRAZHENSKY, E. *A Nova Econômica*. Trad. port., Rio de Janeiro, Paz e Terra, 1979.

RANCIÈRE, Jacques. *En los bordes de lo político*. Trad. Esp., Buenos Aires, Ediciones La Cebra, 2011.

RANCIÈRE, Jacques. *Ódio à Democracia*. São Paulo, Boitempo Editorial, 2014.

ROCHA, Justiniano José da. Ação; Reação; Transação. In: MAGALHÃES JUNIOR, R. *Três panfletários do Segundo Reinado*. São Paulo, Companhia Editora Nacional, 1956.

RODRIGUES, José Honório. *Conciliação e reforma no Brasil*. Rio de Janeiro, Civilização Brasileira, 1965, p. 16.

ROSDOLSKY, Roman. *Friedrich Engels y el Problema de lós pueblos "sin História"*. Trad. Esp., México, Ediciones Pasado y Presente, n. 88, 1980.

ROSSOLILLO, Francisco. Nação. In: BOBBIO, Norberto, MATTEUCI, Nicola, PASQUINO, Gianfranco. *Dicionário de política*. Brasília, UnB, 1986.

RUBIN, Izaak I. *Ensayos sobre la Teoria Marxista del Valor*. Trad. Esp., Buenos Aires, Ediciones Pasado y Presente, 1974.

SAES, Décio. *A Formação do Estado Burguês no Brasil (1888-1891)*. Rio de Janeiro, Paz e Terra, 1985.

SAES, Décio. *Estado e Democracia: Ensaios Teóricos*. Coleção Trajetória, n. 1, IFCH, UNICAMP, 1994.

SAID, Edward W. *Orientalismo. O Oriente como invenções do Ocidente*. 2ª edição, trad. port., São Paulo, Companhia das Letras, 2001.

SAUSSURE, Ferdinand de. *Curso de Lingüística General*. Trad. Esp., Buenos Aires, Editorial Losada, 1959.

SCHARTZ, Stuart B. *Segredos Internos. Engenhos e escravos na Sociedade Colonial*. Trad. port., São Paulo, Companhia das Letras, CNPq, 1988.

SCHWARTZMAN, Simon. *Bases do Autoritarismo Brasileiro*, 2ª edição, Rio de Janeiro, Editora Campus, 1982.

SÉRGIO, António. "As Duas Políticas Nacionais" in *Obras Completas. Ensaios*, Tomo II, Lisboa, Livraria Sá da Costa, 1972.

SERRA, José. "Ciclos e Mudanças Estruturais na Economia Brasileira do Pós-Guerra". In BELLUZZO, Luiz Gonzaga M.

e COUTINHO, Renata (Orgs.). *Desenvolvimento Capitalista e Crise no Brasil.* São Paulo, Editora Brasiliense, 1983.

SEVCENKO, Nicolau. *A literatura como missão.* 2ª Ed., São Paulo, Brasiliense, 1985.

SIDERI, Sandro. *Comércio e Poder. Colonialismo informal nas relações anglo-portuguesas.* Trad. port., Lisboa, Edição Cosmos, 1978.

SODRÉ, Nelson Werneck. *A Ideologia do Colonialismo.* 2ª edição, Rio de Janeiro, Editora Civilização Brasileira, 1965.

SODRÉ, Nelson Werneck. *Oeste, Ensaio sobre a grande propriedade pastoril.* Rio de Janeiro, Livraria José Olympio Editora, 1941.

SOUZA, Jessé. *A Construção da Subcidadania. Para uma sociologia política da modernidade periférica.* 2ª edição. Belo Horizonte, EUFMG, 2012.

SOUZA, Octavio Tarquínio de. *História dos Fundadores do Império do Brasil.* 2ª edição, vol. V, Bernardo Pereira de Vasconcelos, Rio de Janeiro, Livraria José Olympio Editora, 1957.

SUZIGAN, Wilson. *Indústria Brasileira.* São Paulo, Editora Brasiliense, 1986.

TAVARES, Maria da Conceição. *Da Substituição das Importações ao Capitalismo Financeiro,* 2ª edição, Rio de Janeiro, Zahar Editores, 1973.

THOMPSON, Edward P. *Tradición, revuelta y consciencia de clase.* Trad. Esp., Barcelona, Editorial Crítica, 1989.

TIBLE, Jean. *Marx selvagem.* 3ª edição, São Paulo, Autonomia Literária 2018.

TOCQUEVILLE, Alexis. *A Democracia na América.* Trad port., Belo Horizonte, Editora Itatiaia, 1962.

TROTSKI, León. *Escritos sobre España. Trad. Esp.,* Paris, Ruedo Iberico, 1971.

TROTSKI, León. *Revolução e Contra-Revolução na Alemanha*. Trad. Port., São Paulo, Livraria Editora Ciências Humanas, 1979.

URICOECHEA, Fernando. *O Minotauro Imperial*. Rio de Janeiro/ São Paulo, Difel, 1978.

VIANNA, Luiz Werneck. *A Revolução Passiva. Iberismo e americanismo no Brasil*. Rio de Janeiro, IUPERJ/Editora Revan, 1997.

VIANNA, Oliveira. *Instituições Políticas Brasileiras*. Rio de Janeiro, Livraria José Olympio Editora, 1949, 2 vols.

VIANNA, Oliveira. *O ocaso do império*. 2ª Ed., São Paulo, Melhoramentos, 1933.

VOSSLER, Otto. *L'idea di nazione del Rousseau al Ranke* [s.1[, Fiorenze Sansoni, 1949, p. 105.

WEBER, Max. *Economia y sociedad*. 2ª edição. Trad. esp., México, Fondo de Cultura Econômica, 1964, 2 vols.

WEBER, Max. *História Geral da Economia*. Trad. port., São Paulo, Editora Mestre Jou, 1968.

WOOD, Ellen Meiksins. *As Origens do Capitalismo*. Trad. port, Jorge Zahar Editores, 2001.

WOOD, Ellen Meiksins. *Democracia contra capitalismo*. Trad. port., São Paulo, Boitempo Editorial, 2003.

pólen soft 80 gr/m2
tipologia merriweather
impresso no outono de 2021